KB041615

계약법

제1판

이상영

박영사

머 리 말

2013년 7월 어느 날 오후! 독일 남부 Freiburg市 외곽에 있는 Hans Stoll 교수님(독일유학 시 지도교수)의 자택으로 들어가는 골목에 차를 세우고 사모님과 약속한 방문시간을 기다리고 있을 때였다. 승용차 운전석에 앉아 핸드폰을 들여다보던 내 눈앞에 나비 한 마리가 하늘하늘 춤을 춘다. 길가 풀섶에서 날아든 여러 마리의 나비들은 나에게 뭔가 전할 메시지가 있는 듯 번갈아가며 왔다갔다 내 시선을 끌었다. 하도 신기하여 몇 장의 사진을 찍었다.

직전 해 11월 늦은 가을, 교수님께서는 87세를 일기로 별세하셨다. 교수님께서 60세가 되던 해에 사제의 인연을 맺었고, 학위취득 후 귀국해서도 교수님과의 교류는 계속 이어졌다. 안부편지를 보내드리면 긴 답장을 보내주셨고, 댁을 방문할 때마다 당신이 발표하신 논문이라며 별쇄본을 건네주셨다. 돌아가시기 1년여 전 여름에 찾아뵈었을 때는 걸음걸이가 불편할 정도로 기력이 많이 쇠약해져 있었다. 그런데도 이전과 달리 대문 밖으로 나오셔서 배웅해 주셨다.

돌아가시던 해 여름! 매년 그랬던 것처럼 생신카드를 보내드렸는데 답신이 없으셨다. 많이 편찮으신 것 같다는 생각을 하던 차에 독일에서 날라 온 전보를 받은 것은 오전 강의를 막 마친 시간. 황급히 비행기에 올라 교수님의 가시는 길을 지켜보았다. 직계가족과 가까운 친지만 초대하는 독일의 장례식은 순전히 고인을 위한 의식이어서 조촐하지만 엄숙했다. 사모님께 짧은 위로의 인사말만 건네고 돌아온 것이 못내 아쉬워서 이듬해 여름 다시 Freiburg를 찾았다.

운전석에서 본 나비의 잔상이 채 가시기 전에 교수님댁의 거실 소파에 앉았다. 책장이며 가구들 모두 예전 모습 그대로였다. 그러나 교수님께서 계시지 않은 집안은 적막하고 쓸쓸했다. 댁 주변의 정원과 거실 앞뜰에는 풀이 높게 웃 자라있었다. 교수님이 돌아가신 후 사모님께서는 집안일에 손을 놓으신 것 같았다. 잠시 후 적막했던 집안 분위기는 화사하게 바뀌었다. 주방에서 커피를 내오시던 사모님께서 앞뜰에 수십 마리의 나비들이 날아다니는 것을 보신 것이다. 매년 날아다니던 나비가 금년에는 한 마리도 보이지 않아 지난겨울이 몹시 추워서 그런

가보다 생각하셨단다. 교수님이 생전에 나비수집가였다는 것도 이날 처음 들었
다. 그래서 장례미사에서 신부님이 '이제 고인께서는 나비가 되셨습니다'라는 말
을 수없이 했나보다. 오늘 운전석 앞에서 그리고 거실 앞에서 날아다녔던 나비의
의미도 이해할 수 있게 되었다. 그렇다! 나비가 되신 교수님께서는 먼 동쪽 나라
에서 온 제자에게 반가움을 표시하신 것이다.

　　일반적으로 머리말에는 흔히 그 책의 집필동기, 집필과정의 어려움, 이 책의
특징과 수강생들에게 어떻게 읽고 학습하라는 내용이 주를 이룬다. 그런데 뜬금
없이 나비 이야기로 머리말을 시작하게 되었다. 나비가 되었다는 신부님의 추모
사에 의문을 품었던 아둔한 제자에게 당신 스스로 나비가 되셨다는 것을 분명하
게 보여주려 했던 것 같다. 사모님의 안내로 둘러 본 교수님의 서재에도 곳곳에
나비표본이 걸려 있었다. 생전에 교수님께서는 말씀도 간결하며 명쾌했고, 강의
또한 어려운 이론도 군더더기 없이 쉽게 설명하셨다. 특히 사례를 분석할 때에는
단 한 번의 도끼질로 장작을 패듯이 핵심을 찔러야 한다고 하셨다. 이러한 교수
님의 가르침을 따르고 싶었다. 이런 맥락에서 이 책을 집필하려고 시도하였다.

　　우선, 강의용 교과서는 간결해야 한다고 보았다. 법학을 공부하는 모두에게
민법은 가장 어려운 과목이다. 다른 법률과목 보다 학설도 많고 판례도 많기 때
문이다. 30년 넘게 민법을 강의해 온 필자도 민법은 아주 어렵다. 본인도 모르는
내용을 반복해 길게 늘어놓아 봐야 학생들이 이해하지 못하는 것은 당연하다. 설
사 아는 내용이라도 학생들이 이해하지 못한다면 다 공염불에 불과하다. 그래서
몇몇 필요한 부분을 제외하고 학설은 간략하게 판례는 핵심 키워드와 사건번호
만 기재하였다. 자연스럽게 분량도 300쪽 이내로 줄었다.

　　다음은 학생들이 강의를 듣고 쉽게 이해할 수 있어야 한다고 보았다. 필자의
경험에서 보면 아무리 열정적으로 강의해도 오랫동안 기억하고 있는 것은 기막
힌 비유와 재미있는 사례라는 것이다. 다양한 사례와 비유를 들어 가르쳐야 할
이유가 바로 여기에 있다. 그래서 이 책에서는 기존의 교과서와 달리 각 절 앞부
분에 사례를 미리 제시하였다. 이런 집필방식은 독일의 법률교과서가 취하는 일
반적인 방식이다.

　　유학 당시 교수님께서는 민법연습 강좌를 수강할 것을 권유하셨다. 우리나
라 법대에서도 제대로 배우지 못한 과목이어서 사례분석방법은 전혀 알지도 못

했고, 독일민법의 기초이론조차 제대로 모르는 처지에서 사례를 이해하고 분석하여 필기시험과 레포트까지 작성하는 것은 거의 불가능에 가까웠다. 그러나 단기간에 독일민법의 정수를 꿰뚫고 학점을 이수할 수 있도록 도와 준 것은 바로 교과서였다. 독일교과서는 우선 문장이 간결하여 읽기 쉽고, 앞부분에 해당 법률관계에 적용이 가능한 사례를 제시해 놓은 다음, 개념·요건·효과 등을 기술하면서 사례와 연계하여 해설해 주는 방식이었다. 민법을 처음 접하는 학생들도 편하게 학습할 수 있도록 배려한 것이다. 이 책에 사례를 제시하게 된 것은 이런 경험이 있었기 때문이다. 이 책을 집필하면서도, 탈고하고 나서도 또 출판을 앞두고도 교수님에 대한 생각을 지울 수가 없었던 것은 아마 이런 이유였는지 모른다.

이 책에는 대략 60여 개의 사례가 제시되어 있다. 이들 사례는 독일 교과서와 판례 및 필자의 강의사례에서 발췌한 것들이다. 제시된 사례를 먼저 읽고 의문을 갖도록 동기부여를 해 놓은 다음, 이론에 판례를 곁들이면서 사례에 대한 문제점이 해결될 수 있도록 하였다. 이 방식은 실무는 물론 사회경험조차 없는 법학도에게 민법조문과 이론을 두려움 없이 접근할 수 있도록 도와줄 것이다.

머리말을 마무리 하면서 정년 이후에도 돌아가시기 전까지 논문을 쓰셨던 교수님을 다시 떠올린다. 스스로 높은 산과 깊은 계곡이 되려고 하셨던 교수님은 학자로서 호학의 모범을 보이면서 제자들을 옥과 진주로 키우려고 하셨다. 80여 명의 제자들 중에서 교수님의 장례식에 초대받은 제자는 5명이었다. 필자는 그 중에서 유일한 외국인 제자였다. 나비의 모습을 통해 필자에게 참 학자의 길을 가라는 무언의 메시지를 주시려 했던 것이다. 그럼에도 불구하고 교수님께서 건네주셨던 별쇄본 논문은 죄송스럽게도 아직 다 읽어내지 못했다.

끝으로 이 책이 나오기까지 도움을 주신 여러 분들께 감사의 인사를 드린다. 박영사의 이영조 팀장님은 이 책의 출간을 적극적으로 권유해 주셨고, 박가온 선생께서는 편집과 수정을 도맡아 처리해 주셨다. 그리고 석사과정의 김원선 조교는 편집된 원고를 여러 차례 읽으면서 사건번호와 내용상 오류까지 꼼꼼하게 지적해 주었다. 아낌없이 시간을 할애해 준 김 조교의 수고에 감사의 뜻을 표한다.

2021년 7월

이 상 영

차   례

제1장 계약법 총론

제 2 장 계약의 효력

제 3 장 계약의 해제·해지

제4장 재산의 이전에 관한 계약

제 5 장   물건의 사용에 관한 계약

제6장　노무관련 계약

제 7 장   특수한 계약

참고문헌

곽윤직, 채권각론, 제6판, 2014, 박영사.

송덕수, 기본민법, 제2판, 2019, 박영사.

안춘수, 계약법, 초판, 2018, 동방문화사.

이상영, 채권총론, 제1판, 2020, 박영사.

_____, 처분수권의 개념과 요건, 비교사법 제19권 4호(2012).

_____, 민법 기초이론으로서 처분수권의 입법필요성, 비교사법 제27권 제4호 (2020.11).

지원림, 민법강의, 제16판, 2019, 홍문사.

Brox · Walker, Allgemeiner Teil des BGB, 43 Aufl., 2019.

_____, Besonderes Schuldrecht, 43 Aufl., 2019.

Koller, Schweizerisches Obligationenrecht, Besonderer Teil, 2012.

Koziol · Bydlinski · Bollenberger, Kurzkommentar zum ABGB, 3 Aufl., 2010.

Medicus · Lorenz, Schuldrecht Ⅱ : Besonderer Teil, 18 Aufl., 2018.

제 1 장 계약법 총론

제 1 절 계약의 의의와 작용

> 〈사례1〉 A와 B는 결혼하면서 은행대출을 받아 직장 출퇴근이 편리한 지하철역에 근접한 주택을 구입하였다. 결혼 후 3년이 지나도록 아이가 없자 C를 입양하였다. 이들 가족은 대형쇼핑몰에서 외식도 하고 C를 위한 장난감도 사주면서 행복한 가정을 꾸려 가고 있다. 여기서 계약법으로 규율할 수 있는 요소는 무엇이 있을까?
>
> 〈사례2〉 A가 B에게 커피머신을 30만원에 팔 테니 의향이 있으면 알려달라는 편지를 보냈고, B가 A의 제안을 수용하는 편지를 보냈다. 이 경우 A는 B의 편지를 받자마자 30만원을 청구할 수 있을까?

I. 계약법의 원칙

1. 신의성실의 원칙

'Pacta sunt servanda'(계약은 지켜야 한다)는 계약법의 대원칙으로서 독일채권법의 맨 첫 조문인 제241조(채권관계에 기한 의무)와 제242조(신의성실에 따른 이행)에 잘 드러나 있다. 이 원칙은 채무이행의 일반원칙으로서 모든 채권계약을 포괄하는 가장 중요한 원칙이다.

우리 민법 제2조는 권리의 행사와 의무의 이행은 신의에 좇아 성실하게 행사해야 한다는 신의성실의 원칙을 민법 전반에 걸친 사법상 최고의 지도원리로 정하고 있다. 이 원칙은 사법상의 모든 사안을 포용하는 원칙이어서 적용범위가 넓지만, '의무의 이행'과 관련하여 당사자의 신뢰관계를 주축으로 하고 있는 채권법에서 가장 중요한 기능을 한다. 즉 당사자의 약정이나 규정에 흠결이 있을 때

급부의무를 확장하거나 특별한 약속관계에 기하여 부수의무나 행위의무를 성립케 하는 보충적 기능을 담당하며, 또 사정변경을 이유로 이미 발생한 권리를 변경하는 권리변경적 기능도 한다. 물론 이 원칙은 일반원칙이므로 당사자 사이에 체결된 계약을 무효로 선언할 수 있는 근거가 될 수 없다(2016다35833).

2. 계약자유의 원칙

민법총칙에서 학습한 사적 자치의 원칙은 소유권 절대의 원칙 및 과실책임의 원칙과 함께 근대민법의 3대원칙이다. 사적 자치의 원칙의 가장 전형적인 표현은 계약자유의 원칙이다. 이 원칙은 계약에 의한 법률관계의 형성은 법으로 제한되지 않는 한 계약당사자의 자유에 맡겨진다는 원칙으로서 사법의 기본원리로 인정되어 왔다. 특히 채권편의 계약에 관한 규정들은 모두 이 원칙을 전제로 한다.

계약자유의 원칙은 체결의 자유, 내용결정의 자유, 방식의 자유의 세 가지로 나눌 수 있다. 체결의 자유는 당사자가 어떤 계약을 체결하고 누구와 체결할 것인가를 자유롭게 결정할 수 있다는 것이다. 그러므로 상대방 선택의 자유는 체결의 자유의 한 내용으로 볼 수 있다. 내용결정의 자유는 계약내용을 당사자 쌍방이 자유롭게 정할 수 있다는 것이다. 여기에는 이미 성립한 계약내용을 변경하거나 보충하는 것도 포함한다. 끝으로 방식의 자유란 계약을 성립시키는 핵심내용이 당사자의 합의인데, 여기에는 일정한 방식이 필요하지 않다는 것이다.

계약자유의 원칙의 한계에 대해서는 아래에 항을 달리하여 따로 기술한다.

Ⅱ. 계약의 의의

1. 광의의 계약

계약이라는 용어는 광의와 협의의 두 가지로 사용된다. 광의의 계약은 사법상 일정한 법률효과의 발생을 목적으로 하는 2인 이상 당사자의 서로 대립하는 의사표시의 일치로 성립하는 법률행위를 말한다. 여기에는 채권계약뿐만 아니라, 물권계약, 준물권계약, 가족법상의 계약 등을 포함한다. 단독행위나 합동행위는 계약과 함께 법률행위의 한 종류일 뿐이지 광의의 계약에 포함되지 않는다.

〈사례1〉에서 주택구입은 부동산물권변동을 목적으로 하는 물권계약, 결혼과 입양은 가족관계의 변동을 가져오는 가족법상의 계약(§§ 812, 878)이며, 은행대출(금전소비대차)·직장근무(고용계약)·지하철 이용(운송계약)·외식 및 장난감 구입(매매계약) 등은 채권계약이다. 이처럼 계약은 우리 일상생활을 법률관계와 밀접하게 연계시켜주는 고리의 역할을 하고 있다.

2. 협의의 계약(채권계약)

협의의 계약은 채권관계의 발생을 목적으로 하는 채권계약을 가리킨다. 채권계약은 물권계약이나 가족법상의 계약과 달리 채권·채무의 발생을 목적으로 하므로 법률관계가 채권·채무를 중심으로 발생한다. 채권계약은 민법 제3편 제2장에서 정하고 있다. 민법에는 계약에 관한 일반규정이 없으므로 사안에 따라 물권계약이나 가족법상의 계약에도 채권계약이 준용된다.

협의의 계약이란 채권의 발생을 목적으로 하는 2인 이상의 당사자가 서로 대립하는 의사표시의 합치에 의하여 성립하는 대표적인 법률행위라고 할 수 있다. 여기서 의사표시에는 일정한 계약의 효과를 의욕하고 있어야 하고, 적어도 각 당사자에 의하여 행해진 의사표시가 2개 이상이어야 하며, 이들이 내용적으로도 일치하고 청약과 승낙이라는 인과적 의미를 지니고 있어야 한다. 〈사례2〉에서 A의 편지는 커피머신을 30만원에 팔겠다는 청약이고, B의 편지는 A의 청약에 대한 승낙이 된다. 이들의 의사표시는 계약내용에서 일치하였으므로 30만원에 매매계약이 성립하였다. 이에 따라 A는 B에게 30만원을 청구할 수 있다(§ 568). 다만 A의 대금청구에 대해 B는 커피머신의 인도를 청구하면서 이들의 동시이행을 주장할 수 있다(§ 536).

계약당사자의 합의에 따라 계약이 성립하면 당사자는 여기에 구속된다. 게다가 계약은 구두상의 합의로도 체결할 수 있으므로 일단 계약이 성립하였다면 당사자는 이를 기초로 신의칙에 따라 의무를 이행해야 한다.

3. 법률요건으로서의 계약

법률관계의 변동을 일으키는 원인은 법률행위이고, 채권관계의 변동을 가져오는 원인은 계약이다. 여기서 일정한 법률효과를 발생시키는(권리변동) 원인을 법률요건이라 하고, 이들은 원인과 결과라는 논리적 관계에 있다. 이에 관하여는 민법총칙의 권리변동에서 학습한 내용이다.

계약은 의사표시를 불가결의 요소로 하는 법률행위의 가장 대표적인 법률요건이다. 이와 같이 계약은 의사표시를 요소로 하는 법률행위의 한 종류로서 채권 채무를 발생시키는 원인이 된다.

4. 계약의 사회적 작용

봉건사회에서는 계약에 의해 설정되는 관계가 신분적 지배관계였다. 그 당시의 사람들은 모두 지배와 복종이라는 종적 관계로 결합되어 있었다. 이러한 신분적 지배관계는 근대사회가 성립되면서 모든 개인은 신분적인 차별과 구속을 벗어나게 되었다. 즉, 계약으로 설정되는 관계가 개인의 자유로운 의사에 따라 결정되는 단순한 물질적인 관계로 변화된 것이다. 〈사례1〉에서 살펴본 바와 같이 인간의 삶은 계약과 밀접하게 관련되어 있다. 이처럼 현대사회에서 모든 권리의 변동은 계약을 통해 이루어진 것이라고 보아도 무방하다. 계약자유의 원칙은 자유경제를 활성화시킴으로써 자본주의를 고도로 발전시키고, 사회적·문화적 발달을 촉진하는 원동력이 되었다. 이러한 계약의 긍정적 역할에도 불구하고 현재 지구촌 사회에는 정치체제와 동·서양을 가리지 않고 '현대판 신분'이라고 볼 수 있는 혈연·학연·지연의 인적 요소와 인터넷 정보의 문화적 요소로 인한 불평등으로 위협받고 있다. 2020년 이후 전 세계에 유행하고 있는 코로나19가 오히려 이러한 폐해를 타파할 수 있는 전환점이 될 수도 있을 것이다.

Ⅲ. 계약자유의 제한

1. 제한의 이념적 기초

민법의 기본원리인 사적 자치의 원칙은 계약법의 근간이 되고 있지만, 독점 자본주의로 인한 경제적 불평등이 심화되면서 수많은 사회적·경제적 문제를 초래하게 되었다. 이로써 경제적 약자를 보호하기 위하여 수정 및 제한이 불가피하게 되었다는 점에 대하여는 이미 민법총칙에서 학습하였다.

계약자유의 원칙에 따라 비록 당사자가 자유롭게 약정했더라도 경제적 약자에게 불공정한 내용을 강제할 수는 없기 때문에 계약자유의 원칙은 계약공정의 원칙에 의하여 제한을 받게 된다. 현행법상 계약자유가 어떤 제한을 받고 있는지 체결의 자유·내용결정의 자유·방식의 자유를 중심으로 검토한다.

2. 체결의 자유의 제한

가. 공법상 체결의 강제

국민의 일상생활에 중요한 우편·통신·운송 등의 사업, 수도·전기·가스 등의 생활필수자원을 공급하는 공익기업은 정당한 이유 없이 급부제공을 거절하지 못한다(우편법 §50, 전기통신사업법 §3, 철도사업법 §20, 수도법 §39, 전기사업법 §14, 도시가스사업법 §19). 이에 위반하면 공법적 제재뿐만 아니라, 사법상의 손해배상책임을 지게 된다.

나. 공공적·공익적 직무담당자의 의무

공증인·집행관·법무사·행정사·세무사 등의 공익적 직무담당자(공증인법 §4, 집행관법 §14, 법무사법 §20, 행정사법 §22)와 의료법상 의료인(의사·치과의사·한의사·조산사·간호사)·약사·한약사 등 공익적 직무담당자(의료법 §15, 약사법 §24)는 정당한 사유 없이 직무의 집행을 거절할 수 없다. 이들에게는 공법적 의무가 부과되어 있기 때문에 이를 위반하면 공·사법상의 책임을 지게 된다.

다. 경제통제법에 따른 체결의 강제

전쟁이나 자연재해, 간염병 유행으로 경제적 위기가 닥칠 경우 생존에 필수적인 식량이나 중요물자의 수요·공급이 여의치 못하여 국민생활에 막대한 지장을 초래하게 된다. 이를 막기 위하여 계약체결을 강제 또는 금지하는 방법으로 재화의 관리 및 분배를 위한 경제통제법을 제정하게 된다. 현행법으로 물가안정에 관한 법률(§§6, 7), 농수산물유통 및 가격안정에 관한 법률(§§4-), 비료관리법(§7) 등이 있다.

3. 내용결정의 자유의 제한

가. 강행법규에 반하는 계약의 무효

'독점규제 및 공정거래에 관한 법률(약칭: 공정거래법)'에서는 계약·협정·결의 기타 어떠한 방법으로도 다른 사업자와 공동으로 부당하게 경쟁을 제한하는 약정은 사업자간에 있어서는 이를 무효로 한다(동법 §19). 또 '약관의 규제에 관한 법률(약칭: 약관법)'은 신의성실의 원칙을 위반하여 공정성을 잃은 약관 조항을 무효로 한다(동법 §6).

나. 내용의 규제에 의한 제한

계약내용이 법률로 제한되어 있어서 당사자가 계약을 체결하려면 법이 정하는 내용으로 계약을 체결해야 한다. 예를 들어, 주택임대차보호법(약칭: 주택임대차법)과 상가건물임대차보호법(약칭: 상가임대차법)에서는 차임을 증액할 경우 약정한 차임이나 보증금의 20분의 1의 금액을 초과하지 못하도록 하였고(주택임대차법 §7, 상가임대차법 §11), 최저임금법에서는 사업자에게 근로자의 최저임금을 보장하도록 정하였다(동법 §5).

4. 방식의 자유의 제한

계약을 어떤 방식으로 체결할 것인지는 원칙적으로 자유이다. 즉 구두로 체결할 수도 있고, 서면으로 작성하거나, 공정증서의 형식으로 체결할 수도 있다. 또 당사자 일방이 미리 준비해 놓은 약관을 기초로 계약을 체결하는 경우도 있다 (제2절 '계약과 약관' 참조).

민법에서는 법인의 설립(§§ 40, 43)과 유언(§1060)에 일정한 방식을 요하고 있으며, 서면으로 표시하지 않은 증여는 해제할 수 있다(§555)고 하여 간접적으로 방식을 강제하기도 한다. 또 간접적으로 서면의 계약서 작성을 강제하는 경우는 임차인에게 보증금의 우선변제권을 보장하기 위하여 임대차계약서상의 확정일자를 받도록 하는 경우이다(주택임대차법 §3의2, 상가임대차법 §5).

한편 특별법을 통해 직접 서면에 의한 계약체결을 요구하는 경우도 있다. 예컨대, 건설공사에 관한 도급계약(건설산업기본법 §22 Ⅱ), 할부계약(할부거래에 관한 법 §6), 방문판매계약(방문판매 등에 관한 법 §7 Ⅱ), 농지임대차계약(농지법 §24 Ⅰ) 등이다.

5. 국가의 허가 또는 증명을 필요로 하는 계약

토지 등 일정한 재화에 대하여 국가가 특별한 방법으로 그 소유나 거래를 제한하는 경우가 있다. 즉 이들에 대한 계약이 효력을 발생하려면 일정한 행정관청의 인가·허가 등을 요하거나, 일정한 증명을 받도록 제한하는 것이다.

예컨대, '부동산거래 신고 등에 관한 법률'에서는 토지거래허가구역을 지정하여(동법 §10) 허가구역 내의 토지거래에 관하여 허가를 받도록 하고(동법 §11), 허가를 받지 않고 체결한 토지거래계약을 무효로 한다(동법 §11 Ⅵ). 또 농지를 취득하려면 농지 소재지를 관할하는 행정관청으로부터 농지취득자격증명서를 발급받아야 한다(농지법 §8). 이때 증명이 없는 농지매매계약 자체가 무효인 것은 아니고, 소유권에 관한 등기를 신청할 때에 농지취득자격증명을 첨부하여야 한다.

Ⅳ. 전형계약의 분류(계약의 종류)

흔히 계약의 종류라고 하면 채권계약에 한정되는 것으로서 민법 제3편 제2절부터 제15절까지 규정하고 있는 15가지의 전형계약을 중심으로 파악하게 된다. 본절에서는 이들 계약이 각각 어떤 형태와 어떤 성질을 가지는지 여러 가지 기준에 따라 분류하여 개략적으로 살펴본다. 이는 제4장 내지 제7장에서 학습하게 될 전형계약의 개별적 성질을 이해하는 데 도움이 될 것이다.

1. 전형계약과 비전형계약

민법 제3편 제2절 이하에서 규정하고 있는 15가지의 계약을 전형계약이라고 하며, 그 밖의 채권계약을 비전형계약이라고 한다. 전형계약은 그 성질에 따라 재산의 이전을 내용으로 하는 계약(증여·매매·교환), 물건의 사용에 관한 계약(소비대차·사용대차·임대차), 노무관련계약(고용·도급·여행계약·위임·임치) 및 특수한 계약(현상광고·조합·종신정기금·화해)으로 나뉜다. 본서에서는 제4장 이하에서 이러한 분류에 따라 나누어 기술하였다.

전형계약은 각각 고유의 이름이 부여되어 있다고 하여 유명계약으로 부르는 데 반하여, 비전형계약은 특별히 이름이 부여되어 있지 않으므로 무명계약으로 부르기도 한다. 무명계약에는 전형계약의 요소가 혼합되어 있는 경우(대학생에게 방을 사용하는 대가로 아이의 교육을 부탁하는 경우)와 전형계약과 무명계약이 혼합되어 있는 경우가 있다. 이런 계약을 특히 혼합계약이라고 한다.

2. 쌍무계약과 편무계약

계약의 당사자가 서로 대가적 의미를 가지는 채무를 부담하는 계약을 쌍무계약이라고 하고, 당사자 일방만이 채무를 부담하는 계약을 편무계약이라고 한다. 전형계약 중 매매·교환·임대차·고용·도급·여행계약·조합·화해는 쌍무계약이다. 소비대차·위임·임치·종신정기금도 유상인 때에는 쌍무계약이지만, 무상인 때에는 편무계약이다. 이와 달리 증여·사용대차·현상광고는 성질상 서로 다르지만 일방만이 채무를 부담하는 편무계약이다. 이들은 의사표시의 합치가 필요하다는 점에서 단독행위와 구별된다.

쌍무계약에서는 편무계약에서는 문제되지 않는 동시이행의 항변권(§ 536)과 위험부담(§§ 537－538)의 문제가 발생한다.

3. 유상계약과 무상계약

유상계약은 계약의 각 당사자가 서로 대가적 의미를 가지는 경제적 출연을 하는 계약이고, 무상계약은 당사자 일방만이 출연하는 경우도 있고(증여), 당사자 쌍방이 출연을 하지만 대가적 의미가 없는 경우도 있다(사용대차, 무상의 소비대차). 전형계약 중에서 매매·교환·임대차·고용·도급·여행계약·조합·화해·현상광고는 유상계약이고, 증여와 사용대차는 무상계약이다. 그리고 소비대차·위임·임치·종신정기금은 대가지급을 하느냐에 따라 유상계약이거나 무상계약이 된다.

당사자가 서로 대가적 의미를 가진다는 측면에서 유상계약은 쌍무계약과 매우 유사한 것처럼 보인다. 그러나 쌍무계약이 채권관계에 초점을 맞추어 당사자가 서로 대가적 의미의 채무를 부담하는지를 기준으로 하는데 비하여, 유상계약은 계약의 성립부터 채권관계를 실현할 때까지 당사자들이 서로 대가적 의미가 있는 재산상의 출연을 하는지 여부를 기준으로 한다는 점에서 차이가 있다. 그러므로 쌍무계약은 모두 유상계약이지만, 유상계약이 모두 쌍무계약은 아니다. 예를 들어, 현상광고는 대가적 채무가 있는 것은 아니므로 편무계약이나, 실제로 대가관계가 있는 경제적 출연이 있었으므로 유상계약이다.

유상·무상계약, 쌍무·편무계약을 구분해야 할 이유는 계약의 효력과 담보책임 등 적용규정에 차이가 있기 때문이다. 즉 쌍무·편무계약에서는 두 개의 채무가 견련관계를 가지고 현존하는 상황이므로 동시이행의 항변권·위험부담 등이 문제되는 반면, 유상·무상계약에서는 양 채무의 현존하는 견련관계보다 등가성의 유지와 담보책임의 범위 등이 문제된다. 매매는 가장 대표적인 유상계약으로서 매매에 관한 규정은 매매 이외의 다른 유상계약에 준용된다(§ 567).

4. 낙성계약과 요물계약

낙성계약은 당사자의 합의만으로 성립하는 계약이고, 요물계약은 당사자의 합의 이외에 물건의 인도 기타 급부가 있어야 계약이 성립하는 계약이다. 민법상의 전형계약 중에서 현상광고만이 요물계약에 해당한다. 즉 광고가 청약이고, 응모자에 의한 특정한 지정행위의 완료를 승낙으로 보는 한 현상광고는 요물계약이다(아래 제7장 1절 참고).

5. 일시적 계약과 계속적 계약

가. 계속적 계약의 의의

급부의 실현에 시간적 계속성을 가지는지 여부를 기준으로 하여 일정한 시간 동안 계속하여 급부를 발생시키는 계약이 계속적 계약이다. 특정 시점에 급부를 제공함으로써 계약이 종료되는 일시적 계약과 구별된다. 전형계약 중에서 계속적 채권관계를 발생시키는 계약은 소비대차·사용대차·임대차·고용·위임·임치·조합·종신정기금이 있다.

한편 증여는 대가 없이 재산을 출연하는 일시적 계약인데, 정기적으로 일정액을 무상으로 지급하기로 하는 정기증여(§ 560)는 계속적 계약관계의 성질을 가진다. 그러므로 어떤 계약이 계속적 채권관계를 가진 계약인지를 파악하는 것은 매우 의미가 크다. 왜냐하면 이들 계약상 채권관계의 발생·변경·소멸 등에서 차이가 있기 때문이다.

나. 계속적 계약의 특질

위에 열거한 계속적 계약은 개별적인 채권관계에 따라 조금씩 차이가 있다. 이에 대해서는 각각의 전형계약에서 구체적으로 설명할 것이다. 여기서는 계속적 채권관계가 가지는 기본적인 특질을 간략하게 살펴본다.

(1) 급부의 실현에 시간적 계속성을 가진다. 예컨대, 임대차기간, 고용기간 등을 약정하는 것과 같다.

(2) 시간적 계속성이 급부의 범위를 결정한다. 정기적·반복적으로 발생되는 개별적인 지분채권과 이를 발생시키는 토대가 되는 기본채권이 존재한다. 예컨대, 임대차계약이라는 기본적 차임채권을 토대로 매월 또는 매년 일정액의 지분적 차임채권이 발생하는 것과 같다.

(3) 채권관계가 장시간 지속되기 때문에 당사자 상호 간의 신뢰가 중요하며, 처음의 계약내용을 그대로 유지하는 것이 부당하다고 판단될 경우에는 사정변경의 원칙이 고려된다. 예를 들어 임대차계약에서 차임증감청구권은 이 원칙에 토대를 두고 있다(§ 628).

(4) 당사자 사이의 채권관계를 해소하는 해지는 장래에 대해서만 효력이 있다(§ 550).

다. 계속적 공급계약

일정한 기간이나 불특정기간 동안 종류로만 정해진 물건을 일정한 대가를 받고 계속하여 공급하기로 하는 계약을 계속적 공급계약이라고 말한다. 이 계약을 매매의 일종으로 보고 계속적 채권관계에서 제외하는 견해도 있다. 그러나 물건의 인도와 대금지급이라는 매매의 성질이 있다고 하더라도 계속적 계약의 특질을 가지고 있으므로 당연히 계속적 채권관계로 파악하는 것이 옳다.

6. 예약·본계약·가계약

장래 일정한 계약을 체결할 것을 미리 약정하는 계약을 예약이라고 하고, 이 예약에 기하여 장차 체결된 계약을 본계약이라고 한다. 이 경우 당사자 쌍방이 본계약을 체결할 예약완결권을 갖는 약정을 할 수 있고(쌍방예약), 당사자의 일방만이 이러한 예약완결권을 가질 수 있다(일방예약). 민법은 상대방에게 예약완결권을 부여하는 일방예약을 규정하고 있으며(§ 564), 유상계약에서의 예약은 특약이 없는 한 일방예약으로 추정한다. 또 예약권자의 청약에 대하여 상대방이 승낙의 의무를 지는 예약형태로서 편무예약·쌍무예약이 있다.

한편 정식계약을 체결하기 전에 임시로 체결하는 가계약이 있다. 가계약은 잠정적인 문서나 구두약정 등으로 다양하게 이루어지는데, 계약의 준비단계에 불과하여 당사자에게 구속력이 없다.

제 2 절 계약과 약관

〈사례1〉 B가 A에게서 커피머신을 구입하였는데, 다음 날 배달된 커피머신의 박스 안에 들어있던 거래약관을 읽다가 자신이 모르는 내용을 확인하였다. 즉 매달 일정량의 원두커피를 구입해야 한다는 사항이었다. B는 원두커피를 매달 구입하고 싶지 않기에 가능하면 매매계약을 해제하고 싶다. B는 어떻게 해야 할까?

〈사례2〉 위 사례에서 배송된 물건에 하자가 있을 경우 매수인은 하자 없는 물건을 청구할 수 있지만, 계약은 해제할 수 없다는 내용의 약관이 들어 있었다. B는 가능하다면 원두분쇄 불량을 이유로 매매계약을 해제하고 싶다. 가능할까?

Ⅰ. 약관의 의의와 약관규제를 위한 입법

1. 약관의 의의와 기능

계약당사자는 계약을 체결함에 있어서 계약내용을 서로 협의하여 작성하는 것이 일반적이다. 그런데 동일업종에 속하는 유사한 계약이 계속 반복하여 체결된다면 매번 협의과정을 거치는 것이 번거롭게 된다. 이런 계약체결에 대비하여 계약당사자 일방이 미리 계약내용을 작성해 놓는 경우가 있다. 이와 같이 계약체결 이전에 계약의 일방 당사자가 일방적으로 결정하여 제안한 정형화·표준화되어 있는 계약내용 내지 계약조건을 약관(보통거래약관이라고도 칭함)이라고 한다. 예를 들어 은행, 보험사, 운송회사 등은 은행약관·보험약관·운송약관을 작성해 놓고 실제거래에서 이를 사용한다.

많은 고객을 상대하는 서비스업종이나 대기업에서 계약체결을 할 때 미리 준비해 놓은 약관을 널리 사용하는 이유는, 무엇보다 계약체결에 소요되는 시간·노력·경비를 절감하기 위한 것이다. 또 대량으로 이루어지는 거래를 표준화하고,

법적인 관리를 효율화하는 기능을 한다.

2. 약관규제의 입법

약관이 사업자 측에서 일방적으로 준비한 계약내용이기 때문에 상대방에게 불리하게 작성될 수 있다는 문제점이 있다. 이런 폐단을 막기 위하여 독일에서는 채권법 제2장에 '일반약관에 의한 법률행위상 채권관계의 형성'(독일민법 §§305－310)이라는 제목으로 민법에 규정을 두고 있다. 이와 달리 우리나라에서는 1986년 '약관의 규제에 관한 법률'을 특별법으로 제정하여 시행하고 있다(1986. 12. 31. 법률 제3922호 제정, 1987. 7. 1. 시행). 약관법의 목적은 거래상의 지위를 남용하여 불공정한 내용의 약관을 작성하여 거래에 사용하는 것을 방지하고 불공정한 내용의 약관을 규제하는 데 있다(약관법 §1).

아래에서는 우리의 약관법을 기초로 하여 살펴보기로 한다.

3. 약관의 구속성

약관법에서는 명칭이나 형태 또는 범위에 상관없이 계약의 한쪽 당사자(사업자)가 여러 명의 상대방(고객)과 계약을 체결하기 위하여 일정한 형식으로 미리 마련한 계약내용을 약관이라고 정의한다(§2 1호). 이처럼 약관은 계약당사자 일방이 준비한 계약조건에 불과하므로 약관만으로 상대방을 당연히 구속시킬 수가 없다. 만일 약관으로 상대방을 구속하려면 이에 대한 근거가 필요하다.

구속력의 근거에 대해 몇 가지 학설이 있지만, 나열할 필요는 없고 무엇보다 계약당사자가 어떤 약관을 계약내용으로 하기로 합의했는지가 핵심이다. 이에 대해 판례는 약관에 대한 구속력의 근거는 약관 자체가 법규범 또는 법규범적 성질을 갖기 때문이 아니라, 계약당사자가 그 약관을 계약내용에 포함시키기로 합의하였기 때문이라고 한다(2003다30807, 97다53663). 여기서 약관을 계약내용에 포함시키는 것을 계약에의 편입이라고 한다. 〈사례1〉과 〈사례2〉에서 B가 모르는 약관조항이 있었다는 것은 자신이 A와 합의한 것이 아니므로 이에 구속될 필요가 없다.

Ⅱ. 약관의 편입과 해석

1. 약관의 계약에의 편입

가. 사업자의 설명의무와 고객의 동의

'합의는 구속을 낳는다'는 채권법의 대원칙에 따라 계약당사자는 자신이 모르는 약관에 구속될 이유가 없다. 계약당사자가 약관에 구속되려면 그 약관은 당연히 계약내용이 되어야 한다. 예문에 불과한 약관을 계약내용으로 수용하는 것이(약관법 §2 2호·3호) 약관의 편입이다. 물론 약관을 계약내용으로 편입하려면 일정한 요건을 충족해야 한다.

이와 관련하여 약관법 제3조에서는 약관 작성 시 명시의무와 설명의무에 대하여 정하고 있다. 즉 사업자는 계약을 체결할 때에 고객에게 약관의 내용을 계약의 종류에 따라 일반적으로 예상되는 방법으로 분명하게 밝히고, 고객이 요구할 경우 약관의 사본을 교부하여 고객이 약관의 내용을 알 수 있도록 하여야 하며(§3 Ⅱ), 약관의 중요한 내용을 고객이 이해할 수 있도록 설명하여야 한다고 규정하고 있다(§3 Ⅲ). 그리고 이러한 약관내용의 명시의무와 설명의무를 위반하여 계약을 체결한 경우에는 그 약관을 계약내용으로 주장할 수 없다(§3 Ⅳ). 〈사례1〉에서 A는 이러한 의무를 위반하였으므로 B에게 약관을 주장할 수 없다.

독일민법에는 약관의 편입에 관한 규정(§§ 305−305a)에서 고객의 동의를 요구하고 있는데, 우리 약관법에서는 이를 명문으로 정하고 있지 않아 논란이 되고 있다. 생각하건대, 약관법에 고객의 동의만 명시하지 않았을 뿐이지, 설명의무를 명시하고 이를 위반했을 때 계약내용에서 배제한다는 사항은 독일민법에는 없고 우리 약관법에만 있다. 이것이 무엇을 의미하는지 살펴보면, 사업자가 설명의무를 이행했는데 고객이 이의를 제기하지 않았다면 동의한 것이고, 사업자가 설명의무를 이행하지 않은 약관을 계약내용에서 배제한다는 것은 고객에게 이의제기 또는 동의할 기회가 주어지지 않았기 때문이다. 결론적으로 우리 약관법에서도 고객이 약관을 동의한 경우에만 계약내용이 된다고 이해하여야 한다.

나. 명시의무와 설명의무가 불필요한 경우

여객운송업, 전기·가스 및 수도사업, 우편업, 공중전화 서비스 제공 통신업 중 어느 하나에 해당하는 업종의 약관에 대하여는 명시의무가 없다(§3 Ⅱ 단서). 계약의 성질상 설명하는 것이 현저하게 곤란한 경우에는 중요한 내용을 설명할 의무가 없다(§3 Ⅲ 단서).

여기서 '중요한 내용'이라 함은 사회통념에 비추어 고객이 계약체결의 여부나 대가를 결정하는 데에 직접적인 영향을 미칠 수 있는 사항을 말한다(2007마1328). 그러므로 고객이 약관내용을 잘 알고 있다면 따로 설명의무가 없다(2015다5194). 또 계약상대방이 설명하지 않아도 충분히 예상할 수 있거나 이미 법령에서 정하여진 것을 부연하는 정도에 불과한 경우에도 설명의무가 없다(2014다232784). 판례는 골프장 회원으로 모집할 당시 회칙에 '회원의 탈회 시 서면으로 반환요청 후 3개월 이내에 입회금의 원금만 반환한다'는 내용의 유예기간 약정은 중요한 내용에 해당하지 않아 고객에게 설명하지 않아도 된다고 하였다(2013다85417).

그러므로 약관내용이 설명의무의 대상이 되는 중요한 내용에 해당되지 않고, 불공정한 약관도 아니라면 해당 약관은 계약에 적법하게 편입된 것으로 본다.

2. 약관의 해석

가. 법률행위의 해석

약관이 위에 설명한 요건을 갖추어 계약내용으로 편입이 되면 이를 해석하여 그 내용을 확정하여야 한다. 해석을 통해 그 약관이 불공정약관이거나 고객에게 불리한 약관으로 밝혀진다면 내용을 통제받게 된다.

앞에서 설명한 바와 같이 약관이 계약내용이 되려면 계약자유의 원칙에 따라 당사자의 합의가 있었을 것이므로 약관의 해석에는 법률행위의 해석기준이 적용된다. 이에 따라 강행법규와 다른 사실인 관습이 있는 경우에 당사자의 의사가 명확하지 아니한 때에는 그 관습에 따르고, 관습이 없을 때에는 임의규정에 따라 약관을 해석한다(민법 §106).

나. 약관해석의 원칙

(1) 객관적·통일적 해석　　약관은 신의성실의 원칙에 따라 공정하게 해석되어야 하며 고객에 따라 다르게 해석되어서는 안 된다(§5 Ⅰ). 즉 계약의 상대방이 아닌 평균적인 고객을 기준으로 약관을 사용하여 체결된 모든 계약에 동일하

게 객관적·통일적으로 해석되어야 한다(2015다245145).

(2) 엄격해석　　　약관법에는 엄격해석에 관한 규정이 없다. 그러나 약관의 내용이 상대방의 법률상 지위에 중대한 영향을 미치는 경우에는 신의성실의 원칙(§§5, 6 Ⅰ)과 면책조항을 금지(§7 2호)하는 취지에 비추어 엄격하게 해석해야 한다(2010다106337).

(3) 고객에 유리한 해석　　　약관의 의미가 명확하지 않은 경우에는 고객에게 유리하게 해석되어야 한다(§5 Ⅱ). 이는 약관작성자가 자신에게 유리하게 약관을 작성하는 것을 막고 고객보호를 우선한다는 측면에서 둔 규정이다. 그러므로 약관 내용이 명백하지 않아서 의심스러운 때에는 고객에게 유리하게 해석함으로써 결국 약관작성자에게 불리하게 제한적으로 해석하여야 한다는 것이다(98다20752).

(4) 개별약정 우선의 원칙　　　당사자가 약관에서 정하고 있는 사항에 관하여 약관의 내용과 다르게 합의한 때에는 개별 약정으로 정한 사항이 약관보다 우선해서 계약의 내용이 된다(§4). 약관 조항이 당사자 사이의 합의에 의하여 개별약정으로 되었다는 사실은 이를 주장하는 자가 증명하여야 한다(2013다214864).

Ⅲ. 약관의 규제와 내용통제

1. 규제의 필요성

사업자가 작성한 약관은 일정한 요건을 갖추어 계약에 편입됨으로써 계약내용이 된다. 하지만 약관이 계약내용이 되더라도 다시 이를 해석하여 그 내용을 확정하여야 하는데, 위에서 기술한 해석의 원칙에 따라 해석할 때 고객에게 불리한 조항이 드러날 수 있다. 이들 조항 중에서 고객에게 불공정하거나 불이익을 가져오는 조항에 대해서는 무효로 해야 할 필요가 있게 된다. 즉 약관내용을 통제하게 된다. 약관법에서는 이러한 약관을 통제하기 위하여 많은 조문을 두고 있다(§§6-16). 불공정약관에 대한 입법적 통제이다.

2. 약관의 내용통제

약관에 대한 통제로는 사전적 시정조치와 사후적 무효처분이라는 두 가지 방법이 있다.

첫째, 사전적 시정조치는 분쟁발생 전에 약관의 무효 여부를 심사하여 약관 사용자가 이를 사용할 수 없도록 하는 것이다. 이러한 업무는 공정거래법 제35조에 따라 설치된 공정거래위원회에서 관장한다. 공정거래위원회는 경제계의 검찰로 불릴 정도로 부당한 공동행위 및 불공정거래행위를 규제하여 공정하고 자유로운 경쟁을 촉진함으로써 창의적인 기업활동을 조장하고 소비자를 보호하는 역할을 한다(공정거래법 §1). 이에 따라 공정거래위원회는 약관을 심사하여 불공정약관에 대한 사용금지(약관법 §17) 및 삭제·수정 등 시정조치(동법 §§17의2, 18)를 할 수 있다.

둘째, 약관의 무효 여부에 대해 법원이 사후적으로 심사하는 것이다. 법원의 약관에 대한 구체적 내용통제는 3단계의 과정을 거친다. 즉, 약관이 사업자와 고객 사이에 체결한 계약에 편입되었는지의 여부를 심사하는 편입통제와 편입된 약관의 객관적 의미를 확정하는 해석통제 및 이러한 약관내용이 고객에게 부당하게 불이익을 주는 불공정한 것인지를 살펴보는 불공정성 통제이다(2007마1328).

3. 무효인 약관조항

가. 일반원칙

약관법 제6조에는 신의칙에 위반하여 불공정을 잃은 약관조항을 무효로 한다는 일반원칙을 정하고 있다. 이에 따라 약관의 내용 중 고객에게 부당하게 불리한 조항, 고객이 계약의 거래형태 등 관련된 모든 사정에 비추어 예상하기 어려운 조항 및 계약의 목적을 달성할 수 없을 정도로 계약에 따르는 본질적 권리를 제한하는 조항은 공정성을 잃은 것으로 추정된다(동법 §6 Ⅱ). 판례도 약관을 무효로 보려면 고객에게 다소 불이익하다는 점으로는 부족하고, 거래상의 지위를 남용하여 상대방의 정당한 이익과 합리적 기대에 반하는 불공평한 약관을 작성하여 건전한 거래질서를 훼손함으로써 고객에게 부당하게 불이익을 주었어야 한다고 한다(2016다274904).

〈사례1〉에서 매달 일정량의 원두커피를 구입해야 하는 약관은 B가 예상하기 어려운 의외의 조항으로서 공정성을 상실한 것으로 보이므로 무효가 된다.

나. 개별적 무효조항

약관법에서는 제7조 내지 제14조에서 개별적 무효조항을 두고 있다. 이를 열거하면 다음과 같다.

부당하게 사업자의 책임을 배제 또는 제한하는 면책조항(동법 §7), 고객에게 부당하게 과중한 손해배상의무를 부담시키는 손해배상액의 예정조항(동법 §8), 계약의 해제·해지에 관한 조항(동법 §9), 채무이행에 관해 상당한 이유 없이 일방적인 결정·변경·중지할 수 있도록 한 조항(동법 §10), 고객의 권익을 부당하게 배제·제한·박탈하는 내용의 조항(동법 §11), 의사표시에 관하여 그 존부와 도달을 부당하게 의제하거나 형식이나 요건을 부당하게 제한하고, 사업자에게 유리한 기한의 설정을 내용으로 한 조항(동법 §12), 고객의 대리인에게 부당하게 책임을 가중시키는 조항(동법 §13), 고객에게 불리한 소송제기를 금지하고, 재판관할의 합의·입증책임의 부담을 정하는 조항(동법 §14) 등이다.

〈사례2〉에서 B의 해제권을 배제한 약관은 동법 제9조에 따라 당연히 무효가 된다. B는 원두분쇄의 불량을 이유로 계약을 해제할 수 있다.

다. 개별적 무효조항의 적용배제

약관법은 국제적으로 통용되는 약관이나 그 밖에 특별한 사정이 있는 약관으로서 대통령령으로 정하는 경우에는 제7조부터 제14조까지의 규정을 적용하는 것을 조항별·업종별로 제한할 수 있다고 정한다(동법 §15). 이에 따라 동법 시행령에서는 국제적으로 통용되는 운송업·국제적으로 통용되는 금융업 및 보험업·무역보험법에 따른 무역보험의 약관에 대하여 적용을 배제하고 있다(동법 시행령 §3). 이들 약관에 대하여 약관법 제7조부터 제14조가 적용되지 않는다면 약관이 일반적으로 무효가 되는 경우를 포괄적으로 규정하고 있는 제6조 역시 적용이 없다(2000다52202).

라. 일부무효의 특칙

약관의 전부 또는 일부의 조항이 제6조부터 제14조까지의 규정에 따라 무효인 경우에는 원칙적으로 계약은 나머지 부분만으로 유효하게 존속한다. 다만, 유효한 부분만으로는 계약의 목적 달성이 불가능하거나 그 유효한 부분이 한쪽 당사자에게 부당하게 불리한 경우에는 그 계약은 무효로 한다(동법 §16). 〈사례1〉에서 매달 일정량의 원두커피를 구입해야 하는 약관이 무효가 되어도 커피머신의 매매계약은 효력이 있다. 이 경우 B는 단지 약관을 이유로 계약을 해제할 수는 없고, 다른 해제사유를 충족해야 한다.

한편 약관의 전부 또는 일부의 조항이 제3조 제4항에 따라 계약의 내용이 되지 못하는 경우에도 마찬가지로 그 부분을 제외한 나머지 부분은 유효하다(동법 §16).

Ⅳ. 약관법의 적용범위

약관법은 약관의 규제에 관한 일반법의 성질을 가진다. 그러므로 특정한 거래분야의 약관에 대하여 다른 법률에 특별한 규정이 있는 경우에는 그 규정이 약관법에 우선하여 적용된다(§30 Ⅱ). 또 약관이 회사법, 근로기준법 또는 그 밖에 대통령령으로 정하는 비영리사업의 분야에 속하는 계약에 관한 것일 경우에는 적용되지 않는다(§30 Ⅰ).

제 3 절   계약의 성립

〈**사례1**〉 A로부터 상품 포도 10상자를 상자당 35,000원에 구입하겠다는 문자메시지를 받은 B가 오전 10시 A의 집에 전화를 걸어 17세 된 아들 C에게 요청한 가격에 준비해 놓겠다고 하였다. B는 출하량이 줄면서 시세가 상승한 것을 뒤늦게 알았고, 12시경 마침 B의 가게에 들른 A에게 C와 통화한 사실을 숨기고 상자당 38,000원에 제안하자, 통화사실을 모르는 A는 이에 동의하였다. 그런데 오후 2시에 귀가하여 B의 전화내용을 알게 된 A가 곧바로 B에게 전화하여 상자당 35,000원에 포도 10상자를 달라고 요구하였다. 이들의 계약관계는 어떻게 될까?

〈**사례2**〉 A가 B에게 중고 피아노를 960,000원에 팔겠다는 편지를 보냈는데, B가 그 가격에 사겠다고 승낙하면서 대금을 분할납부하고 싶다고 제안하였다. 계약은 성립하는가?

〈사례3〉 A가 B의 핸드폰에 메시지로 팔겠다는 표시 없이 피아노의 모델명과 가격만을 적어 보냈는데, B가 이를 승낙한다는 답신을 보내왔다. 그런데 계약을 이행하려고 확인해 보니 B의 승낙은 A가 동일모델의 피아노를 그 가격에 사겠다는 청약으로 알고 보낸 것이었다. 이 경우 계약은 성립하는가? 만일 A와 B의 핸드폰 메시지가 공교롭게 시간차 없는 동일내용이었다면 어떻게 될까?

〈사례4〉 서점주인 A가 법대교수 B에게 금년도 소법전이 나왔는데 구입할 것인지 문의하면서 과거에 발행된 소법전도 있으니 중고가격에 팔겠다고 제안하였다. B가 금년도 및 과거 소법전도 구입하겠다고 말했다면 계약은 성립하는가?

〈사례5〉 건설사 A는 수입 원자재 가격의 상승으로 추가공사비를 지출하게 되자 공사비 증액을 위한 계약의 수정을 요구하였다. 이에 B는 A의 공사비 증액을 위한 계약교섭이 타당하다는 통지를 하면서 추가 공사비 지급을 전제로 잔여공사의 이행을 요구하였다. 이에 A가 잔여공사를 완성하였음에도 불구하고 B는 추가비용 지급을 위한 계약교섭을 파기하였다. A가 추가 공사비를 청구할 수 있는 근거는 무엇인가?

[1] 계약의 성립요건 : 합의

Ⅰ. 객관적 합치와 주관적 합치

계약이 성립하려면 당사자 사이의 대립된 의사표시가 일치하여야 한다. 그리고 이 의사표시가 일치하려면 객관적 합치와 주관적 합치가 있어야 한다. 이것은 계약의 성립에 필요한 최소한의 요건이다. 낙성계약에서는 이 요건만 갖추면 계약이 성립하지만, 요물계약에서는 그 밖에 물건의 인도나 기타 급부가 있어야 한다.

객관적 합치와 주관적 합치는 어떤 차이가 있는지 살펴본다.

1. 객관적 합치(계약 내용의 합치)

외부에 나타나고 있는 표시행위로부터 추단되는 의사표시의 내용이 실질적으로 일치하는 것을 객관적 합치라고 한다. 객관적 합치가 있으려면 일단 의사표시에 나타난 사항이 모두 일치하고, 또 표의자가 중요한 의미를 갖고 계약성립의 요건으로 할 의사를 표시한 때에는 이에 대한 표시도 합치하여야 한다(2001다 53059). 〈사례1〉에서 A가 제시한 상자당 35,000원을 B가 오전 10시 동일가격에 승낙한 것이므로 객관적 합치가 인정된다. 그러나 낮 12시에 B가 38,000원으로 제안한 것이 변경을 가한 승낙이 아니라면 의사표시가 합치하지 않게 된다.

2. 주관적 합치

표의자의 의사표시가 상대방의 의사표시와 결합하여 계약을 성립시키겠다는 의사의 일치를 주관적 합치라고 한다. 주관적 합치가 있으려면 당해 계약의 내용을 이루는 모든 사항에 관하여 일치해야 하는 것은 아니지만, 본질적 사항이나 중요 사항에 관하여 구체적으로 의사의 합치가 있거나 적어도 장래 구체적으로 특정할 수 있는 기준과 방법 등에 관한 합의는 있어야 한다(2000다51650). 예컨대, 아파트 동·호수만 지정되었을 뿐, 분양대금·인도시기 등 계약의 중요사항이 정해지지 않고, 장래에 이를 특정할 수 있는 기준과 방법 등에 관하여 구속력이 있는 합의가 없었다면 의사의 합치가 있었다고 볼 수 없다(2015다34437).

Ⅱ. 불합의와 착오

1. 불합의

계약이 성립하려면 의사표시에 합의가 필요하다. 그러므로 서로 대립하는 다수의 의사표시가 일치하지 않는다면 계약이 성립할 수 없다. 이처럼 의사표시가 일치하지 않는 경우를 의사표시의 불합의라고 한다. 물론 각각의 의사에는 하자가 없다. 그럼에도 불구하고 결과적으로 계약은 성립하지 않는다.

이는 당사자들이 불합의가 있었는지 알고 있느냐에 따라 의식적 불합의와 무의식적 불합의로 나뉜다.

의식적 불합의에서는 당사자들의 의사표시가 서로 일치하지 않는다는 것을 자각하고 있다는 점이다. 〈사례2〉를 보면 매매대금은 합의를 했는데 다만 대금을 분할납부하겠다는 점에서 합의가 있었는지 분명하지 않다. 즉, 계약의 본질적 요소에 대한 합의는 있었지만 부수적인 구성부분에 대하여는 의식적 불합의가 있으므로 매매계약이 성립하는지 여부는 계약의 해석을 통해 결정하여야 한다. 따라서 해석을 통해 분할납부에도 불구하고 체결의사가 있다면 계약이 성립하지만, 이것이 불분명하다면 계약은 성립하지 않는다고 할 것이다.

무의식적 불합의에서는 당사자들의 의사표시가 서로 일치하고 있어서 계약이 성립되었다고 믿고 있지만 실제로는 합의가 이루어지지 않았다는 점이다. 〈사례3〉에서 A와 B의 핸드폰 메시지만으로는 의사표시가 일치하는 것처럼 보인다. 그런데 A의 매도하겠다는 청약을 매수청약으로 알고 B가 매수하겠다는 승낙을 한 것이어서 B가 청약의 의미를 오해하여 그 청약과 일치하지 않는 승낙을 한 것이다. A와 B는 불합의를 의식하지 못하고 계약이 성립한 것으로 믿지만 실제로 합의에 오해가 있다. 즉 당사자들의 의사가 실제로는 일치하지 않으므로 계약은 성립하지 않는다.

2. 무의식적 불합의와 착오

무의식적 불합의는 기술한 바와 같이 대립하는 두 개의 의사표시 사이에 오해나 간극이 생김으로써 나타난 현상이다. 무의식적 불합의에서 당사자는 계약이 성립한 것으로 오신하지만 불합의에 대한 입증만 있으면 계약은 처음부터 성립하지 않게 된다. 이와 달리 착오는 하나의 의사표시가 성립하는 과정에 있어서 의사와 표시가 불일치하는 현상을 의미한다. 이에 따라 착오가 있으면 계약의 성립여부를 따지기보다 일정한 요건 하에(착오내용이 중요부분이고 표의자에게 중과실이 없을 것) 의사표시를 취소할 수 있다(§109).

〈사례1〉에서 12시에 체결된 상자당 38,000원의 계약은 외관상 계약이 성립된 것처럼 보인다. 그러나 A는 B의 제안이 자신의 청약에 대해 변경을 가한 승낙으로 알고(새로운 청약, §534) 이를 승낙한 것인데, 이미 B가 10시에 승낙을 했다는 점에서 A와 B의 의사표시 사이에 간극이 발생하였다. 이 경우 A의 무의식적 불합의는 C와 통화사실을 숨긴 B의 기망행위에 기한 것이므로 계약의 성립에 다툼이 있다면 B의 기망행위를 근거로 취소할 수 있고, 나아가 기망행위의 위법성에 따른 손해배상까지 청구할 수 있을 것이다. 결과적으로 만일 B가 10시에 C에게 전달한 승낙의 의사표시를 착오를 이유로 취소하였다면 이러한 간극은 해소될 수 있었을 것이다.

[2] 청약과 승낙에 의한 계약의 성립

I. 청　약

1. 의　의

가. 청약은 이에 응하는 승낙만 있으면 곧바로 계약이 성립하는 확정적 의사표시이다. 그러므로 단순한 의향서는 청약이 될 수 없고, 내용적으로 확정되어 있거나 적어도 해석을 통해 확정될 수 있어야 한다(2000다45273). 따라서 계약내용을 결정할 수 있는 정도의 사항이 포함되어 있어야 한다(2001다53059). 〈사례4〉에서 금년도 소법전의 대금을 정하지 않고 청약했지만 정가가 정해져 있으므로 대금을 확정할 수 있는 청약이다. 그러나 과거의 소법전은 몇 년도에 발행된 것인지, 가격은 얼마인지가 명확하지 않으므로 확정된 청약으로 볼 수 없다. 판례에서도 수출 1,000억불 달성 기념조형물제작 당선작으로 선정된 작가에게 조형물의 제작·납품·설치계약을 체결하겠다고 통지했지만, 당시 조형물의 제작비·제작시기·설치장소를 구체적으로 명시하지 않았다면 계약내용을 정할 수 있는 사항이 없으므로 청약으로 볼 수 없다고 하였다(2001다53059). 또 수산업협동조합이 임시대의원총회에서 어업권을 인접지역에 설립될 어촌계에게 무상으로 양도하기로 결의하고, 그 내용이 내·외부에 알려졌다는 사정만으로 어업권의 증여를 위한 청약은 아니라고 하였다(2006다86573, 86580).

나. 청약은 계약을 체결하려는 구속력 있는 의사표시이다. 그러므로 타인으로 하여금 청약을 하게 하려는 '청약의 유인'과 구별된다. 청약의 유인은 청약이 아니어서 상대방이 이에 대하여 계약체결을 위한 의사표시를 하더라도 이것은 승낙이 아니라 청약에 불과하므로 이에 대응한 승낙이 있어야 계약이 성립된다. 즉 청약의 유인에는 구속의사가 없다. 여기에는 상품목록의 배부, 물품판매광고, 구인광고 등을 예로 들 수 있다. 그러나 청약의 유인이라 하더라도 광고내용이나 조건 또는 설명 중 사회통념에 비추어 상대방이 계약내용으로 이행을 청구할 수 있다고 보이는 구체적 거래조건을 신뢰하고 계약을 체결하였으며, 광고한 자도 이를 알고 있었다면 계약 당시 이의를 유보하였다는 등의 사정이 없는 한 이런 광고는 계약내용으로서 구속력이 인정된다(2005다5812, 5829, 5836).

2. 효 력

가. 효력발생

청약은 의사표시의 효력발생시기에 관한 일반원칙에 따라 원칙적으로 상대방에게 도달에 때에 효력이 발생한다(§111 I). 청약이 발송된 후 상대방에게 도달하기 전에 청약자가 사망하거나 제한능력자가 되어도 청약의 효력에는 영향이 없다(§111 II).

나. 청약의 실질적 효력(승낙적격)

상대방에게 청약이 도달하여도 계약이 성립하려면 그의 승낙이 있어야 한다. 이처럼 청약에는 승낙을 받을 수 있는 효력이 있다. 이를 청약의 실질적 효력, 즉 승낙적격이라고 한다. 이는 청약이 존속하는 동안에만 인정되기 때문에 결국 청약의 존속기간 또는 승낙기간이 된다. 청약을 하면서 승낙기간을 정하는 것은 청약자의 의사에 달려 있다.

청약자가 승낙기간을 지정한 경우 그 기간 내에 승낙이 도달하여야 한다. 그러므로 승낙기간이 지나도록 승낙의 통지를 받지 못한 때에는 청약의 효력을 상실한다(§528 I). 즉 계약이 성립하지 않게 된다. 그러나 보통 승낙기간 내에 도달할 수 있도록 발송된 승낙의 통지가 승낙기간이 경과한 후에 도달했다면 청약자는 지체없이 상대방에게 그 연착의 통지를 하여야 한다(§528 II). 만일 청약자가 승낙연착의 통지를 하지 않은 때에는 승낙의 통지는 연착되지 않은 것으로 보아(§528 III) 계약은 성립하게 된다. 승낙통지가 기간 내에 도착할 것으로 믿고 계약의 이행을 준비할 승낙자를 보호하기 위한 규정이다. 물론 승낙통지가 도달하기 전에 이미 상대방에게 지연의 통지를 발송한 때에는 다시 연착통지를 할 필요가 없다(§528 II).

한편 청약자가 승낙기간을 정하지 않은 경우 청약자가 상당한 기간 내에 승낙의 통지를 받지 못한 때에는 승낙적격을 상실한다(§529). 여기서 상당한 기간에는 청약이 상대방에게 도달하여 승낙자가 결정하는 데 필요한 시간과 승낙이 청약자에게 도달하는 기간을 모두 포함하며, 청약과 승낙의 방법·계약내용의 중요도·거래관행 등 여러 사정을 고려하여 판단한다. 다만, 대화자 사이에서 청약자가 승낙기간을 따로 정하지 않았다면 대화관계의 종료로 승낙적격을 상실한다.

이상 기술한 제528조와 제529조는 청약의 효력에 대한 규정이지 승낙의 효력 또는 승낙의 효력발생시기에 관한 규정이 아니다. 즉, 승낙이 도달할 때까지 청약의 효력이 유지된다는 것이다(자세한 설명은 아래 '격지자 간의 계약의 성립시기' 참조).

한편 청약의 상대방이 청약자에게 승낙을 거절하는 의사표시를 한 경우 승낙기간 또는 상당한 기간이 경과하기 전이라도 청약은 승낙적격을 상실한다. 또 승낙자가 청약에 대하여 조건을 붙이거나 변경을 가하여 승낙한 때에는 그 청약의 거절과 동시에 새로운 청약을 한 것으로 본다(§ 534). 이런 경우 기존의 청약은 소멸한다(2008다71926). 〈사례1〉에서 B가 10시에 C에게 전달한 승낙의 의사표시를 숨기지 않고 착오를 이유로 취소하거나 계약을 해제한 다음, 상자당 38,000원을 제시했다면 변경을 가한 승낙이 되어 새로운 청약으로서 승낙적격을 갖게 되었을 것이다.

다. 청약의 철회불가

청약자는 청약을 한 후 이를 임의로 철회하지 못한다(§ 527). 이 규정은 경솔한 청약을 막고 상대방과의 신뢰를 유지할 수 있도록 함으로써 청약의 실질적 효력을 유지할 수 있도록 한다. 그러므로 승낙적격의 상태에 있는 동안은 청약을 철회할 수 없다. 따라서 앞에서 기술한 경우(승낙기간 또는 상당한 기간의 경과, 상대방의 승낙거절)와 같이 승낙적격을 상실했다면 이미 청약이 효력을 상실했으므로 철회가 문제되지 않는다.

청약이 상대방에게 도달하기 전 또는 늦어도 청약의 도달과 동시에 철회의 의사표시가 상대방에게 도달되었다면 철회의 효력이 발생한다. 이와 같이 상대방과 신뢰관계가 생기기 전에는 승낙적격의 상태가 아니므로 청약을 철회할 수 있다. 예컨대, 교사가 작성일자를 3개월 뒤로 한 사직원을 제출하였다가 작성일자 이전에 사직을 철회하였음에도 불구하고 학교가 사직원을 근거로 면직처분한 사안에 대하여 법원은 근로계약의 종료를 위한 청약에 대하여 승낙의사가 형성되기 전에 사직의 의사표시를 철회한 것은 신의칙에 반하지 않으므로 특별한 사정이 없는 한 적법하게 철회의 효력이 발생한 것으로 보았다(91다43138). 여기서 청약자가 청약의 효력을 3개월간 유예하려는 의도가 있었다고 본다면 사직서를 미리 제출했더라도 청약의 효력이 발생하기 전에는 승낙적격의 상태에 있지 않으므로 철회가 가능하다고 할 것이다.

　한편 청약자가 미리 기간을 정하여 이 기간 내에 이의가 없으면 승낙한 것으로 본다는 의사를 표시했더라도 상대방은 여기에 구속되지 않는다. 경우에 따라 승낙기간을 정하는 의미를 가질 수 있을 뿐이다(98다48903). 이러한 청약의 구속력에도 불구하고 제527조는 임의규정이어서 당사자가 달리 약정한 경우 여기에 구속되지 않는다.

Ⅱ. 승　　낙

1. 의의와 요건

　승낙은 청약에 응하여 계약을 성립시킬 목적으로 청약자에게 행해지는 의사표시를 말한다.

　가. 승낙은 상대방이 있는 의사표시이다. 즉 특정의 청약자에 대하여 승낙을 하여야 한다.

　나. 승낙의 내용은 청약의 내용과 일치해야 한다. 이들이 일치하지 않으면 계약은 성립하지 않는다. 청약에 조건을 붙이거나 청약의 내용을 변경한 승낙은 청약을 거절하고 새로운 청약을 한 것으로(§534) 보기 때문이다.

　다. 승낙은 청약이 실질적 효력을 가지는 기간 내에 하여야 한다. 앞에서 기술한 바와 같이 승낙기간이 지난 후에 도달한 승낙은 계약을 성립시킬 수 없다. 다만, 연착된 승낙은 새 청약으로 보아(§530) 이에 대해 승낙이 있어야 계약이 성립될 수 있다.

　라. 승낙을 할 것인지 여부는 원칙적으로 승낙자의 자유이다.

2. 승낙의 효력발생시기(계약의 성립시기)

　계약은 승낙에 의하여 성립하게 된다. 승낙의 의사표시는 도달주의의 일반원칙에 따라 청약자에 도달함으로써 효력을 발생하게 된다. 따라서 승낙이 효력을 발생한다는 것은 곧 계약이 성립한다는 것이다. 그러므로 승낙의 효력발생시기는 계약의 성립시기와 같다. 그런데 계약의 성립시기와 관련하여 제531조의 특별규정이 있으므로 대화자와 격지자를 구분하여 살펴볼 필요가 있다.

가. 대화자 간의 계약의 성립시기

대화자 사이의 계약의 성립시기에 대하여는 특별한 규정이 없다. 도달주의의 일반원칙에 따라 승낙의 의사표시가 청약자에 도달한 때에 승낙의 효력이 발생하고, 동시에 계약도 성립하게 된다. 그러나 예외적으로 승낙의 의사표시가 필요하지 않은 경우가 있다. 즉 거래관행상 승낙의 통지가 필요하지 않거나, 청약자가 승낙 없이도 계약을 체결하겠다는 의사가 있다면 승낙이 없더라도 계약이 성립될 수 있다(§532). 이런 경우에는 승낙으로 볼 수 있는 사실이 있을 때 계약이 성립한다(자세한 설명은 [3] '청약과 승낙의 의제에 의한 계약의 성립'을 참조).

나. 격지자 간의 계약의 성립시기

격지자 간의 계약의 성립시기와 관련하여 승낙의 통지를 발송한 때에 계약이 성립한다고 규정한 제531조와 청약자에게 승낙통지가 도달할 것을 정하고 있는 제528조 제1항과 제529조가 충돌한다고 한다. 이에 따라 정지조건설과 해제조건설로 학설이 나뉘어 있다. 이에 대하여 검토하건대, 제528조와 제529조는 청약의 효력에 대한 규정으로서 승낙이 도달할 때까지 청약의 효력이 유지된다는 청약의 존속기간을 정한 것임에 대하여, 제531조는 승낙의 효력에 관한 규정으로서 승낙은 발신과 동시에 효력을 발생하므로 승낙을 발송한 때 곧 계약이 성립한다는 것이다. 즉, 이들의 규정목적이 서로 다르다. 제531조에 따르면 승낙의 통지와 동시에 계약이 성립하므로 청약은 당연히 소멸되어야 옳다. 그럼에도 불구하고, 제528조와 제529조가 승낙통지가 도달할 때까지 청약의 효력을 유지하려는 것은 격지자 간의 계약에서 있을 수 있는 발신과 도달 사이의 시간적 간극을 보완하기 위한 것이다. 이는 제528조 제2항과 제3항의 규정내용을 보아도 알 수 있다. 청약과 일치하는 승낙의 의사를 발송했다면 당연히 제531조에 의거하여 계약은 성립하지만, 청약자가 이를 인지할 수 없으니 기간 내에 승낙통지를 받을 때까지 청약의 효력을 유예한다는 의미로 이해하여야 한다. 이러한 차이에도 불구하고 '기간 내에 승낙통지를 받지 못한 때' 청약의 효력을 상실한다는 것을 승낙의 효력

및 승낙의 효력발생시기로 확대함으로써 제531조와 서로 충돌하는 것으로 오해한 것이다. 분명한 것은 제531조의 취지가 발신과 도달 사이의 시간적 차이에도 불구하고 청약과 승낙의 내용이 일치한다면 가급적 빨리 계약의 성립을 인정하여 신속한 거래를 도모하려는 데 있다는 점이다.

결론적으로 제531조야말로 격지자 간의 계약의 성립시기를 판단하는 특칙이 된다고 할 것이다. 다만, 주의할 것은 발송만으로 계약이 성립한다는 것은 승낙의 도달을 전제로 한 것이지 승낙이 도달될 필요가 없다는 것은 아니다.

[3] 청약과 승낙의 의제에 의한 계약의 성립

Ⅰ. 의사실현에 의한 계약의 성립

당사자의 승낙의 의사표시가 없더라도 승낙으로 볼 수 있는 사실이 있을 때 계약의 성립을 인정하는데 이를 의사실현에 의한 계약의 성립이라고 한다(§ 532). 이때 당사자의 의사는 행위로부터 추단되는 의사이며, 실제 행위자의 의사와 다르더라도 관계없다. 예를 들어 서점주인이 매도청약을 위해 보내온 책을 완독하거나 타인에게 선물 또는 서명했다면 승낙의사가 없어도 이런 행위만으로 계약이 성립한다. 판례는 예금자가 예금의사를 표시하면서 돈을 제공하고 은행이 이를 받아 확인함으로써 예금계약이 성립하지만(2003다30159), 예금자에게 담보물보관증을 교부했다면 예금계약은 성립하지 않는다고 보았다(2005다32913).

Ⅱ. 교차청약에 의한 계약의 성립

당사자들이 동일한 내용의 청약을 우연히 서로 교차하여 행한 경우에 계약의 성립을 인정하는 것이다(§ 533). 이를 교차청약이라고 하여 양 청약이 상대방에게 도달한 때에 계약이 성립한다. 〈사례3〉에서 A와 B의 핸드폰 메시지가 동일내용이었다면 일단 교차청약으로 보인다. 다만, 각각 청약의 의미를 오해한 무의식적 불합의가 아니어야 하고, 계약내용을 결정할 수 있는 정도의 사항이 포함된

명확한 청약으로 볼 수 있어야 한다.

[4] 사실적 계약관계에 의한 계약의 성립

Ⅰ. 의   의

일정한 제한이 있는 경우에 있어서 청약·승낙에 해당하는 의사표시가 없더라도 당사자의 사실상의 행위나 태도로 계약의 성립을 인정하자는 이론이다. 예컨대, 기차·전차·버스에 승차하는 사실만으로도 당사자의 의사 존부와 관계없이 계약관계가 성립한다는 것이다. 독일의 귄터 하우프트(Günter Haupt)에 의하여 제기된 이 이론은 '사실적 계약관계'로 불린다.

사실적 계약관계에서는 법률행위자에게 행위능력이 없더라도 계약관계의 성립에 영향이 없으며, 의사표시에 관한 민법의 규정(§§ 107-110)은 그 적용이 배제된다.

Ⅱ. 독일의 사실적 계약관계

1. Haupt의 사실적 계약관계

독일의 법학자 귄터 하우프트(Günter Haupt)는 사실적 계약관계를 인정하여야 할 경우로서 세 가지 유형을 들고 있다.

첫째, 사회적 접촉에 의하여 사실적 계약관계가 발생한다. 예컨대 호의동승에서 운전자의 책임을 면제한다는 묵시적 합의는 동승자와 밀접한 사회적 접촉이라는 사실에 기하여 생기는 것이라고 한다.

둘째, 공동체 관계에의 가입에 의하여 사실적 계약관계가 발생한다. 구체적으로는 사실적 조합관계와 사실적 고용계약에서 계약이 무효·취소되어도 사실상의 활동이나 노무제공으로 마치 계약이 유효하게 성립한 것과 같은 효과가 생긴다고 한다.

셋째, 국가의 생존배려에 속하는 공급관계에서 사실적 계약관계가 발생한다.

통신기관·교통기관의 이용 및 수도·전기·가스 등의 공급과 같이 생존배려적 급부제공자의 사실상의 제공과 급부이용자의 사실상의 이용행위 등에서 계약관계가 발생한다고 한다.

2. Larenz의 사회정형적 행위론

Larenz는 생존배려의 대량거래적 급부의 이용관계는 의사표시의 합치에 의한 계약에 의해 발생하는 것이 아니라, 급부의 사실상 이용이라는 사회정형적 행위에 의해 정립된다고 하였다.

3. 판   례

독일에서는 유료주차장으로 명시된 주차장에 주차했다는 사실 및 농장소유자가 자기의 친척 농부에게 농장을 증여하였지만 증여에 필요한 요식행위를 갖추지 않고 사망한 경우 그 농장을 점유·관리하고 있는 사실만으로 계약관계를 인정하였다.

Ⅲ. 우리나라의 사실적 계약관계

1. 긍정설의 근거

사실적 계약관계를 긍정하는 학자들은 종래의 법률행위이론이 공동체의 이익에 의해 제한받을 수 있어야 한다는 전제하에 사실적 계약관계이론을 인정함으로써 생존배려의 급부관계가 신속·원활하게 규율될 수 있다고 한다. 또 대량적·집단적으로 이루어지는 대중교통이나 호의동승에서 묵시적 의사표시를 추정하는 것이 부자연스럽고, 부당이득 법리에 의한 처리도 적절하지 않은 때에는 사실적 계약관계이론을 적용하는 것이 적절하다고 한다.

나아가 임대차·고용·조합계약과 같은 계속적 계약관계에서는 무효·취소에 의하여 계약이 소급적으로 소멸되는 것이 부당하므로 사실적 계약관계이론을 도입해야 한다고 한다.

2. 부정설의 근거

사실적 계약관계를 부정하는 학자들의 논거는 행위자의 효과의사와는 무관하게 그의 행위에 대하여 계약체결의 효과를 부여함으로써 독점기업이 일방적으로 설정한 공급조건에 대하여 계약상 구속력을 인정할 수 있다는 점과 개인의사가 존중되지 않고 무능력자 보호를 위한 규정조차 배제될 수 있다는 점에서 찾는다. 또한 우리 민법은 독일법에 비하여 표시의 상대방이나 제3자의 보호를 위하여 배려를 하고 있고, 전통적 계약이론에 의하더라도 포함적 의사표시이론 또는 모순표시행위금지이론(protestatio facto contraria)에 의하여 충분히 보완할 수 있다고 한다.

생각건대, 사실적 계약관계로 예시한 유형들은 사적 자치의 한계 및 의사실현에 의한 계약으로도 이론구성이 가능하며, 또 약관법으로 통제할 수 있으므로 사실적 계약관계이론을 도입하려고 애쓸 필요는 없다고 본다.

3. 판   례

공동 광업권자로 등록하여 광업을 공동으로 관리·경영하기로 한 경우 사실상 조합계약의 성립을 인정한 판례가 있고(71다1833), 또 실시간 증권상담서비스를 사실적 계약관계의 형태로 체결된 묵시적 자문계약으로 본 하급심 판례가 있기는 하다(2004노3120). 하지만 사실적 계약관계이론을 적용한 대법원 판례는 아직 없다.

[5] 계약체결상의 과실

I. 의의와 인정범위

1. 의   의

계약체결상의 과실이란 계약을 체결하는 과정(준비단계, 성립과정)에서 당사자 일방의 과실로 상대방에게 손해를 발생시킨 경우 일정범위에서 손해를 배상하도록 하는 제도이다. 예를 들어, 이미 화재로 주택이 소실된 것을 알면서 이를 모르는 상대방에게 처분했다면 계약이 유효한 것으로 믿은 상대방은 과실이 있는 자에게 책임을 물을 수 있다는 것이다. 이는 계약의 준비행위로 이미 당사자 간에 신뢰관계가 형성되어 상대방에게 손해를 주지 않아야 할 신의칙상의 의무가 발생하기 때문이다.

2. 책임의 법적 성질

계약체결상의 과실책임의 법적 성질에 관하여 학설은 계약책임설(다수설), 불법행위책임설 및 법정책임설로 나뉘어 있다. 계약책임설은 계약상 의무에는 기본채무에 대한 급부의무뿐만 아니라, 신의칙상 부수의무도 있으므로 이를 위반하면 계약상 책임을 져야 한다고 한다. 불법행위책임설은 계약체결 시 요구되는 신의칙상 주의의무의 위반이 계약자유원칙의 한계를 넘는 위법한 행위라고 하며, 법정책임설은 제535조에서 법적 근거가 있는 독자적 책임이라고 한다.

생각건대, 당사자 간의 신뢰관계보다는 손해를 끼친 자의 주의의무위반에 대한 과실에 위법성이 있다고 보는 불법행위책임설은 신뢰이익의 배상을 어떻게 불법행위에 따른 손해배상으로 이론구성할 수 있을지 의문이다. 또 법정책임설도 계약책임과 불법행위책임이라는 민사책임의 양대 축에서 보면 제535조만으로 독자적 책임을 구성하기에는 너무 약할 수밖에 없다. 결국 요건상의 차이는 있으나 당사자 간에 형성된 신뢰관계를 바탕으로 하여 상대방이 계약의 유효를 신뢰함으로 인하여 입은 손해배상이라는 점에서 보면 계약책임의 영역을 벗어나기 어렵다.

한편 독일민법에서 계약체결상의 과실책임에 관한 핵심규정은 제311조이다. 이 규정을 계약상 채권관계의 첫 조문으로 맨 앞에 배치하고 있고, 또 의사표시에 관한 규정(§122), 무권대리에 관한 규정(§179) 등 여러 곳에 유사한 규정들이 산재해 있다. 독일에서 계약책임 및 불법행위책임과 별개의 계약체결상의 과실책임이 정립된 이유이다.

3. 인정범위

우리 민법은 제535조에서 계약의 목적이 원시적 불능인 경우에만 계약체결상의 과실이 있는 것으로 정하고 있다. 그렇다면 계약체결상의 과실을 원시적 불능인 경우에 한정하여 인정할 것인지, 아니면 계약체결의 준비단계나 계약이 무효·취소된 경우 및 계약이 유효한 경우까지 폭넓게 인정할 것인지 문제된다. 학설은 넓게 인정하는 입장이다. 판례도 넓게 인정하고 있는 것으로 보이는데, 그 영역에 따라 책임의 법적 성질에 차이가 있어서 획일적으로 판단하기가 어렵다. 아래에 따로 논의하기로 한다.

4. 판례의 변화

1990년대 이후 대법원은 계약교섭의 부당한 파기를 신의칙에 위반한 위법한 행위로 보면서, 그 근거는 불법행위책임이라고 하여(99다40418, 2001다53059, 2002다32301) 일관되게 불법행위책임을 인정하고 있었다. 또 제3자가 차량의 매매계약에 개입하여 기망행위를 함으로써 의사의 불합치로 계약이 성립하지 않은 경우 불법행위책임이 성립할 수 있을 뿐이지 제535조를 적용할 수 없다고 보았다(2015다10929).

이러한 대법원의 입장은 다소 변화를 보인다. 즉 지방자치단체가 민간투자사업에 관한 협약을 체결하는 과정에서 구의회의 의결이 불발됨으로써 계약체결이 무효가 된 경우 상대방은 그 계약의 유효를 믿고 지출한 비용상당의 손해를 제535조에 따라 배상청구할 수 있다고 보았다(2011다88313). 최근 판례에서도 대법원은 1필지 토지를 분할할 경우 일정 면적 이상이어야 한다는 조례 때문에 이전등기가 불가능하게 된 사안에서 제535조에서 정한 계약체결상의 과실책임은 물론이고 부당이득의 법리에 따라 권리를 구제받을 수 있다고 한다(2016다9643).

Ⅱ. 요건과 효과

제535조에서 정하고 있는 원시적 불능인 경우의 계약체결의 과실책임에 한정하지 않고, 계약체결의 준비단계나 계약이 무효·취소된 경우까지 고려하여 공통되는 요건과 효과를 살펴보기로 한다.

1. 요 건

가. 계약체결을 위한 준비 및 교섭이 있었을 것

〈사례5〉에서 A가 추가 공사비를 부담하면서 잔여공사를 완성한 것은 장기간의 교섭단계를 통해 B가 공사비용을 지급할 것으로 믿었기 때문이다.

나. 신의칙상의 부수의무를 위반하였을 것

〈사례5〉에서 B가 공사비용을 지급할 것으로 믿고 잔여공사를 완성하였는데 정당한 대가 없이 추가비용 지급을 위한 계약교섭을 파기한 것은 신의칙상의 의무를 위반한 것이다. 장기간의 교섭단계를 통해 B는 A에게 공사비를 지급할 것이라는 신뢰 내지 기대를 확실하게 부여하였기 때문이다(2002다32301).

다. 의무위반이 계약이 성립되기 이전일 것

계약이 성립된 이후에 당사자 일방이 의무위반을 했다면 계약상 채무불이행 책임을 물을 수 있으므로 계약체결의 과실책임을 물으려면 계약이 성립되기 이전이라야 한다.

라. 의무위반이 고의 및 과실로 인한 것일 것

상대방에게 계약이 체결될 것으로 믿도록 조성해 놓은 자가 이를 위반한다면 계약이 성립하지 않는다는 것을 알았거나 알 수 있었을 것이라는 점이다.

2. 효 과

가. 신뢰이익의 배상

계약체결상의 과실책임에 대한 요건이 충족되면 배상의무자는 자신의 행위를 믿었음으로 인하여 상대방에게 발생한 손해를 배상해야 한다(§535 I). 즉 고의·과실로 불능의 계약을 체결한 자는 상대방이 그 계약의 유효를 믿음으로 인하여 받은 손해, 즉 신뢰이익을 배상하여야 한다.

나. 손해배상의 범위

여기서 신뢰이익이란 계약의 성립을 기대하고 지출한 계약준비비용과 같이 신뢰가 없었더라면 통상 지출하지 않았을 비용 상당의 손해를 말한다(2001다53059). 예를 들어, 계약체결비용, 대금지급을 위하여 융자를 받은 경우의 이자, 제3자의 유리한 청약을 거절함으로 생긴 손해 등이다.

다만, 배상범위는 계약이 유효함으로 인하여 생길 이익, 즉 이행이익을 초과할 수 없다(§535 Ⅰ 단서).

Ⅲ. 준비단계, 교섭단계에 있어서의 계약체결상의 과실

1. 의의와 인정근거

계약체결을 위한 교섭·절충·상의가 계속되는 동안에 일방 당사자의 과실로 계약체결이 결렬되어 상대방에게 손해를 주었다면 계약이 성립하지 않았더라도 배상책임을 인정한다. 이 책임을 인정하는 근거는 신의칙상 부수의무의 위반이다. 계약의 준비행위가 진행되는 중에 당사자 사이에 신뢰관계가 형성되어 상대방에게 손해를 주지 않아야 할 신의칙상의 부수적 의무가 발생하는데, 이를 위반함으로써 상대방에게 손해를 주었다면 이를 배상해야 한다는 것이다. 예컨대, 중고자동차를 매매하기 전에 시운전 중 차량불량으로 인한 사고가 난 경우, 고객이 백화점 입구에서 바나나껍질을 밟고 넘어져 다친 경우, 중소기업이 대기업에 납품계약을 체결하기 전 물품제작과 사업제안서를 통한 교섭과정에서 핵심기술이나 특허를 탈취당한 경우 등이 있다.

2. 성　질

계약의 준비과정에서 계약체결이 결렬된 것이므로 기본채무에 의한 급부의무는 없지만, 신의칙상 부수적 의무에 따른 채권관계로서 계약책임이 있다. 우리 민법에 교섭단계의 신의칙위반에 대하여 책임을 물을 구체적 책임근거조항이 없기 때문에 제535조를 확장하여 적용하는 것이 적절하다.

그러나 판례는 계약책임이 아닌 불법행위책임으로 본다. 예컨대, 수출 1000억불 달성 기념조형물제작 당선작으로 선정된 작가에게 조형물의 제작·납품·설치계약을 체결하겠다고 통지한 지 3년이 경과한 시점에 조형물의 설치를 취소하기로 하였다고 통보한 사안에 대하여 판례는 교섭단계에서 계약이 확실하게 체결되리라는 정당한 기대 내지 신뢰를 부여하였음에도 상당한 이유 없이 계약의 체결을 거부하여 손해를 입혔다면 이는 신의성실의 원칙에 비추어 볼 때 위법한 행위로서 불법행위를 구성한다고 보았다(2001다53059).

Ⅳ. 원시적 불능인 경우 계약체결상의 과실

1. 의   의

계약의 목적이 계약체결 당시에 원시적 불능인 경우 일정한 요건 아래 과실책임을 인정하고 있다(§535). 우리 민법은 이를 계약체결상의 과실책임으로 명문화하였다. 책임의 법적 성질에 대하여 논란이 있지만, 기술한 바와 같이 계약책임으로 본다.

2. 요   건

가. 계약의 목적이 원시적으로 전부불능이어서 계약이 무효가 되어야 한다.
목적의 일부만이 불능인 경우에도 본조가 적용될 수 있으나, 매매 등의 유상계약의 경우에는 매도인의 하자담보책임(§574)이 문제되기 때문에 본조는 적용되지 않는다. 또 계약의 목적이 계약체결 당시에 객관적 불능이어야 한다. 하지만 법률상 금지되어 실현이 불가능한 경우도 제535조에서 정한 계약체결상의 과실책임으로 권리를 구제받을 수 있다고 한다(2016다9643, 2016다212524).
나. 불능인 계약을 체결한 자는 그 불능을 알았거나 알 수 있어야 한다(§535 Ⅰ).
다. 상대방은 선의·무과실이어야 한다(§535 Ⅱ). 상대방이 불능임을 알았거나 알 수 있었을 때에는 상대방을 보호할 필요가 없기 때문이다.

Ⅴ. 계약이 유효한 경우의 계약체결상의 과실

1. 의   의

유효한 계약이 성립된 경우에도 그 계약에 어떤 흠결이 있기 때문에 상대방에게 손해를 준 경우에 계약체결상의 과실이 문제되는 경우가 있다.

2. 과실책임이 인정되는 경우

가. 법률에 규정이 있는 경우

계약상 목적물의 하자로 인하여 매수인이 손해를 입었다면 하자담보책임 (§§ 571, 559, 602, 612)을 지게 되지만, 매도인이 하자를 알았거나 알 수 있었다면 제 535조에 따른 책임도 물을 수 있다. 또 수임인이 위임사무의 처리를 위하여 과실 없이 손해를 입은 때에는 위임인에 대하여 배상을 청구할 수 있다고 하고(§ 688 Ⅲ), 이를 위임의 목적물에 하자가 있는 경우에도 마찬가지라고 하여 위임인이 하자를 알았거나 알 수 있었던 데에 과실이 있다면 제535조에 따른 책임도 물을 수 있다고 한다. 그러나 제688조 제3항은 무상의 위임계약에 적용되는 것이어서 제 535조에 따른 책임도 제한적으로 판단할 수밖에 없을 것이다.

나. 법률에 규정이 없는 경우

매매계약상 목적물의 사용방법을 잘못 알려주거나, 고용계약상 당사자가 중 요사실을 알리지 않거나, 도급·운송계약 등에서 수급인·운송인 등이 계약을 체 결하기 전에 통지나 고지를 잘못하여 손해가 발생한 경우 계약체결상의 과실책 임이 문제된다.

3. 책임발생의 요건

가. 계약이 유효하게 성립하였어야 한다.
나. 계약이 성립하기 전에 신의칙상 의무에 위반하여 계약이 성립한 후 상대 방이 입은 손해에 원인을 제공했어야 한다.
다. 그 원인에 과실·고의가 있어야 한다.
라. 상대방은 선의·무과실이어야 한다.

제 2 장   계약의 효력

제 1 절   쌍무계약

I. 민법규정

채권편 제2장(계약) 제1절(총칙) 제2관에서는 '계약의 효력'이란 제목으로 7개의 조문을 두고 있다(§§ 536-542). 여기에는 동시이행의 항변권(§ 536), 위험부담(§§ 537-538), 제3자를 위한 계약(§§ 539-542)에 관하여 규정하고 있는데, 특히 동시이행의 항변권과 위험부담에 관한 조문에서는 '쌍무계약'이라고 명시하고 있다.

이 두 가지 제도는 15개의 전형계약 중에서 쌍무계약의 성질을 가진 계약에 적용된다. 즉 무상계약인 증여와 사용대차, 약정에 따라 무상계약이 될 수 있는 소비대차·위임·임치·종신정기금 및 편무계약인 현상광고를 제외한 대부분의 계약이 쌍무계약으로서 효력을 가진다.

II. 쌍무계약의 견련성

쌍무계약은 쌍방 당사자가 상호 대등한 대가관계에 있는 채무를 부담하는 계약이다. 이와 같이 쌍무계약에서는 당사자 쌍방의 채무가 대가적인 의미가 있기 때문에 이들이 서로 운명을 같이 하는 의존관계에 놓이게 된다. 이러한 대가적 채무 상호 간의 의존관계를 채무의 견련성(牽連性)이라고 한다.

타인의 물건이나 유가증권으로부터 생긴 채권을 변제받을 때까지 그 물건이나 유가증권을 점유할 수 있는 유치권(§ 320)에도 견련성이 있다. 즉 유치권을 행사하기 위해서는 채권이 그 목적물로부터 생긴 것이어야 한다는 것이 유치권의 견련성이다. 예를 들면, 서비스센터에서 냉장고와 노트북을 수리했는데 냉장고 수리비를 받기 위해 노트북을 유치할 수 없는 것과 같다. 또 유치권의 견련성은 상당한 담보를 제공하고 유치권의 소멸을 청구할 수 있다는 점에서 쌍무계약에서와 다르다.

Ⅲ. 견련관계

본래 당사자 쌍방의 채무 사이에는 성립·이행·존속상 법률적·경제적인 견련성을 갖고 있어서 서로 담보로서 기능한다(2013다204140, 204157).

1. 성립상의 견련관계

성립상의 견련관계란 당사자 일방의 채무가 처음부터 효력이 없거나, 목적이 불능한 계약을 체결한 경우에는 상대방의 채무도 성립하지 않는다는 것이다. 예를 들어, 이미 불에 탄 주택을 매매했을 때 주택인도채무가 불능하므로 상대방의 대금지급채무도 성립하지 않는다. 이는 계약의 불성립 문제로서 계약의 성립이후의 문제인 이행·존속상의 견련관계와 다르다. 여기에서는 앞에서 기술한 계약체결상의 과실책임(§535)이 문제된다.

2. 이행상의 견련관계

이행상의 견련관계란 계약이 성립한 이후 당사자 일방이 채무를 이행할 때까지 상대방도 채무의 이행을 거절할 수 있다는 것이다. 제536조에서 정하고 있는 동시이행의 항변권은 이행상의 견련관계를 규정한 것이다.

3. 존속상의 견련관계

존속상의 견련관계란 일단 계약은 성립하였으나, 이행되기 전에 당사자 일방의 채무가 그의 귀책사유 없이 불능으로 소멸된 경우에 상대방의 채무도 소멸한다는 것이다. 제537조의 채무자위험부담주의와 제538조에서 정하고 있는 채권자귀책사유로 인한 이행불능은 존속상의 견련관계를 규정한 것이다.

제 2 절 동시이행의 항변권

〈사례1〉 임대인 A가 자신의 건물을 임차인 B에게 임대하였으나, 임대기간이 만료되기 전에 이를 C에게 처분하였다. 이에 B는 A 또는 C 중에서 누구에게 보증금의 반환을 청구하고 건물의 인도를 거절할 수 있을까? 한편 임차인 B가 임대인 A의 동의하에 전차인 D에게 임차물을 인도한 경우, B의 보증금반환청구에 대해 A는 B의 임차물 인도와 동시이행관계에 있다고 주장할 수 있을까?

〈사례2〉 위임인 A가 수임인 B에 대하여 사무처리 중에 B가 취득한 그림의 반환을 청구하였다. 이에 B는 자신이 그림을 취득하면서 지출한 20만원의 비용을 청구하였다. 이때 B는 동시이행의 항변권을 주장할 수 있을까?

〈사례3〉 A로부터 건물신축을 의뢰받은 B가 건물을 완공하였으나, 공사대금을 받지 못하자 B는 공사대금을 지급받을 때까지 건물의 인도를 거절하고 있다. 건물의 소유권이 A 또는 B에게 있느냐에 따라 B가 행사할 수 있는 권리에 어떤 차이가 있을까?

I. 의의 및 법적 성질

1. 의 의

동시이행의 항변권이란 쌍무계약에 있어서 당사자 일방은 상대방이 채무이행의 제공을 할 때까지 자기의 채무이행을 거절할 수 있는 권리이다(§536 I). 민법 제536조의 입법취지는 공평관념과 신의칙에 따른 것이다(75다1241). 〈사례1〉에서 임대인 A가 임대기간이 만료되기 전에 처분했더라도 B는 A로부터 보증금을 반환받을 때까지 건물의 인도를 거절할 수 있는 권리가 동시이행의 항변권이다.

2. 법적 성질

동시이행의 항변권은 보증인의 최고·검색의 항변권(§437)과 같이 연기적 항변권이다. 항변권은 지배권·청구권·형성권과 함께 권리의 작용에 의해 분류되는 권리의 한 종류로서 청구권의 행사에 대하여 그 작용을 저지할 수 있는 권리이다. 그러므로 동시이행의 항변권은 상대방의 청구가 있어야 성립하고 이를 행사하지 않으면 고려할 필요가 없다(90다카25222). 다만, 이행지체책임은 동시이행의 항변권을 행사해야만 발생하는 것은 아니다(2001다3764).

Ⅱ. 성립요건

1. 쌍무계약일 것

당사자 쌍방의 채무가 동일한 쌍무계약에 의하여 발생하여야 하므로 별개의 계약으로 생긴 경우에는 동시이행의 항변권이 인정되지 않는다(89다카23794). 그러나 타방의 부동산에 설정된 담보권의 피담보채무를 인수하는 조건으로 체결된 부동산교환계약에서 일방의 인수채무 불이행으로 이를 타방이 대신 변제했다면 그로 인한 일방의 손해배상채무와 타방의 소유권이전등기의무는 동시이행관계에 있다(2010다11323).

〈사례2〉에서 수임인 B가 위임사무의 처리로 받은 그림과 지출한 비용은 동일한 쌍무계약에 의하여 발생한 것이 아니므로 동시이행의 항변권을 행사할 수 없다. 이 경우 B는 그림을 A에게 인도해야 하지만 그가 지출한 비용은 그림을 취득하기 위한 것이므로 비용을 지급받을 때까지 유치권을 행사할 수 있다.

〈사례3〉에서 건물 소유권이 누구에게 있든 관계없이 완성된 건물의 인도와 공사대금은 동일한 쌍무계약(도급)에서 생긴 것이므로 B는 공사대금을 지급받을 때까지 동시이행의 항변권을 주장할 수 있다. 그러나 유치권의 경우에는 다르다. 즉 유치권이 타물권이란 점에서 볼 때 건물 소유권이 B에게 있다면 B는 유치권을 행사할 수 없지만(91다14116), 건물 소유권이 A에게 있다면 B는 공사대금이 건물로 인해 발생한 것이므로 건물을 유치할 수 있다.

2. 대가적 의미 있는 채권이 존재할 것

일방의 급부는 상대방의 급부와 서로 대가적 관계에 있어야 한다. 쌍무계약에서는 급부와 반대급부 사이의 밀접한 이행상의 견련성이 있기 때문에 계약당사자 누구도 상대방이 반대급부를 동시에 이행하지 않으면 자신의 급부를 이행하지 않을 것이 보장된다. 〈사례1〉에서 B는 쌍무계약상의 대가관계가 없는 C에 대해서는 동시이행의 항변권을 주장할 수 없다.

동시이행관계에 있는 일방의 채무가 이행불능으로 인하여 손해배상채무로 전환된 경우에도 여전히 대가관계가 존재하므로 상대방의 채무와 동시이행관계에 있다(2010다11323). 그러나 상대방의 채무가 시효로 소멸한 경우에는 대가적 채무가 존재하지 않으므로 동시이행의 항변권을 행사할 수 없다. 예컨대, 부동산매매계약에서 매매대금채권과 소유권이전등기청구권이 동시이행의 관계에 있더라도 매매대금채권이 지급기일 이후 10년의 경과로 시효소멸하였다면 부동산을 인도받아 점유하고 있는 매수인이 소유권이전등기를 청구함에 대하여 매도인은 매매대금과 동시이행을 주장할 수 없다(90다9797). 이와 달리 임대차 종료 시 보증금을 반환받기 위해 목적물을 점유하고 있는 임차인의 보증금반환채권은 소멸시효가 진행하지 않으므로 임대인의 목적물반환청구에 대해 동시이행을 주장할 수 있다(2016다244224, 244231).

한편 동시이행의 항변권에서는 쌍방의 채무가 대가관계에 있는 동일한 채무여야 하므로 유치권과 달리 상당한 담보를 제공하여 항변권의 행사를 저지할 수 없다.

3. 상대방의 채무가 이행기에 있을 것

상대방의 채무가 만기에 도래했어야 한다. 아직 변제기가 도래하지 않은 상대방의 채무에 대하여 이행을 청구한다면 오히려 상대방이 이행을 거절할 수 있기 때문이다. 제536조 제1항 단서가 이를 말해준다.

그러나 선이행의무자가 이행하지 않고 있는 동안에 상대방의 채무가 변제기가 된 때에는 선이행의무였던 자에게 동시이행의 항변권을 인정한다. 예컨대 매수인이 선이행의무 있는 중도금을 지급하지 않은 상태에서 계약해제 없이 잔금지급일이 도래하였다면 매수인의 중도금을 포함한 잔금지급의무는 매도인의 소유권이전등기서류의 제공의무와 동시이행관계에 있게 된다(2000다577).

4. 상대방이 채무의 이행 또는 이행제공을 하지 않고 이행청구를 하였을 것

상대방이 채무의 내용에 좇은 이행의 제공을 한 때에는 동시이행의 항변권은 인정되지 않는다(§536 I). 다만, 상대방이 채무의 일부만 이행한 경우에도 동시이행의 항변을 할 수 있는지 문제된다. 판례는 상황에 따라 달리 판단하고 있다. 예컨대, 여러 필지의 토지매매에서 매매대금의 일부만 지급된 경우 일부토지에 대한 소유권이전등기가 가능하다면 매매대금의 잔액에 대해서면 동시이행을 주장할 수 있다(92다32807)고 한데 반하여, 공사도급계약에서 도급인이 기성고 해당 중도금 지급의무의 이행을 일부 지체하였다고 하여 바로 수급인이 일 완성의무의 이행을 거절할 수는 없다고 하였다(2001다1386).

한편 상대방이 채무를 이행하였지만 이행이 불완전한 경우도 임대인의 필요비상환의무는 특별한 사정이 없는 한 임차인의 차임지급의무와 서로 대응하는 관계에 있으므로, 임차인은 지출한 필요비 금액의 한도에서 차임의 지급을 거절할 수 있다(2016다227694).

5. 이행의 제공이 유지될 것

동시이행항변권을 행사하려면 대가적 의미 있는 채무가 동일성을 유지한 채 계속 존재해야 한다. 또한 본래의 채무가 동일성을 유지하는 한 쌍무계약을 체결한 당사자가 양도·인수 또는 상속에 의하여 변경되더라도 동시이행의 항변권은 존속한다. 〈사례1〉에서 임차물의 매수인 C가 A와 매매계약을 체결하면서 임대차계약을 인수하였다면 임차인 B는 C에게 동시이행의 항변권을 주장할 수 있다. 그러나 B가 A의 동의를 받아 전차인 D에게 임차물을 직접 인도한 경우 임대차 종료 시 B의 보증금반환청구에 대해 A는 B의 임차물 인도와 동시이행관계에 있다고 주장할 수 없다(2008다55634). A의 동의를 B로부터 임차물을 인도받아 다시 D에게 인도한 것으로 보기 때문이다.

한편 쌍무계약의 당사자 일방이 먼저 한번 현실제공을 하고 상대방을 수령지체에 빠지게 하였다면 한번 이행제공을 했다는 사실만으로 상대방은 동시이행의 항변권을 행사할 수 없는가? 이 경우 상대방이 동시이행의 항변권을 행사할 수 없게 하려면 일방의 이행제공이 계속 유지되고 있어야 한다. 즉 쌍무계약의 상대방이 한번 이행지체를 하였다고 하여 동시이행의 항변권을 행사할 수 없는 것이 아니다(98다13754, 13761).

이행의 제공과 관련하여 판례는 매도인이 제공한 이전등기용 인감증명서의 시효가 경과하였다는 이유로 매수인이 잔금지급을 거절한 사안에서 매도용 인감

증명서를 언제든지 발급받을 수 있다면 소유권이전등기의무에 관한 이행제공이 있었다고 보아 매수인에게 동시이행의 항변권을 인정하지 않았다(2012다65867).

6. 선이행의무가 없을 것

가. 선이행의무가 있는 경우

상대방의 채무는 변제기에 있지 않고, 일방의 채무만이 변제기에 있는 경우에 일방은 동시이행의 항변권을 행사할 수 없다(§536 Ⅰ 단서). 즉 선이행의무가 있는 자는 동시이행의 항변권을 가질 수 없다. 선이행의무가 있는 전형적인 경우로는 중도금을 예로 들 수 있고, 당사자가 특약으로 등기 후 잔금지급을 약정하거나 차를 미리 매수인에게 인도해 주고 대금을 나중에 받기로 한 경우 등이 있다. 또한 선이행의무는 법률의 규정에 의해 정해지기도 한다. 즉 고용계약에서 노무자의 노무제공과 위임계약에서 수임인의 위임사무처리는 특약이 없는 한 보수에 우선하여 먼저 이행할 의무가 있다(§§656 Ⅱ, 686 Ⅱ).

나. 선이행의무의 예외

당사자 일방이 상대방에게 먼저 이행하여야 할 경우에 상대방의 이행이 곤란할 현저한 사유가 있는 때에는 선이행의무자에게 동시이행의 항변권이 인정된다(§536 Ⅱ). 예컨대, 매수인이 중도금을 선이행해야 할 경우 매도인의 재산상태가 악화되어 파산의 염려가 있다면 매수인에게 동시이행의 항변권을 인정하여 중도금의 지급을 거절할 수 있게 하는 것이다. 선이행으로 손해를 볼 수 있다는 불안한 마음을 드러낸다는 점에서 '불안의 항변권'이라고 부른다.

민법에는 '상대방의 이행이 곤란할 현저한 사유가 있는 때'라고만 정하고 있을 뿐, 명문의 기준이 없다. 판례에서는 이런 예외사유를 '계약 성립 후 채권자의 신용불안이나 재산상태의 악화로 반대급부를 이행받을 수 없는 사정변경이 생기고 이로 인하여 당초의 계약내용에 따른 선이행의무를 이행하게 하는 것이 공평과 신의칙에 반하게 되는 경우'로 해석한다(2011다93025). 이러한 예외사유에 해당하지 않는데도 불구하고 동시이행의 항변권을 주장하여 채무를 이행하지 않는다면 계약위반이 되어 계약을 해제당하고 계약금이 위약금으로 몰수될 수 있다.

Ⅲ. 효   과

1. 행사의 효과

상대방이 자기의 채무를 이행하지 않은 채 쌍무계약상 대가관계에 있는 채무자에게 먼저 이행을 청구했을 때 이에 대응하여 채무자도 상대방에게 채무이행이나 이행제공을 요구할 수 있다. 이와 같이 일시적으로 자기채무의 이행을 거절할 수 있는 기능을 하는 것이 동시이행의 항변권이다. 그러므로 채무자가 동시이행의 항변권을 행사했더라도 채무 자체가 소멸하는 것은 아니고, 일시적으로 상대방의 청구권 작용을 저지하여 채무이행을 연기하는 효력이 있을 뿐이다. 이런 이유로 '연기적 항변권'이라 부른다.

만일 앞서 기술한 바와 같은 성립요건을 충족했는데도 불구하고 이를 행사하지 않으면 청구권의 작용을 저지하는 기능을 발휘하지 않는다. 즉 상대방이 자기 채무를 이행하지 않았는데도 이행청구의 효력이 발생하므로 채무자는 이행지체에 빠지게 된다. 다만, 일방의 현실제공으로 상대방이 수령지체에 빠졌다는 사실만으로 상대방이 동시이행 항변권을 상실하지는 않는다(2010다11323).

반면에 이행청구에 대해 동시이행의 항변권이 주장된 때에는 청구자가 이행의 제공을 한 사실을 입증하지 않으면 이행청구의 효력이 없다. 또 이행청구에는 시효중단의 효력(§168)이 있지만, 동시이행의 항변권에는 시효중단의 효력이 없다.

2. 기타의 효과

동시이행 항변권의 대항을 받는 채권을 자동채권으로 하는 상계는 허용되지 않는다. 자동채권에 항변권이 붙어있는 경우 상계를 허용하면 상대방의 항변권 행사의 기회를 상실케 하는 결과가 되기 때문이다(2002다25242).

3. 재판상의 효과

원고의 청구에 대하여 피고가 적법하게 동시이행의 항변권을 행사한 경우 원고 측이 자기채무의 이행제공이 있었음을 입증하지 못하면 법원은 피고에게 원고의 이행과 상환으로 급부를 명하여야 한다. 그러나 당사자가 동시이행의 항변권을 행사하지 않는 경우에는 일부승소의 판결을 할 수 없고, 원고의 청구가 그대로 인용된다.

동시이행의 항변권에 의하여 상환으로 급부를 명한 동시이행판결(상환판결)에 따라 강제집행을 하는 경우의 집행개시의 요건은 채권자가 반대의무의 이행 또는 이행제공을 하였다는 것을 증명하여야 한다(민사집행법 §41 Ⅰ).

4. 동시이행항변권 규정의 준용

동시이행의 항변권에 관한 제536조는 쌍무계약에서 대가관계가 있는 경우뿐만 아니라, 계약해제로 인한 원상회복 의무(§549), 매매계약에서의 쌍방의 의무(§568 Ⅱ), 매도인의 담보책임(§583), 도급인의 하자보수청구권(또는 손해배상청구권)과 수급인의 보수지급청구권(§667), 종신정기금계약의 해제 시 원본상환청구(§728) 등에 준용된다.

그 밖에 제536조를 준용한다는 규정이 없는 경우에는 판례에 의하여 유추·적용됨으로써 동시이행의 항변권이 인정되고 있다.

제 3 절 위험부담

〈사례1〉 A는 2월 1일 자신의 승용차를 B에게 팔기로 하면서 2월 15일 차를 미리 인도하고, 3월 10일 매매대금을 받으면서 자동차등록을 이전해 주기로 약정하였다. 그런데 주차장에 주차되어 있던 차가 누군가의 소행으로 불에 타 전소된 경우에도 B는 매매대금을 지불하여야 할까? B에게 인도하기 전에 차가 전소한 경우와 인도한 이후에 전소한 경우의 법률관계는 어떻게 달라지는가?

〈사례2〉 A가 포도 10상자를 갖다달라는 B의 주문을 받아 싣고 갔는데, B가 부재중이어서 그냥 돌아오다가 빗길 교통사고로 포도가 모두 깨져서 이행할 수 없게 되었다. 교통사고가 제3자의 과실에 의한 경우, A의 졸음운전에 의한 경우, A의 가벼운 부주의에 의한 경우에 따라 책임은 어떻게 달라지는가?

I. 위험부담의 의의와 입법주의

1. 의 의

위험부담은 쌍무계약에서 당사자 일방의 채무가 채무자의 책임없는 사유로 후발적 불능이 되어 소멸한 경우에 그에 대응하는 상대방의 채무도 소멸하는지 여부에 관한 문제이다.

쌍무계약에서는 쌍방의 채무가 서로 의존적 견련관계에 있기 때문에 일방의 채무가 소멸되었을 때 타방의 채무에도 영향을 줄 수밖에 없다. 이 점에서 위험부담은 쌍무계약에 있어서 두 채무 사이의 존속상 견련관계를 정하는 제도이다.

2. 위험부담에 관한 입법주의

급부위험을 누구에게 부담시킬 것인가를 정하는 것은 입법정책의 문제로서 각국의 입법례가 동일하지 않다. 채무자, 채권자 또는 소유자 중에서 누가 위험을 부담하느냐에 따라 아래 세 가지 주의가 있다.

가. 채무자 위험부담주의

소멸한 채무의 채무자가 위험을 부담해야 한다는 주의이다. 〈사례1〉에서 A와 B가 승용차 매매계약을 체결했는데, 차가 전소되는 바람에 이행불능이 된 경우 A는 차를 인도할 의무를 면하지만, 대가관계에 있는 B의 대금채무 지급의무도 소멸한다는 것이다. 이 경우 차를 인도할 의무가 없는 A는 대금채권을 청구할 수 없게 된다. 채무자 위험부담주의는 급부의무가 소멸하면 반대급부도 소멸한다는 점에서 쌍무계약의 견련성에 이론적 기초를 두고 있다.

나. 채권자 위험부담주의

소멸한 채무의 채권자가 위험을 부담해야 한다는 주의이다. 〈사례1〉에서 차를 인도할 의무를 면한 A가 채권자 B에게 대가관계에 있는 대금의 지급을 청구할 수 있다는 것이다. B가 대금채무를 이행하면서도 A에게 차의 인도를 청구할 수 없기 때문에 채권자 B가 위험을 부담하여야 한다. 물론 방화한 가해자를 찾을 수 있다면 그에게 손해배상을 청구할 수 있겠지만, 차량이 전소된 것이 불가항력에 의한 것이라면 B가 모든 위험을 떠안게 된다.

다. 소유자 위험부담주의

물건이 멸실·훼손된 경우 그 당시 그 물건의 소유자가 위험을 부담한다는 주의이다. 제시사례1에서 차를 B에게 인도했는지 여부와 무관하게 아직 차량등록을 이전하기 전이라면 소유자인 A가 차량 전소의 위험을 부담하게 된다. 그러나 특약으로 먼저 B에게 차량등록을 해주고, 잔금채무가 남아 있는 상태에서 소실되었다면 B가 위험을 부담하게 된다.

Ⅱ. 위험부담의 요건

1. 급부위험과 대가위험(반대급부위험)

위험부담에 있어서 '위험'이란 쌍무계약에서 서로 대가적 의미를 가진 채무의 하나가 소멸하게 됨으로써 받게 되는 불이익을 의미한다. 쌍무계약에서는 급부위험과 대가위험의 문제가 발생한다. 급부위험은 급부가 당사자 쌍방의 책임없는 사유로 불능이 된 경우에 채무자가 급부의무를 면할 수 있는가 문제이고, 대가위험은 당사자 일방의 채무가 채무자에게 책임없는 사유로 불능이 된 경우에도 대가적 의미가 있는 채무는 소멸하지 않고 존재해야 하는지의 문제이다. 〈사례1〉과 같은 매매계약을 예로 들면, 차가 매수인 B에게 인도되기 전에 전소되었더라도 A는 여전히 차를 인도할 의무를 부담하는지(급부위험부담), 이때 B는 대금을 지급할 의무를 부담하는지(대가위험부담)에 대한 것이다.

2. 쌍무계약의 문제

쌍무계약에서 쌍방의 채무는 각각 독립된 채무이지만 서로 의존적 견련관계에 있다. 그러므로 일방의 채무가 소멸한 경우 타방의 채무에 어떤 영향을 주는가는 당사자의 이해관계에 있어서 매우 민감한 문제이다. 이런 문제를 조화롭게 해결하려는 제도가 위험부담에 관한 규정이다.

그러나 쌍무계약이라도 이런 문제가 발생하지 않는 채권이 있다. 즉, 금전채권이나 종류채권에서는 위험부담이 문제되지 않는다. 금전채권은 화폐개혁과 같은 경제변혁이 아니라면 이행이 불가능하지 않으므로 위험부담이 문제될 여지가 없다. 또 종류채권의 경우 채무자에게는 조달의무가 있기 때문에 급부를 위해 준비한 물건이 멸실되더라도 급부의무가 면제되지 않는다(채권총론 35면 참조). 채무자에게 유책사유가 없어도 마찬가지이다. 그렇기 때문에 위험부담은 특히 특정물의 매매계약과 도급계약에서 중요한 의미를 지닌다.

3. 쌍무계약 성립 이후 발생한 후발적 불능

채무자에게 귀책사유 없이 후발적 불능이 발생한 경우에 채무자는 채무를 면한다. 그런데 이때 소멸한 채무가 쌍무계약상의 채무인 경우에는 상대방의 채무도 소멸하는가의 문제가 생기는데, 이것이 곧 위험부담의 문제이다(§ 537). 쌍무계약에서 일방의 채무가 원시적으로 불능인 때에는 채무의 성립상 견련성의 문제로서 계약체결상의 과실책임이 적용된다(§ 535).

4. 채무자에게 책임 없는 사유로 생긴 후발적 불능

채권이 성립한 후에 생긴 후발적 불능이 채무자의 귀책사유로 인한 것이라면 종래의 채무에 갈음하여 주로 전보배상이 문제가 될 뿐이지, 위험부담의 문제가 생기지 않는다. 그러나 채무의 이행이 후발적으로 불능인 경우라도 당사자 쌍방의 책임없는 사유로 인한 것이라면 그 위험을 누구에게 부담시키는 것이 공평한지 판단하는 것은 쉬운 문제가 아니다.

Ⅲ. 채무자 위험부담주의

1. 우리 민법의 태도

우리 민법은 제537조에서 채무자 위험부담주의를 취하고 있다. 하지만 채무자 위험부담주의를 취하고 있는 제537조는 임의규정이므로 당사자가 특약으로 달리 약정할 수 있다. 이에 따라 제537조의 채무자 위험부담주의에 관한 약관조항을 무효로 하는 것은 사적 자치의 원칙에 위반되지 않는다(2003두3734). 물론 채무자가 위험부담의 책임을 지지 않는다는 면책특약을 한 경우라도 물건의 인도

후 목적물의 멸실 등 이행불능의 사유가 발생했을 때 위험부담을 면한다는 취지이지, 진정한 소유자로부터의 추탈위험까지 면책하는 것은 아니다(96다35149).

2. 채무자 위험부담주의의 효과

채무자 위험부담주의는 계약이 성립된 이후 쌍방의 귀책사유가 없는 후발적 불능의 경우에 채무자는 급부의무를 면하지만, 그와 동시에 반대급부도 소멸되므로 대가위험을 채무자가 부담하는 것이다. 비록 계약이 성립된 이후에 급부불능이 발생하였음에도 불구하고 급부의무와 반대급부의무가 모두 소멸됨으로써 계약관계는 소급적으로 해소된다. 이처럼 계약관계가 소급적으로 소멸됨으로써 채무자는 상대방의 반대급부를 수령할 법률상 원인이 없게 된다. 그러므로 급부불능에도 불구하고 채권자가 계약금이나 대금의 일부를 이미 지급하였다면 법률상 원인 없는 급부가 되어 부당이득의 법리에 따라 반환을 청구할 수 있다(2008다98655·98662).

한편 이행불능의 효과로 인정하고 있는 대상청구권은 채무자 위험부담에서는 논의의 대상이 되지 않는다. 왜냐하면 대상청구권을 인정하려면 계약관계가 해소되지 않아 채무자가 상대방에 대한 급부의무를 부담하고 있어야 하고, 또 급부불능의 결과로 채무자가 목적물에 대신하는 이익을 취득했어야 하기 때문이다(채권총론 74면 참조). 교환계약에서 당사자 쌍방의 급부가 협의취득에 의하여 모두 이행불능이 된 경우 대상청구권의 행사를 부정하였다(95다6601). 그러나 이 경우의 이행불능은 쌍방 모두에게 귀책사유가 있으므로 위험부담도 적용할 수 없다.

이상의 설명은 전부불능의 경우이다. 그렇다면 일부불능의 경우에는 어떻게 판단해야 할까? 채무자 위험부담의 법리에 따르면 채무자는 발생한 불능의 범위에서 채무를 면하고, 동시에 그것에 대응하는 반대급부를 받을 권리도 소멸한다. 그렇다면 불능이 아닌 잔여부분만으로 계약의 목적을 달성할 수 없음에도 불구하고 계약관계를 인정하여야 하는지 의문이다. 이 문제는 제137조에서 정하고 있는 일부무효의 법리에 따라 해결해야 할 것이다. 즉 일부불능의 경우에는 전부불능을 원칙으로 하되, 채권자가 잔여부분만으로 계약을 유지하겠다는 것이 인정된다면 그 부분에 대하여 유효한 계약으로 이행하면 될 것이다. 이때 수량부족·일부멸실의 경우의 담보책임을 정하고 있는 제574조에 따라 해결하면 된다.

3. 위험의 이전

쌍무계약에서 일방은 급부의무를, 상대방은 대가의무를 부담한다. 기술한 바와 같이 채무자 위험부담은 쌍방의 책임없는 사유로 채무자의 급부가 불능이 되었을 때 채무자는 급부위험을 면하지만 이에 대응하는 대가위험을 부담하는 것이다. 이와 같이 급부위험은 1차적으로 채무자가 부담한다. 그러나 일정한 경우 이러한 위험이 채권자에게 이전한다. 급부목적물이 동산인 경우에는 물건의 인도와 함께 위험이 이전되고, 부동산의 경우는 견해의 대립이 있지만 공시방법이 등기이더라도 이미 점유를 인도한 경우라면 위험이 이전된 것이다. 점유를 인도하기 이전이라도 담보제공을 위하여 미리 등기를 이전했다면 등기시점에 위험이 이전되었다고 보아야 한다. 〈사례1〉에서 B에게 차를 인도한 이후에 전소한 경우 A는 급부의무를 미리 이행한 것이므로 급부위험이 B에게 이전되었다고 보아 매매대금을 청구할 수 있을 것이다. 이를 채무자 위험부담의 법리로 판단하는 것은 적절하지 않다. 여기서 이행기 전 자동차 '사전인도'의 법적 성질을 판단컨대 매매계약과 연계된 임대차 또는 사용대차로 이해된다. 만일 B가 대금지급을 거절한다면 A는 차량 전소에 대해 B에게 임대차 또는 소비대차에 의거한 이행불능의 책임을 물을 수 있을 것이다.

4. 특정물 보존의무에 따른 급부위험과 구별

제374조에서는 특정물인도채무자의 선관주의의무에 대하여 정하고 있다. 즉 채무자가 목적물을 인도할 때까지 선관주의로 이를 보존했다면 비록 그 목적물이 멸실 또는 훼손되었다 하더라도 채무자는 이에 따른 책임을 지지 않는다. 이때에는 채권자에게 그 불이익이 돌아가게 된다. 채무자가 목적물을 인도할 때까지 선관주의의무를 다하였다면 채권자에게 급부위험을 부담시키는 것이다. 채무자 위험부담주의가 채무자에게 급부의무를 면제해 주는 대신에 대가위험을 부담시키는 것과 다르다. 더구나 급부불능에 의해 계약관계가 소멸되는 것도 아니므로 쌍무계약에서 문제되는 위험부담과 구별된다. 즉 쌍무계약에서 채무자에게 급부의무를 면제해 주는 것과 달리, 보존의무에서 급부위험을 채권자가 부담한다는 것은 '그 급부'의 이행 내지 2차적 효과로서의 손해배상을 청구할 수 없다는 것을

의미한다(채권총론 31면 참조).

《사례1》에서 A가 전소된 차를 인도할 수 없다면 급부의무를 면하지만 대가관계에 있는 B의 대금채무 지급의무도 소멸되므로 A의 대금지급청구권도 상실한다. 그런데 전소된 차를 도로변에 주차했는지 차고에 주차했는지에 따라 A의 보존의무의 정도가 다를 것이다. 즉 차고에 주차했다면 A가 자동차의 멸실·훼손에 따른 책임을 지지 않겠지만, 도로변에 주차했다면 보존의무에 위반하여 그 멸실·훼손에 대한 손해를 배상해야 한다는 것이다.

Ⅳ. 채권자의 귀책사유로 인한 이행불능

1. 일방의 채무가 '채권자의 책임있는 사유'로 이행할 수 없게 된 때

쌍무계약의 당사자 일방의 채무가 채권자의 책임있는 사유로 이행할 수 없게 된 때에는 채무자는 상대방의 이행을 청구할 수 있다($538 Ⅰ). 즉 이때는 채무자가 반대급부청구권을 계속 보유하게 되므로 채권자가 위험을 부담하게 된다. 여기서 '채권자의 책임있는 사유'란 채권자가 피할 수 있는 어떤 작위나 부작위로 인하여 채무내용인 급부의 실현을 방해함으로써 신의칙상 비난받을 수 있는 경우를 의미한다(2013다94701). 예컨대, 중도금 대출을 연대보증한 분양회사의 분양 아파트가 수분양자의 채무불이행으로 인하여 경매 처분됨으로써 수분양자에게 소유권이전등기를 해 줄 수 없게 된 경우이다(2010다25698). 그러나 공동주택사업의 승인을 조건으로 매매계약을 체결하였는데 조건성취 불가능을 이유로 계약의 실효를 주장하면서 중도금 지급을 거절하던 중 토지공사가 당해 부동산을 수용함으로써 이행불능이 된 경우는 채권자인 매수인의 책임있는 사유를 부정한다(2001다79013).

2. 채권자의 수령지체 중 '쌍방의 책임없는 사유'로 이행불능이 된 때

채권자의 수령지체 중에 당사자 쌍방의 책임없는 사유로 이행할 수 없게 된 경우에도 채무자는 상대방의 이행을 청구할 수 있다($538 Ⅰ 단서). 채무자의 이행제공이 있었음에도 불구하고 채권자가 수령을 지체하였다면 그 후에 발생한 이행불능의 책임을 채무자에게 부담시킬 수는 없는 것이므로 이를 채권자의 책임

있는 사유로 보아야 한다는 것이다. 가령 도급계약상 수급인이 신축건물의 완성된 부분의 인도를 최고해도 도급인이 수령을 거절하던 중 雙方의 과실 없이 제3자의 행위로 기성부분이 철거되었더라도 수급인은 공사대금의 지급을 청구할 수 있다(91다14116). 〈사례1〉에서 A가 3월 10일 자동차등록서류를 제공하고 잔금청구를 하였는데, B가 이를 수령하지 아니하고 있던 중에 雙方의 책임없는 사유로 자동차가 전소되었다면 A는 B에게 매매대금을 청구할 수 있다.

3. 채무자의 부당이득 반환의무

위에 설명한 두 가지 경우에 채무자는 자기의 급부의무를 면하지만 채권자에 대한 반대급부청구권을 상실하지 않는다(§538 Ⅰ). 다만, 채무자가 자기의 채무를 면함으로써 이익을 얻은 때에는 이를 채권자에게 상환하여야 한다(§538 Ⅱ). 이는 당사자의 형평성을 고려한 것으로서 법률상 원인이 없는 이익, 즉 부당이득으로 보기 때문이다. 예컨대, 해고기간 중 다른 직장에 고용되어 근로를 제공한 대가로 얻은 중간수입은 채무를 면함으로써 얻은 이익에 해당되므로 해고기간 중의 임금을 산정함에 있어 이를 공제하여 지급하는 것이다(90다카25277). 물론 근로자에 대한 해고가 무효인 경우라도 상당기간 구속되어 있었다면 그 기간 중에는 근로제공을 할 수 없었을 것이므로 구속기간 동안의 임금은 청구할 수 없다 (94다40987).

4. 제538조와 제401조의 관계

기술한 바와 같이 수령지체 중 雙方의 책임없는 사유로 이행할 수 없게 된 때에는 채무자는 상대방의 이행을 청구할 수 있다(§538 Ⅰ 단서). 그런데 제401조에서는 채권자지체 중 채무자는 고의 또는 중대한 과실이 없으면 불이행으로 인한 모든 책임이 없다고 정하고 있다. 이 두 규정은 어떤 차이가 있을까?

두 규정 모두 채권자가 수령지체 중에 있고, 그 후 채무자가 채무를 이행할 수 없게 된 데 대하여 채권자에게 책임이 있다는 것을 공통요건으로 하고 있다. 다만, 제538조가 雙方의 책임없는 사유로 이행불능에 처함으로써 채무자의 급부의무가 소멸된 것에 토대를 두고 있다면, 제401조는 채무자의 귀책사유의 정도에 따른 채무불이행책임에 초점을 맞추고 있어 서로 접근을 달리하고 있다.

즉 채권자의 수령지체 중 雙方의 책임없는 사유로 불능이 되면 채무자의 급부의무가 소멸되어도 반대채무가 당연히 존속하여 채권자가 책임을 지는데, 수령지체 중 채무자의 책임있는 사유로 불능이 되면 채무자의 귀책사유 정도에 따른 채무불이행책임을 정하고 있는 제401조에 따라 판단한다. 여기에는 이행불능에 초점을 두고 있지 않으므로 급부의무가 소멸하는 근거를 정하고 있지 않다.

〈사례2〉에서 교통사고가 제3자의 과실에 의한 경우는 雙方의 책임없는 사유로 인한 이행불능이므로 A는 B에게 포도대금을 청구할 수 있다(§538 I). 또 교통사고가 A의 가벼운 부주의에 의한 경우에도 비록 그에게 과실이 있지만 A는 채무불이행책임을 지지 않고 B에게 포도대금을 청구할 수 있다. A의 경과실보다 B의 수령지체책임을 더 무겁게 본 것이다. 그러나 교통사고가 A의 졸음운전에 의한 것이라면 그에게 고의·중과실이 있으므로 A가 채무불이행책임을 지게 되어 포도대금을 청구할 수 없게 된다.

제 4 절 제3자를 위한 계약

〈사례1〉 아들 A는 고향에 계신 어머니 C를 위해 전자상가(B)에서 세탁기를 구입하면서 C가 세탁기 놓을 자리를 정리한 다음 배달해 달라고 연락을 하면 그때 배달·설치해 주기로 약정하였다. C의 연락을 받은 B가 세탁기를 배달하여 설치하였다. 그러나 배수로와 연결부분의 접속불량으로 세탁물이 넘치면서 C의 집에 누수피해가 발생하였다. 이 경우 손해배상은 누가 청구할 수 있을까?
〈사례2〉 A는 B에게서 TV를 구입하였는데, B는 자신의 가게에 A가 원하는 모델이 없으니 동업자 C에게 연락해 보겠다고 하였다. 마침 C에게 동일 모델이 있다는 것을 확인한 B는 그에게 직접 배달을 부탁해 놓았다고 얘기하였다. 이 경우 A는 C에게 배달을 청구할 수 있을까?
〈사례3〉 대전에 사는 아버지(A)가 자신의 중고차를 서울에 사는 친구(B)에게 500만원에 처분하면서 매매대금은 서울에서 대학에 다니는 아들(C)에게 매달 50만원씩 10개월 동안 주기로 하였다. 그런데 매수 2개월이 지나 매매계약을 해제한 B가 C에게 그동안 지급한 돈을 반환하라고 요구하였다. 항변할 방법이 있을까?

Ⅰ. 종류 및 다른 제도와의 구별

1. 의의와 법적 성질

가. 의   의

흔히 제3자를 위한 계약이라고 하면 계약당사자 중 일방이 제3자에게 급부를 제공하여야 하는 계약으로 이해한다. 여기에는 두 가지가 있다. 제3자가 채무자에 대한 급부청구권을 계약을 통해 취득하는 경우('제3자 약관'으로 칭함)를 '진정 제3자를 위한 계약'이라고 하며, 제539조 이하에서 정하고 있다. 〈사례1〉과 같이 아들이 어머니를 위해 세탁기를 구입해 드리는 경우와 남편이 아내를 위해 생명보험계약을 체결하는 경우가 그 예이다. 반면에 '부진정 제3자를 위한 계약'은 제3자가 채무자에 대한 급부청구권을 취득하는 것이 아니라, 단지 채무자가 제3자에게 급부하여야 할 의무를 지는 경우이다. 〈사례2〉와 같은 경우가 여기에 해당한다. 즉 매수인 A는 C에게 직접 TV를 청구할 수 없고, 매도인 B에게만 TV의 인도를 청구할 수 있다. 그러므로 C가 A에게 TV를 인도할 의무는 단지 매도인 B에 대해서만 질 뿐이다.

나. 법적 성질

제3자를 위한 계약은 '제3자 약관' 부분을 제외하고는 보통의 계약과 그 내용에 차이가 없다. 다만, 계약에서 발생한 급부청구권을 계약당사자가 아닌 제3자에게 귀속시키는 점이 다를 뿐이다. 사적 자치의 원칙상 계약당사자가 자유롭게 제3자 약관을 정할 수 있고, 이 경우 제539조 이하의 적용을 받는다.

그러므로 539조 이하의 규정을 적용하려면 제3자에게 직접 권리를 취득하게 하려는 '제3자 약관'이 있어야 한다. 이에 대한 판단은 의사해석의 문제로서 계약 체결의 목적, 당사자의 행위의 성질, 당사자 사이 또는 당사자와 제3자 사이에 생기는 이해득실, 거래 관행, 이 제도의 사회적 기능 등을 종합하여 해석해야 한다(2018다204992, 97다28698). 그러므로 제3자 약관이 의심스럽다면 부진정 제3자를 위한 계약으로 보는 것이 타당하다.

다. 사회적 기능

채무자의 급부를 채권자가 수령하여 다시 제3자에게 지급하는 절차를 생략하여 채무자가 직접 제3자에게 급부하게 한다는 점에서 이행절차를 간단하고 합리적으로 처리하는 작용을 한다. 〈사례1〉에서 세탁기를 구입한 A가 세탁기를 수령하여 C에게 전달하지 않고 B가 직접 전달하는 방식이다.

그런데 이러한 급부가 장래에 발생하거나, 급부의무가 요약자의 사망 후에 발생하는 경우에는 보다 더 편리하게 된다. 예컨대, 부(父)가 보험회사와 생명보험계약을 체결하면서 사고 발생 시 보험금 수익자를 아들로 약정한 경우이다.

2. 계약당사자

제539조 이하에서는 제3자를 위한 계약관계의 주체를 채권자·채무자·제3자로 정하고 있으나, 강학상 채권자를 요약자, 채무자를 낙약자, 제3자를 수익자라로 부른다. 계약당사자는 요약자와 낙약자이며, 제3자는 직접 낙약자에 대하여 급부청구권을 취득한다(§539 Ⅱ). 〈사례1〉에서 A는 요약자, B는 낙약자, C가 수익자가 된다.

요약자·낙약자·수익자 등이 3면 관계에 있다는 점에서 보면 채무인수(채무자·인수인·채권자), 채권양도(채권자·양수인·채무자), 대리(대리인·상대방·본인) 및 처분수권(무권리자·상대방·권리자)과 비교된다. 채무인수와 채권양도는 제3자를 위한 계약처럼 당사자의 계약에 의하여 새로운 법률관계가 형성되지만, 이들의 이해관계에 따라 동의·추인 또는 통지·승낙이 필요하다(채권총론 215면 이하, 237면 이하 참조). 또한 대리에 있어서 대리인의 대리권은 본인의 수권행위에 의하여 수여되고, 처분수권에서 무권리자의 처분행위는 권리자의 동의나 추인에 의하여 치유된다는 점에서도 차이가 있다.

3. 채무인수와 구별

민법상 채무인수는 원칙적으로 면책적 채무인수이지만, 이와 유사한 제도로 병존적 채무인수와 이행인수가 있다. 누군가 기존 채무자의 채무를 인수함으로써 채권자에게 이익이 된다면 제3자를 위한 계약이 될 수 있다. 물론 인수자의 변제자력이 기존 채무자보다 약하다면 오히려 채권자에게 불리할 수도 있다. 이 점에서 면책적 채무인수와 이행인수는 제3자를 위한 계약으로 파악하지 않는다. 왜냐하면 면책적 채무인수는 채무자와 인수인 사이의 인수계약으로 채무자의 채무가 면제되는 것이어서(§454) 채권자가 새로운 권리를 취득하는 것이 아니기 때문이다. 또 이행인수도 제3자가 채무를 인수하는 것이 아니라, 채무는 채무자가 여전히 부담하고 제3자는 단지 그 이행만 하기 때문이다.

이와 달리 채무자와 인수인 사이의 약정으로 성립하는 병존적 채무인수는 종전의 채무는 그대로 존속한 채, 채권자가 다시 인수인에 대하여 동일한 권리를 취득하므로 제3자를 위한 계약으로 본다(채권총론 246면 이하 참조). 면책적 채무인수인지 병존적 채무인수인지 불분명한 경우에는 병존적 채무인수로 보아 채권자에게 유리하게 해석한다(4294민상1087, 87다카3104).

II. 제3자를 위한 계약의 성립요건

제3자를 위한 계약의 핵심내용은 앞에서 계약의 의의와 법적 성질을 설명하면서 대부분 기술하였다. 그러므로 여기서는 아래에서 기술할 이해관계인의 법률관계를 중심으로 하여 성립요건으로 볼 수 있는 주요한 내용만 간추려 정리한다.

1. 유효한 기본계약의 성립

제3자를 위한 계약의 중추가 되는 요약자와 낙약자 간의 계약이 유효하게 성립해야 한다(보상관계). 이는 기본계약으로서 요약자·낙약자·제3자 사이의 법률관계를 해석하는 기준이 된다. 그러나 요약자·제3자 사이의 대가관계는 계약의 성립과 관계가 없다.

2. 제3자 약관의 존재

기본계약에는 제3자에게 직접 권리를 취득하게 하는 의사표시가 있어야 한다. 제3자가 낙약자에게 급부청구권을 행사할 수 있는 근거가 되는 것이 바로 '제3자 약관'이다. 이 약관은 명시적으로 약정할 수도 있지만, 그렇지 않을 때에는 의사의 해석을 통해 판단한다(앞의 '법적 성질' 참조).

기본계약이 유효하게 성립되었더라도 제3자 약관이 존재하지 않는다면 제3
자를 위한 계약이 될 수 없고, 제3자의 권리가 독점적·배타적인 것이라면 단순계
약이 될 수도 없다. 또 쌍방의 책임없는 사유로 제3자의 권리가 불성립하면 낙약
자의 채무가 소멸되어 위험부담의 법리에 따라 제3자를 위한 계약이 소급적으로
소멸될 수 있다.

3. 제3자 취득권리의 범위

제3자가 취득하는 권리는 채권에 한정되지 않으며, 물권 기타 어떤 권리라도
무방하다. 다만, 물권의 경우 등기가 필요하다.

Ⅲ. 이해관계인의 법률관계

수익자가 낙약자에 대하여 급부를 청구할 수 있는 급부실현관계는 요약자와
낙약자 사이에 체결된 기본계약을 기초로 한다. 제3자를 위한 계약의 법률관계는
이 기본계약을 바탕으로 하여 요약자, 낙약자, 수익자의 3자 관계로 이루어진다.
요약자와 낙약자의 관계를 보상관계라 하고, 요약자와 수익자의 관계를 대가관계
라 한다.

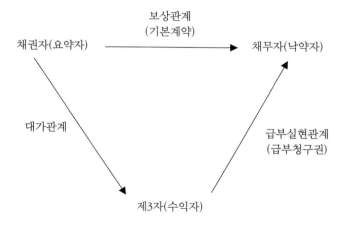

1. 보상관계

가. 기본계약의 체결

제3자를 위한 계약의 기초가 되는 기본계약은 요약자와 낙약자 사이에 체결되며, 낙약자가 수익자에게 채무를 부담하는 데 대하여 요약자가 보상해 준다는 점에서 이들의 법률관계를 보상관계라고 한다. 물론 증여와 같은 무상계약을 기본계약으로 하여 제3자 약관이 정해진 경우라면 낙약자는 아무런 보상 없이 제3자에게 급부할 의무가 있다. 이처럼 제3자를 위한 계약의 법적 성질은 기본계약에 의하여 결정되고, 이로써 제3자가 유효하게 채권을 취득하게 된다. 예컨대, 〈사례3〉에서 A가 B에게 자기소유의 차를 매각하고 그 대금을 C에게 지급하도록 한 것은 채무자 B의 C에 대한 대금지급(출연)은 채권자 A의 자동차 이전으로 보상된다. 그러므로 A가 B에게 자동차를 인도하지 않은 상태에서 C가 B에게 대금청구권을 행사한다면 B는 동시이행의 항변권을 행사할 수 있다(§542).

나. 기본계약의 내용

보상관계가 되는 기본계약은 제3자를 위한 계약의 내용이 되기 때문에 여기에 흠결이나 하자가 있으면 계약의 효력에 영향을 미친다. 당연히 제3자의 급부청구권에도 영향을 준다. 그러므로 기본계약이 무효이거나 취소된 때에는 수익자의 급부청구권도 소멸한다. 이때 낙약자는 제542조에 따른 항변권으로 제3자에게 대항할 수 있다.

그러나 낙약자가 제3자에 대한 급부를 이행한 이후에 기본계약이 무효가 되었다면 낙약자는 제3자에게 부당이득의 반환을 청구할 수 있을지 문제된다. 낙약자가 제3자에 대한 급부를 이행한 것은 기본계약에 따른 것이므로 이를 정리하는 것도 기본계약의 당사자 사이에서 해결해야 한다. 그러므로 요약자는 계약당사자가 아닌 제3자에게 부당이득반환을 청구할 수 없다. 판례는 같은 취지이다(2010다31860, 31877).

다. 제3자의 법적 지위

(1) 기본계약 기준   제3자는 제3자를 위한 계약의 당사자가 아니다. 그러므로 제3자의 법적 지위는 요약자와 낙약자에 의하여 체결된 기본계약(보상관계)에 의하여 정해진다. 즉 낙약자에 대한 제3자의 급부청구권의 발생시기와 발생조건 및 급부청구권의 박탈 가능성도 이 기본계약을 기준으로 판단한다. 이들 사항에 대하여 기본계약에서 정하고 있지 않다면 제539조 이하의 규정이 적용된다.

한편 제3자를 위한 계약에서 제3자는 계약의 당사자가 아니면서도 이 계약에 의하여 직접 권리를 취득하므로 의사표시의 제3자 보호규정(§§ 107-110)에서 정하고 있는 제3자와는 다르다.

(2) 수익의 의사표시와 제3자의 지위   제539조 제2항에서는 제3자의 권리가 채무자에 대하여 계약의 이익을 받을 의사를 표시한 때에 발생한다고 정한다. 그러나 이 규정은 기술한 바와 같이 기본계약에서 달리 정하지 않은 경우에만 적용될 뿐이어서 강제할 수 없다. 제3자라도 수익의 의사표시를 할 권리를 포기하거나 거절할 수 있기 때문이다(§ 540 2문).

제3자가 수익의 의사표시를 할 수 있는 권리는 형성권이므로 기본계약에서 특별히 정한 것이 없다면 그 존속기간은 10년의 제척기간에 걸린다. 이 형성권은 재산적 색채가 강하므로 상속·양도는 물론 채권자대위권의 목적이 된다.

(3) 제3자의 권리확정   제539조 제2항에 따라 수익의 의사표시에 의해 제3자의 권리가 확정된다. 그러므로 수익의 의사표시가 있은 후에 낙약자가 채무를 이행하지 않으면 채무불이행의 책임을 지게 된다. 또 제3자의 권리가 확정된 후에는 계약당사자는 이를 변경 또는 소멸시키지 못한다(§ 541). 예컨대, 임차인이 임대차계약을 체결하면서 임대인에게 지급한 보증금을 계약종료 시 임차인의 남편에게 반환하기로 약정했음에도 불구하고 계약을 갱신하면서 남편의 동의 없이 보증금반환의 특약을 삭제하였다면 제3자에 대하여 효력이 없다(2001다30285).

물론 계약당사자가 제3자의 권리가 발생한 후에도 변경·소멸시킬 수 있음을 기본계약에서 미리 정하거나, 제3자의 동의가 있는 때에는 변경·소멸시키는 행위를 할 수 있다.

라. 요약자의 법적 지위

(1) 낙약자에 대한 이행청구   요약자는 낙약자에 대하여 제3자에 대한 채무를 이행할 것을 청구할 권리가 있다. 제3자의 권리가 독점적·배타적인 것이 아니고, 기본계약에서 다른 약정을 한 것이 아니라면 요약자는 제3자와 함께 권리를 가진다고 할 것이다.

이 점에서 요약자의 낙약자에 대한 권리와 제3자의 낙약자에 대한 권리는 상호 연대채권관계에 있다고 볼 수 있다. 예컨대, A(매도인)와 B(매수인)의 토지 매매계약에서 A가 B에 대한 잔금채권을 C에게 양도하면서 B에게 소유권을 이전하고, B는 C의 양수채권을 담보해 주기 위하여 해당토지에 C의 명의로 근저당권을 설정해 준 경우 A와 C의 관계이다. 이 사안에 대하여 판례는 C가 A로부터 채권양도를 받은 것이 아니라, 근저당권의 피담보채권을 원래의 채권자인 A와 근저당권자 C에게도 귀속시키기로 합의함으로써 C와 A가 불가분적 채권관계를 형성한 것으로 보았다(2010다69940). 이 사안을 '제3자를 위한 계약'의 관점에서 본다면 요약자 A와 제3자 C의 법률관계는 대가관계로서 A와 B의 매매계약에는 영향을 미치지 않는다.

요약자의 낙약자에 대한 권리는 기본계약에 의한 것이므로 제3자가 수익의 의사를 표시하는 것과 관계없이 존재한다.

(2) 낙약자의 제3자에 대한 채무불이행 시 이행청구   낙약자가 제3자에게 채무를 이행하지 않을 경우 요약자는 낙약자에 대해 채무불이행에 따른 손해배상을 제3자에게 이행할 것을 청구할 수 있다(자세한 설명은 아래 V. 2. 참고). 물론 계약당사자는 기본계약으로 요약자의 권리를 다르게 정할 수도 있다.

2. 대가관계

요약자가 낙약자와의 기본계약을 통해 제3자에게 급부청구권을 부여하게 된 것은 요약자와 제3자 사이에 원인이 있어야 한다. 이러한 원인은 요약자가 수익자에게 이익을 주는데 대하여 유상·무상의 내부적인 대가가 있다는 점에서 이들의 법률관계를 대가관계라고 한다. 대가관계는 제3자를 위한 계약의 내용이 아니므로 요약자와 낙약자 간에 체결된 제3자를 위한 계약의 효력이나 제3자의 수익권에 아무런 영향을 미치지 않는다(2003다49771). 그러므로 대가관계에 흠결이나 하자가 있더라도 계약의 성립이나 효력에 영향이 없다. 더구나 대가관계가 없더라도 제3자를 위한 계약은 유효하다. 대가관계는 단지 요약자와 제3자의 내부관계에 불과하다. 그러므로 요약자가 제3자에 대하여 부담하는 채무를 낙약자의 급부를 통해 우회적으로 변제하려는 변제방법일 수 있으며, 무상으로 제3자에게 권리를 취득하게 하려는 증여일 수도 있다. 〈사례1〉과 〈사례3〉에서 A와 C는 모자관계(母子關係)·부자관계(父子關係)로서 가족 간의 부양을 위한 증여의 성질을 가진다.

3. 급부실현관계

제3자와 낙약자의 관계를 급부실현관계라고 하는데, 제3자가 급부청구권을 행사함으로써 제3자의 권리가 실현되기 때문이다. 낙약자에 대한 제3자의 급부청구권은 제3자 스스로의 법률행위에 의하여 취득한 것이 아니라, 기본계약에 의하여 부여된 것이므로 제3자는 이 권리를 포기하거나 수익의 의사를 표시하지 않는 방법으로 거절할 수 있다(§540 2문). 제3자가 낙약자에 대하여 권리취득을 거절하면 그는 권리를 취득하지 않은 것으로 본다. 즉 제3자의 거절로 채권이 발생하지 않으면 계약도 효력을 발생할 수 없게 된다. 기본계약이 유상의 쌍무계약이면 낙약자의 채무가 성립하지 않으므로 존속상의 견련성에 따라 요약자의 반대채무도 불성립하게 된다. 〈사례1〉에서 C가 세탁기 수령을 거절하고 A에게 돈으로 달라고 한다면 세탁기 매매계약은 결국 소멸하게 된다.

그러나 제3자의 권리가 확정된 후에 제3자가 이를 포기했다면 낙약자는 채무를 면하지만 반대채무는 청구할 수 있다. 물론 이와 관련해 제3자의 권리가 독점적인 것이 아니라면 요약자에게도 채권이 있으므로 낙약자는 당연히 면책되지 않는다. 이 경우 낙약자는 채권자귀책사유로 인한 이행불능을 주장할 수 있을 것이다. 다만, 낙약자가 채무를 면함으로써 얻은 이익이 있다면 이를 요약자에게 상환해야 한다(§538 Ⅱ).

Ⅳ. 낙약자의 항변권·최고권

1. 제3자에 대한 최고권

제3자는 낙약자에게 보상관계에 의하여 형성된 수익의 의사를 표시할 권리가 있지만, 또한 거절할 권리도 있다. 그러므로 제3자가 수익의 의사를 표시하지 않을 때에는 낙약자가 상당한 기간을 정하여 계약의 이익의 향수여부의 확답을 제3자에게 최고할 수 있다(§540 1문). 채무자가 그 기간 내에 확답을 받지 못한 때에는 제삼자가 계약의 이익을 받을 것을 거절한 것으로 본다(§540 2문).

제3자가 수익을 거절하는 경우, 특별한 사정이 없는 한 낙약자는 요약자에게 급부하여 채무이행을 완료할 수 있다. 다만, 계약의 목적상 제3자에게 급부하는 것이 절대적으로 요구되는 경우, 제3자가 수익을 거절하면 쌍방에 책임없는 사유로 인한 후발적 불능문제로 처리된다.

2. 제3자에 대한 항변권

제3자가 수익의 의사표시를 하면 낙약자는 제3자에게 이행할 의무를 진다. 이러한 채무는 요약자와 체결한 기본계약에 기인하기 때문에 낙약자는 제3자의 청구에 대해 그 계약에 기한 항변으로 대항할 수 있다(§542). 즉, 요약자가 낙약자에게 반대급부를 제공할 때까지는 동시이행의 항변권을 원용하여 제3자에게 대항할 수 있고, 그 계약이 무효이거나 취소된 경우에는 제3자의 권리가 없음을 주장할 수도 있다. 예컨대, 기본관계를 이루는 매매계약이 해제된 경우, 낙약자는 해제를 항변사유로 하여 제3자에게 아직 이행하지 않은 잔금지급을 거절할 수 있다(2002나2443, 2450). 그러나 낙약자가 이미 제3자에게 급부한 것이 있는 경우 원상회복이나 부당이득의 반환청구와 같은 계약관계의 청산은 계약의 당사자인 낙약자와 요약자 사이에 이루어져야 한다(2005다7566, 7573).

기타 낙약자가 제3자에게 대항할 수 있는 항변사유는 기본계약(보상관계)으로 미리 정해질 수 있다(§539 Ⅰ).

V. 이해관계인의 채무불이행의 효과

제3자를 위한 계약관계는 요약자와 낙약자 사이에만 있는 것이 아니라, 제3자도 낙약자에 대한 고유한 권리(급부청구권)가 있기 때문에 이들 각자의 채무불이행의 효과가 서로 다르다.

1. 요약자의 채무불이행

요약자가 낙약자에게 자신의 채무를 불이행한 경우에는 특별한 문제가 없다. 즉 낙약자는 요약자에 대하여 제390조 이하의 채무불이행에 따른 손해배상을 청구할 수 있고, 또 기본계약에 의한 항변으로 제3자에게 대항할 수 있기 때문이다 (§ 542). 〈사례3〉에서 A의 채무불이행으로 인하여 계약을 해제한 B는 C에 대하여 계약해제를 이유로 추가지급을 거절할 수 있을 뿐이지(§ 542), 계약당사자가 아닌 C에게 지급한 금원의 반환을 청구할 수는 없다. 이와 관련하여 B는 A에게 채무불이행에 따른 손해배상을 청구할 수 있을 것이다.

2. 낙약자의 채무불이행

낙약자는 기본계약상 요약자의 이행제공에 대하여 지체책임을 지며, 또 제3자에 대해서는 그의 급부청구에 대한 불이행책임을 진다. 이처럼 낙약자는 요약자와 제3자에 대하여 각각 채무불이행 책임을 진다는 점에 특색이 있다.

가. 손해배상청구권

제3자에 대하여 낙약자는 제3자의 권리가 확정되기 전에는 채무불이행책임이 없다. 그러므로 제3자의 권리가 확정된 후에 낙약자가 채무를 이행하지 않았다면 제3자는 낙약자에 대해 손해배상을 청구할 수 있다. 이 경우 낙약자는 요약자에 대해서도 채무불이행의 책임을 지게 된다. 그러나 요약자가 자신에게 손해를 배상할 것을 청구할 수는 없다. 낙약자의 채무불이행에 의한 손해는 직접 제3자에게 발생한 것이고, 요약자에 대한 손해는 간접적인 것이어서 제3자와의 대가관계에 의하여 해결할 수 있기 때문이다. 따라서 요약자도 낙약자에 대하여 제3자에게 손해배상을 하도록 청구할 수 있을 뿐이다. 〈사례1〉에서 C는 B에게 도급계약상 담보책임이나 설치상의 주의의무 위반에 기인한 손해배상을 직접 청구할 수 있고(92다41559 참조), A도 B에 대하여 C에게 손해배상을 해 주도록 청구할 수 있다.

한편 낙약자는 요약자와 체결한 기본계약상 채무를 이행하지 않은 경우에도 책임이 있다. 예를 들어 〈사례3〉에서 A가 B에게 차를 인도하려고 했으나 B가 수령을 지체하였다면 B는 A에 대해 지체책임을 진다.

나. 계약해제

낙약자의 채무불이행으로 인하여 계약이 해제되면 제3자를 위한 계약관계가 소멸된다. 그러나 제3자는 계약해제에 전혀 관여할 수 없다. 제3자는 계약당사자가 아니고, 낙약자의 계약상대방은 요약자이기 때문이다. 다만, 제3자가 수익의 의사표시를 하였는데 요약자가 계약을 해제한 경우라면 제3자는 낙약자에게 자기가 입은 손해의 배상을 청구할 수 있다(92다41559).

한편 요약자의 계약해제에 제3자의 동의가 필요한지 의문이다. 이와 관련하여 판례는 제3자를 위한 유상의 쌍무계약의 경우 요약자는 낙약자의 채무불이행을 이유로 제3자의 동의 없이 계약을 해제할 수 있다고 한다(69다1410). 그렇다면 요약자가 낙약자에게 반대급부 의무를 부담하지 않는 무상의 편무계약에서는 계약의 해제로 인하여 제3자의 이익이 침해될 수 있으므로 이때에는 계약해제를 위하여 제3자의 동의가 필요하다고 할 것이다.

3. 제3자의 채무불이행

제3자가 확정된 권리를 포기하지 않고 단순히 수령을 거절한 때에는 권리의 행사와 이행에 관련하여 제3자는 낙약자에 대하여 수령지체의 책임이 있다. 즉 제3자가 기본계약의 당사자는 아니지만, 넓게 제3자를 위한 계약의 당사자이므로 제400조 이하의 책임을 물을 수 있다고 보아야 한다. 낙약자의 급부불능에 대해 제3자에게 귀책사유가 있는 경우에도 마찬가지로 새겨야 한다.

제 3 장 계약의 해제·해지

제 1 절 계약의 해제

〈사례1〉 A는 B에게서 TV를 구입하면서 해제권을 유보하였다. A가 TV를 바닥에 떨어뜨리는 바람에 깨졌는데 계약을 해제하겠다고 하자, B가 이를 거절하였다. 그렇다면 해제는 아니라도 손해배상을 청구할 수 있는가?

〈사례2〉 A는 B에게서 새 승용차를 구입하였는데 정당한 사유로 매매계약을 해제하였다. 이에 B는 그동안 A가 자동차를 사용한 데 대한 대가 및 더 이상 새 차로 판매할 수 없다면서 가치감소분에 대한 배상을 청구하였다. A는 사용으로 얻은 이익이나 가치감소분을 반환해야 할까?

〈사례3〉 A는 부동산 매매계약을 체결한 후 중도금만 받고 B에게 등기를 이전해 주었는데, B가 이 부동산을 C 은행에 담보로 제공하여 대출을 받고도 잔금채무를 이행하지 않자 A가 이행을 최고한 후 매매계약을 해제하였다. C의 근저당권도 말소되는가? 한편 B가 다시 D에게 매도하여 등기를 이전하였는데 B의 잔금채무 불이행으로 A가 계약을 해제하였다면 D의 소유권은 어떻게 되는가? 끝으로 위 사례에서 A와 B 사이의 매매계약이 이미 해제되었는데 C와 D가 이를 모르고 대출 및 매수한 경우라면 이들의 지위는 어떻게 되는가?

〈사례4〉 A가 부동산을 1억원에 B에게 매매하여 계약금 1천만원을 수수한 상황에서 시가가 1억 5천만원으로 폭등하자 계약이행을 거부하고 제3자 C에게 처분하였다. 이 경우 B가 A에게 취할 수 있는 조치는 무엇인가?

[1] 해제의 의의와 다른 제도와의 차이

Ⅰ. 의의 및 민법규정

1. 의　의

계약의 해제란 유효하게 성립된 계약을 당사자 일방의 의사표시에 의하여 처음부터 없던 것과 같은 상태로 되돌리는 것을 말한다. 그러므로 계약이 해제가 되려면 해제권자가 해제권을 행사하여야 한다. 해제권의 행사는 상대방에 대한 의사표시로 한다(§543 Ⅰ). 〈사례1〉에서 A의 해제주장에 대하여 해제사유가 될 수 없다고 항변할 수 있다. 다만, A에게 해제권이 있다면 해제의 의사표시는 형성권이므로 B가 거절할 수 없다.

해제는 계약관계를 해소하는 가장 일반적인 방법으로서 계약에만 적용된다.

2. 민법규정

계약이 해제되면 처음부터 계약이 존재하지 않았던 것과 같은 효과를 발생하기 때문에 소급적으로 청산을 해야 한다. 아직 급부를 이행하지 않았다면 이행할 필요가 없지만, 이미 이행한 급부가 있으면 이를 원래의 상태로 회복시켜야한다. 그렇다면 제741조 이하의 부당이득에 관한 규정을 적용해야 할 텐데, 민법은 계약편에 해제 및 해지에 관한 별도의 규정을 두고 있다(§§543-553).

3. 해제의 사회적 작용

해제는 그 발생원인에 따라 약정해제와 법정해제로 구분되는데, 제544조 내지 제546조에서 정하고 있는 법정해제가 보다 의미 있는 작용을 한다. 즉, 계약당사자 일방이 이행을 지체하거나 이행이 불가능하게 된 경우에 상대방에게 계속하여 계약상의 구속을 받도록 하는 것은 부당하다. 그러므로 상대방으로 하여금 해제를 통해 계약의 구속으로부터 벗어나게 하려는 데에 의미가 있다.

Ⅱ. 해제와 구별되는 제도

1. 해제계약

해제계약(=합의해제)은 계약당사자가 서로 합의를 통해 기존 계약을 소멸시켜 처음부터 계약이 없었던 상태로 회복시키는 새로운 계약을 말한다. 이와 같이 해제계약은 계약인데 반하여 해제는 단독행위로서 형성권적 성질을 가진다. 그러므로 해제에 관한 제543조 이하의 규정이 적용되지 않는다(79다1455). 다만, 해제계약에 있어서도 제3자의 권리를 해할 수 없으므로 제548조 제1항 단서는 적용된다(2005다6341).

2. 해 지

해지는 계약체결 후 당사자 일방의 의사표시로써 계속적 채권관계를 장래에 향하여 소멸시키는 의사표시이다(§550). 소급효를 갖지 못하는 점에서 해제와 구별된다. 따라서 해지는 임대차계약이나 고용계약과 같이 계속적 계약관계를 종료시키는 데 적절하다(자세한 설명은 아래 제2절을 참조).

3. 취 소

취소는 일단 유효하게 성립한 법률행위의 효력을 해제와 같이 소급적으로 소멸시키는 단독행위이다. 취소를 하려면 제140조에서 정하고 있는 취소의 요건 (제한능력, 착오, 사기·강박)을 충족하고, 상대방에 대하여 취소의 의사표시를 하여야 한다(§142). 해제는 계약에 특유한 제도이므로 제543조 이하의 규정을 적용하며, 해제의 효과로서 원상회복의무가 발생한다(§548 Ⅰ). 그러나 취소는 모든 법률행위에 인정되면서도 취소를 약정할 수 없기 때문에 취소권은 법률의 규정에 의하여만 발생한다. 또 취소의 효과로서 상환의 문제는 부당이득에 따른다(§§741 이하).

4. 해제조건

해제는 해제권자가 해제권을 행사하여야 비로소 그 효과가 소급적으로 소멸한다. 이와 달리 해제조건은 조건의 성취라는 사실에 의하여 법률행위가 당연히 장래에 향하여 효력을 상실한다(§147 Ⅱ). 물론 해제조건도 특약에 의하여 소급효를 인정할 수 있다.

해제조건은 실무상 실권약관의 형식을 취하는 경우가 많다. 즉 계약을 체결하면서 채무불이행이 있으면 당연히 계약의 효력을 상실한다고 약정하는 경우이다. 채무자에게 매우 불리한 약정이지만 당연히 무효는 아니고, 채무자의 채무불이행을 해제조건으로 하는 조건부 계약으로 해석한다. 당사자가 약정을 했더라도 이 경우에는 채권자가 해제권을 행사할 수 있도록 해야 할 것이다(독일민법 제354조 참조).

5. 철   회

철회는 아직 효과가 발생하지 않은 법률행위 또는 의사표시의 효력을 장차 발생하지 않도록 저지하는 작용을 하는 것으로서 이미 효력이 발생하고 있는 계약의 효력을 소급적으로 소멸시키는 해제와 다르다. 민법에서는 제한능력자와 체결한 계약(§16 I), 대리권 없는 자가 한 계약(§134) 및 채무자와 인수인 간 체결한 채무인수계약(§456) 등에서 상대방의 추인이나 채권자의 승낙이 있을 때까지 철회를 인정하고 있다.

[2] 해제권의 발생

권리가 발생·변경·소멸의 과정을 거치는 것처럼, 계약을 해제하려면 우선 해제권이 언제·어떻게·누구에게 발생하고, 언제·어떻게 해제권이 행사되어서 어떤 해제의 효과가 발생하는가를 단계적으로 검토해야 한다. 해제의 효과가 발생하려면 해제권을 가진 자만이 계약을 해제할 수 있기 때문에 언제 누구에게 해제권이 발생하는지 살펴본다.

I. 약정해제권의 발생

당사자는 계약에 의하여 일정한 경우 해제권을 발생시킬 수 있다(§543 I). 예를 들어, 아파트 신축사업을 위해 토지를 매매하면서 '관할관청의 사업승인이 불가능할 경우 계약을 해제하고 지급한 매매대금을 반환한다'고 약정한 경우(2007

다24930)와 도급계약서에 '기간 내에 금형제작을 완료하지 못하면 계약을 해제할 수 있다'는 약정에 따라 기한 내에 납품을 못하자 이행최고 없이 곧바로 계약해제를 통보한 경우(2014다14429, 14436) 등이다. 약정해제권은 당사자 일방 또는 쌍방을 위하여 유보한다는 특약을 하게 되나, 반드시 계약 당시부터 할 필요는 없고 별개의 계약으로 할 수도 있다. 또 해제권이 계약의 이행 이후에 발생하도록 약정하는 것도 무방하다. 〈사례1〉에서 TV를 구입하면서 해제권을 유보한 것은 약정해제권을 발생시킨 것이다. 부주의로 물건이 훼손된 경우에도 계약을 해제할 수 있는 것으로 약정한 것이 아니라면 A는 계약을 해제할 수 없다.

한편 당사자가 약정해제를 합의한다는 점에서 보면 합의해제와 유사하다. 그러나 합의해제가 계약당사자가 서로 합의를 통해 기존 계약을 소급적으로 소멸시켜 처음 상태로 회복시키는 것이라면, 약정해제는 상대방의 채무불이행에 대비하여 이에 대응하는 수단으로 해제권을 유보해 놓는다는 점에서 다르다.

기술한 바와 같이 약정해제는 해제권이 당사자의 계약에 의하여 발생한다는 것일 뿐, 법정해제와 큰 차이가 없다. 그러므로 해제권 행사방법(§§ 543, 547), 해제의 효과(§§ 548, 549), 해제권의 소멸(§§ 552, 553)에 관하여 당사자가 특약을 하지 않았다면 이들 규정은 약정해제에도 그대로 적용된다. 다만, 해제의 효과로서 손해배상의 청구(§ 551)는 채무불이행을 전제로 하므로 약정해제에는 원칙적으로 적용이 없는 것으로 해석된다.

Ⅱ. 법정해제권의 발생

1. 개 요

채무불이행의 효과로 손해배상청구와 계약해제를 할 수 있다는 것은 채권총론에서 학습한 바와 같다(채권총론 61면 이하). 마찬가지로 채무불이행의 유형에 따라 해제권의 발생요건이 각각 다르다는 점도 학습하였다. 그런데 민법에는 법정해제권의 발생원인으로 이행지체(§§ 544, 545)와 이행불능 두 가지만을 정하고 있다. 그럼에도 불구하고, 불완전이행과 수령지체를 포함하여 넓은 의미의 채무불이행에 대하여도 당연히 해제권의 발생을 인정해야 할 것이다.

나아가 급부의무의 불이행이 아닌 부수적 의무를 불이행한 경우와 사정변경의 원칙에 의한 해제권의 발생 여부도 문제가 된다. 이하에서는 이들 각각의 해제권 발생에 대하여 기술한다.

2. 이행지체에 의한 해제권의 발생

채무자가 이행지체에 빠진 경우 채권자에게는 일정한 요건 하에 계약해제권이 발생한다. 여기서 이행지체에 빠진 것과 계약을 해제할 수 있는 것은 다른 문제이다. 즉 채무자가 이행지체에 빠지면 채권자는 상당한 기간을 정하여 이행을 최고하고, 최고기간 내에 이행하지 않으면 계약을 해제할 해제권이 발생하게 된다(§544).

가. 채무자의 귀책사유에 의한 이행지체

이행지체가 되려면 우선 채무자에게 귀책사유가 있어야 하고, 동시이행의 항변권과 같이 이행지체를 정당화하는 사유가 없어야 한다. 그러므로 동시이행의 항변권이 생길 수 있는 때에는 채권자가 이행의 제공을 하여 상대방을 이행지체에 빠뜨려야 해제권을 취득할 수 있다. 따라서 매수인이 매도인에게 등기이전의 이행을 최고하면서 불이행을 이유로 계약을 해제하려면 스스로 변제의 제공을 하여야 하는데, 잔대금을 초과하는 예금통장의 사본을 제시한 것만으로는 적법한 이행제공으로 볼 수 없어 계약을 해제할 수 없다(2004다49525). 그러나 매수인이 인수한 피담보채무의 이행을 지체함으로써 경매절차가 개시 또는 개시될 염려가 있고, 이를 막기 위하여 부득이 피담보채무를 변제해야 한다면 매도인은 계약을 해제할 수 있다(98다25184).

나. 상당한 기간을 정한 이행의 최고

(1) 이행최고   이행의 최고는 채무자에게 급부를 요구하는 행위로서 최고의 방법에 특별한 제한은 없지만, 일정기간 내에 이행할 것을 요구하는 것으로 충분하다. 이행최고 후 일정기간이 지나야 해제권이 발생하고, 이를 행사하여야 계약이 해제되는 것이 원칙이다. 그러나 최고와 동시에 일정기간 내에 이행하지 않으면 당연히 계약이 해제된다고 하였다면 일정기간 내에 이행이 없을 것을 정지조건으로 하여 미리 해제의 의사를 표시한 것으로 본다(92다28549). 이 경우 채

무를 이행하지 않고 기간을 경과하면 해제의 효과가 발생한다.

(2) **상당한 기간** 이행의 최고에는 상당한 기간을 정하여 하여야 한다. 상당한 기간이라고 하면 일반적으로 채무자가 이행을 준비하는 데 필요한 기간이라 할 것이므로 채무의 성질 기타 객관적 사정에 따라 판단하여야 할 것이다. 그러나 상당한 기간을 반드시 정하여 이행을 최고해야 하는 것은 아니다. 즉, 미리 일정기간을 명시하여 최고하지 않았더라도 상당한 기간이 경과하면 해제권이 발생한다(79다1135).

(3) **이행거절** 채권자의 이행최고가 있기 전에 채무자가 미리 이행하지 않을 것을 표시한 경우에는 곧바로 계약을 해제할 수 있다(§544 단서). 이때 채권자는 자기 채무의 이행을 제공할 필요가 없고, 해제를 위해 채무의 이행기를 기다릴 필요도 없다. 이행거절이라는 채무불이행이 인정되기 위해서는 채무를 이행하지 아니할 채무자의 명백한 의사표시가 위법한 것으로 평가되어야 한다(2014다227225). 판례에서는 계약 자체를 부인하는 경우(94다16083), 과다한 채무의 이행을 요구하는 경우(92다9463), 중도금의 수령을 거절하는 경우(93다11821) 등을 채무이행의 거절을 표명한 것으로 본다. 또 일방이 자기 채무를 이행하지 않았음에도 이행했다고 주장하면서 상대방에게 채무의 이행을 구하는 제소를 한 경우에도 이행거절의 의사로 본다(2014다210531, 93다26045).

다. 최고기간 내에 이행의 제공이 없을 것

최고기간 내에 이행의 제공이 없어야 해제권이 발생하는 것은 당연하다. 그러나 채무자가 최고기간 내에 이행하지 않은 데에 동시이행의 항변과 같이 정당한 사유가 있을 경우에는 해제권을 행사하는 것이 제한될 수 있다(2000다64403). 그러므로 이런 때에는 상대방을 이행지체에 빠지게 하기 위하여 최고기간에도 이행의 제공을 하고 있어야 한다(2013다14880, 14897).

라. 해제권의 발생과 소멸

해제권은 원칙적으로 최고기간이 만료한 때에 발생하며, 최고기간이 상당하지 않거나 최고기간을 정함이 없이 이행최고를 한 경우에는 상당한 기간이 경과한 때에 해제권이 발생한다. 또 특약으로 해제권의 발생요건을 경감하는 것도 가능하다. 즉, 최고 없이 해제할 수 있다는 특약을 한 경우에는 최고 없이도 계약을 해제할 수 있다.

해제권이 발생했더라도 채권자가 해제권을 행사하기 전에 채무자가 채무를 이행하면 해제권은 당연히 소멸한다. 해제권의 발생으로 채무자의 채무가 소멸되는 것이 아니고, 이행의무를 면하는 것도 아니기 때문이다. 더구나 채권관계를 유지할 마음이 없다면 해제권자가 즉시 해제권을 행사하여 채무자의 이행을 저지할 수 있다. 해제권을 행사하는 것은 해제권자의 결정에 달려 있는 것이어서 반드시 행사하여야 하는 것도 아니다.

3. 정기행위에 있어서 해제권의 발생

가. 의 의

정기행위란 계약의 성질 또는 당사자의 의사표시에 의하여 일정한 시일 또는 일정한 기간 내에 이행하지 않으면 계약의 목적을 달성할 수 없을 행위를 의미한다(§545). 예컨대, 결혼식에 입을 연미복을 맞추었는데 결혼식날까지도 완성하지 못했다면 계약의 목적을 달성하지 못하게 된다. 정기행위를 계약의 성질에 의한 정기행위와 당사자의 의사표시에 의한 정기행위로 구분하는데, 이를 엄밀하게 구별할 실익은 없다. 계약의 목적을 달성하려면 일정한 기간 내에 이행을 해야 하는 것을 기본내용으로 하고 있고, 구분한다고 하여 해제권의 발생이나 효과에 차이가 있는 것도 아니기 때문이다.

나. 해제권의 발생

정기행위에서는 이행지체가 있으면 곧바로 해제권이 발생하고, 최고할 필요가 없다(§545). 정기행위의 성질상 추후의 이행이 채권자에게 의미가 없으므로 최고를 요하지 않는 것이다. 즉 최고가 필요하지 않은 해제권만 발생할 뿐이지, 해제의 효과까지 발생하는 것은 아니다. 그러므로 채권자는 최고 없이 즉시 계약을 해제할 수 있다. 채권자가 해제의 의사표시를 한 때에 계약이 무효가 된다. 그러나 정기행위가 주된 채무가 아니고 부수적 채무인 경우 그 불이행만으로 계약을 해제할 수는 없다(96다14364).

4. 이행불능에 의한 해제권의 발생

채무자의 책임있는 사유로 이행이 불가능하게 된 경우에는 채권자는 최고 없이 계약을 해제할 수 있다(§546). 이행불능에 의한 해제권은 이행불능의 요건을 충족해야 발생한다(채권총론 73면 참조). 이행기 이전이라도 불가능이 확정적인 경우에는 이행기를 기다릴 필요 없이 계약을 해제할 수 있다.

이행불능을 이유로 계약을 해제할 경우 채무자의 채무가 상대방과 동시이행 관계에 있더라도 이행제공을 할 필요는 없다(2000다22850). 또 일부의 이행이 불능인 경우에는 나머지 부분만으로 계약의 목적을 달성할 수 없는 경우에만 계약의 전부를 해제할 수 있다(94다57817).

5. 불완전이행에 의한 해제권의 발생

채무의 이행행위는 있었으나, 채무자의 귀책사유로 인하여 급부의 내용이 불완전하거나, 기타 부수손해 내지 확대손해를 초래한 경우를 불완전이행이라고 한다. 이 경우에도 불완전이행의 요건을 충족하면 해제권이 발생한다(채권총론 76면 이하 참조). 완전이행이 가능한 경우에 채권자가 상당한 기간을 정하여 최고를 해도 이행하지 않으면 계약을 해제할 수 있다(§395). 또 의무위반으로 계약목적을 달성할 수 없거나, 완전이행이 불가능한 경우에 채권자는 곧바로 계약을 해제할 수 있다(93다45480).

그러나 특정물의 급부를 목적으로 하는 유상계약에서는 우선 매도인의 하자담보책임을 따져야 하므로 불완전이행에 의한 해제의 문제는 발생하지 않는다. 이때 불완전이행의 문제가 되는 것은 확대손해에 대한 손해배상뿐이다.

6. 채권자지체에 의한 해제권의 발생

채권자지체의 경우에 해제권의 발생 여부는 그의 법적 성질에 따라 달리하고 있다(법적 성질에 대한 설명은 채권총론 81면 이하 참조). 채권자지체를 채권관계라는 넓은 영역에서 보면 채권자의 수령지체나 수령거절이라는 사유로 인하여 채권관계가 소멸되지 않은 채 지연되고, 그 원인을 채권자가 제공하고 있다는 점에서 채권자지체는 채권자에 의한 채무불이행이다(사견도 다수설의 입장). 더구나 민법 제544조가 '당사자 일방이 그 채무를 이행하지 아니하는 때'라고 하여 계약을 해제할 수 있는 이행지체를 수령지체와 같은 의미로 사용하고 있는 것도 이를 반증한다.

채권자지체도 채무불이행이므로 그 효과로서 해제권이 발생한다. 즉 채무자는 상당한 기간을 정하여 수령을 최고하고, 그 기간 내에 이행하지 않을 경우 계약을 해제할 수 있다(§544).

7. 부수적 채무의 불이행에 의한 해제권의 발생

제544조에서 법정해제가 가능한 채무불이행에 부수적 채무의 불이행도 포함되는지가 문제된다. 주된 채무는 계약의 목적을 달성하는 데 반드시 필요한 기본급부여서 이를 이행하지 않으면 계약의 목적을 달성할 수 없는 채무이다. 또 부수적 채무와 구별하는 것도 계약체결 시 표명되었거나 객관적으로 명백히 나타난 당사자의 의사에 의해 결정하되, 계약의 내용·목적·불이행의 결과 등을 고려하여 판단한다(2004다67011). 이 점에서 볼 때 당사자 간의 신의칙에 근거를 둔 부수적 채무의 불이행을 해제가 가능한 채무불이행에 포함되는 것으로 볼 수는 없다. 판례도 채무불이행을 이유로 계약을 해제하려면, 당해 채무가 계약의 목적 달성에 있어 필요불가결하고, 이를 이행하지 않으면 계약의 목적이 달성되지 아니하여 채권자가 계약을 체결하지 않았을 정도의 주된 채무여야 하고, 단지 부수적 채무를 불이행한 데에 지나지 않는 경우에는 계약을 해제할 수 없다고 한다(2005다53705, 53712).

8. 사정변경에 의한 해제권의 발생

사정변경의 원칙은 계약체결 당시에 기초가 되는 사정이 그 후 현저히 변경되어 처음에 정한 계약내용을 그대로 유지하는 것이 신의칙에 비추어 부당한 결과를 초래할 경우 당사자가 그 계약의 효과를 신의칙에 적합하도록 변경하거나 계약을 해제·해지할 수 있다는 원칙이다. 민법 제2조에서 정하고 있는 신의성실의 원칙의 파생원칙으로서 민법에는 이를 근거로 한 규정이 산재되어 있다(§§ 218, 286, 557, 627, 628 등).

이러한 사정변경의 원칙은 매우 추상적이어서 이에 따라 해제권의 발생을 인정하려면 엄밀한 기준이 필요하다. 그러므로 판례에서는 사정변경의 원칙에 따라 해제권을 인정하는 데 인색한 편이다. 예를 들어, 매수한 토지가 공공용지에 편입 또는 근린공원 신설을 위한 도시관리계획이 결정·고시됨으로써 매수인이 의도한 건축 또는 주택개발사업이 불가능하게 되었더라도 이는 매매계약을 해제할 만한 사정변경에 해당하지 않는다고 보아 해제권의 발생을 부정하였다(2004다31302, 2010다85881).

　　이러한 경향에도 불구하고, 그동안 판례를 통해 해제권이 발생하기 위한 요건이 정립되어왔다. 즉 사정변경으로 인한 계약해제는 계약 성립 당시 당사자가 예견할 수 없었던 현저한 사정변경이 발생하였고, 그러한 사정변경이 해제권을 취득하는 당사자에게 책임 없는 사유로 생겼으며, 계약 내용대로 구속력을 인정한다면 신의칙에 현저히 반하는 결과가 생겨야 한다는 것 등이다(2016다12175, 2010다85881). 그리고 여기서 최고는 요건이 아니다.

　　한편 해제의 효과는 다른 법정해제에 있어서와 차이가 없다. 다만, 이 경우는 채무불이행을 이유로 해제하는 것이 아니므로 손해배상의무는 발생하지 않는다.

[3] 해제권의 행사와 소멸

Ⅰ. 해제권의 행사

1. 행사방법

　　해제권을 행사할 것인지는 해제권자의 자유이다. 또 약정해제권이나 법정해제권에 따른 행사방법에 차이는 없다. 해제권의 행사는 상대방에 대한 의사표시로 한다(§543 Ⅰ). 의사표시의 행사방식에는 제한이 없으므로 서면이나 구두로도 가능하다. 또 재판상 공격·방어의 방법으로 할 수도 있다.

　　해제의 의사표시에는 조건과 기한을 붙이지 못한다. 즉, 부동산매매계약에서 매수인이 잔금일까지 대금을 지급하지 못하면 계약이 자동해제된다고 약정하는 것은 매수인의 지위를 불안하게 하기 때문에 매도인의 이행제공 없이 잔금일의

도과만으로 자동해제가 되지 않는다(2010다1456). 그러나 조건과 기한을 붙여도 상
대방에게 불이익을 줄 염려가 없는 때에는 상관없다. 예컨대, 최고기간 내에 채
무를 이행하지 않으면 다시 해제의 의사표시를 하지 않아도 당연히 해제된다고
하는 것은 불이행을 정지조건으로 하는 해제의 의사표시로서 효력이 있다.

해제의 의사표시는 이를 철회하지 못한다(§543 Ⅱ). 철회를 금지하는 이유
는 해제의 효과가 계약을 소급적으로 소멸시키고 상대방도 그렇게 믿기 때문이
다. 그러나 당사자가 합의로 해제의 의사표시를 철회하는 것은 허용된다고 할
것이다.

해제의 의사표시는 해제권이 소멸하기 전에 하여야 한다. 이에 관하여는 아
래에서 설명한다.

2. 해제권 행사의 불가분성

당사자의 일방 또는 쌍방이 수인인 경우에는 계약의 해제는 그 전원으로부
터 또는 전원에 대하여 하여야 한다(§547 Ⅰ). 예를 들어, 매도인이 여러 명인데
대금지급을 지체한 단독매수인에게 매도인 중 1인이 계약을 해제하거나, 단독매
도인이 여러 명의 매수인 중 대금지급을 지체한 매수인에게만 계약을 해제할 경
우(93다46209) 이를 인정한다면 법률관계가 복잡해진다. 제547조는 이러한 문제를
단순화하기 위한 규정이다. 이를 해제권의 불가분의 원칙이라고 한다.

이 원칙은 실제상의 편의를 고려한 것이어서 강행규정이 아니므로 당사자가
특약으로 달리 정할 수 있다. 판례도 매매계약을 체결한 당사자 일방이 사망하여
여러 명이 상속인이 된 경우 이들이 계약을 해제하려면 다른 내용의 특약이 없는
한, 상속인 전원이 해제의 의사표시를 하여야 한다고 하였다(2013다22812). 이들이
해제권을 동시에 행사할 필요는 없으며, 때를 달리하여 개별적으로 해제권을 행
사할 수 있고 최종 해제권자의 의사표시가 상대방에게 도달하면 해제의 효과가
발생한다.

또 이 원칙은 하나의 계약에 있어서 당사자 일방 또는 쌍방이 수인인 경우뿐
만 아니라, 다수 당사자의 채권관계의 성질이 분할채무·불가분채무·연대채무 등
을 묻지 않고 모두 적용된다.

당사자의 일방 또는 쌍방이 수인인 경우에 그중의 한 사람에 관하여 해제권

이 소멸한 때에는 다른 당사자에 대하여도 소멸한다(§547 Ⅱ).

Ⅱ. 해제권의 소멸

1. 일반적 소멸원인

해제권은 형성권이므로 형성권의 공통된 소멸원인에 따라 소멸한다. 즉, 10년의 제척기간에 걸린다. 물론 계약당사자 사이에 발생한 채권이 시효로 먼저 소멸하면 당연히 해제권도 행사할 수 없다.

해제권의 행사 여부는 해제권자의 자유에 달려 있으므로 해제권자 스스로 해제권을 포기할 수 있다. 포기의 의사표시는 상대방에 대하여 하여야 한다(§543 참조).

2. 특수한 소멸원인

가. 존속기간의 경과 및 최고

해제권은 당사자 간의 계약으로 그 행사기간을 정할 수 있고, 법률의 규정에 의하여 해제권의 존속기간이 정해질 수 있다. 이런 경우에는 그 기간의 경과로 해제권이 소멸한다.

반면에 해제권의 행사기간이 정해지지 않은 경우 해제권자가 장기간 해제권을 행사하지 않는다면 상대방의 지위가 불안정해지고, 거래안전을 해칠 수 있다. 이에 민법에서는 상대방에게 최고권을 부여하고 있다. 즉, 상대방은 해제권자에게 상당한 기간을 정하여 그 기간 내에 해제권 행사여부의 확답을 최고할 수 있으며(§552 Ⅰ), 그 기간 내에 해제의 통지를 받지 못한 때에는 해제권은 소멸한다(§552 Ⅱ).

그렇다면 해제권 소멸 후 새로운 사유에 의해 해제권이 다시 발생할 수 있을까? 최고기간의 경과로 인한 해제권의 소멸은 해제의 절대적 포기를 의미하지 않으므로 새로운 상황이 발생하여 새 해제권이 발생한 경우에는 해제권을 행사할 수 있다(2003다41463).

또 최고기간의 경과로 해제권이 소멸하더라도 계약상 존재하고 있던 채권채무에는 영향이 없다.

나. 목적물의 훼손 또는 반환불능

해제권자의 고의나 과실로 인하여 계약의 목적물이 현저히 훼손되거나 이를 반환할 수 없게 된 때 또는 가공이나 개조로 인하여 다른 종류의 물건으로 변경된 때에는 해제권이 소멸된다(§553). 이때 해제권자는 상대방에게 가액을 배상할 의무를 진다.

다. 신의칙상의 해제권의 실효

일반적으로 권리의 행사는 신의에 좇아 성실히 하여야 하고 권리는 남용하지 못하는 것이므로, 해제권을 가진 자가 장기간 해제권을 행사하지 않으면 신의성실의 원칙에 위반될 수 있다. 바로 실효의 원칙이다. 즉, 해제권자가 상당한 기간이 경과하도록 해제권을 행사하지 않고, 또한 상대방도 이제는 해제권을 행사하지 않으리라고 신뢰할 만한 정당한 사유에 이르렀다면 실효의 원칙에 따라 해제권을 행사할 수 없게 된다(94다12234).

[4] 해제의 효과

Ⅰ. 민법의 규정과 학설 · 판례의 입장

1. 민법의 규정

해제의 효과에 대해 우리 민법은 각 당사자의 상대방에 대한 원상회복의 의무를 정하고 있다(§548 Ⅰ). 즉, 아직 채무를 이행하지 않았다면 이행할 필요가 없지만, 이미 이행한 것이 있다면 서로 이를 반환하여야 한다는 것이다. 또 원상회복에 의하여 손해가 있었다면 이를 배상해야 한다. 계약해제가 손해배상의 청구에 영향을 미치지 않기 때문이다(§551). 또 원상회복의 의무와 관련해 동시이행의 항변권을 준용하고 있다(§549).

이들 규정을 통해 해제의 기본적 효과는 계약의 소급적 소멸, 원상회복 및 손해배상으로 요약할 수 있다.

2. 해제의 효과에 관한 학설·판례

해제의 효과에 관하여 두 가지 학설이 대두되고 있다. 해제가 계약의 작용을 저지할 뿐 채무 자체가 소멸하는 것은 아니라는 간접효과설은 원상회복을 위한 반환청구권의 근거를 설명해 주지 못하는데 비하여, 민법의 규정을 가장 합리적으로 모순되지 않게 이론구성하고 있는 학설은 직접효과설이다. 직접효과설은 해제에 의하여 계약은 처음부터 존재하지 않았던 것으로 되고, 채권관계는 소멸한다고 한다. 따라서 아직 이행되지 않은 채무는 당연히 소멸하고, 이미 이행한 채무는 법률상 원인을 잃게 되어 부당이득의 반환이 문제된다. 다만, 그 반환의 범위는 현존이익이 아니라, 원상회복을 하는 것이 합리적이라는 것이다.

판례도 계약이 해제되면 소급효로 인하여 계약이 없었던 것과 같은 상태로 복귀한다고 하며(75다1394), 계약해제의 효과로서 원상회복을 부당이득반환에 관한 특별규정의 성격을 가진다고 하여(4294민상1429) 직접효과설의 입장에 있다.

물론 해제의 효과는 학설을 기준으로 따지기보다 제548조를 근거로 판단하는 것이 옳다. 이하에서는 해제의 기본적 효과라고 할 수 있는 해제의 소급효, 해제와 제3자, 원상회복 및 손해배상의 순서로 설명한다.

II. 해제의 소급효

1. 계약의 소급적 실효

계약이 해제되면 계약이 무효가 되고, 따라서 계약에 의한 법률효과도 발생하지 않게 된다. 즉, 계약에 의하여 발생한 채권·채무가 모두 소급적으로 소멸한다. 반면에 계약으로 인하여 소멸하였던 권리는 해제로 인해 다시 되살아난다. 예컨대, 회사의 채권자가 회사를 인수하면서 인수대금에서 채권액을 상계하였으나, 인수계약이 해제되었다면 상계로 소멸한 채권자의 채권은 다시 부활한다(79다1257).

해제의 효과가 당사자 아닌 제3자에게도 영향을 미치는가에 대해서는 이하에서 설명한다.

2. 등기·인도 등 물권변동에 미치는 효과

계약의 이행으로 물권행위나 준물권행위가 행해지고, 또한 등기나 인도에 필요한 요건이 모두 갖추어져 물권변동이 이루어진 경우 해제에 의하여 이전된 권리 또는 설정된 권리는 당연히 복귀하는지 의문이다. 이와 관련하여 학설이 나뉘는데 채권적 효과설은 물권행위 자체는 효력을 보유하며 채권행위에만 영향을 미친다고 하는 반면에, 물권적 효과설은 채권행위는 물론 물권행위까지 전부 영향을 미친다고 한다(물권행위의 독자성·무인성을 부정). 예를 들어, 부동산매매에서 매수인에게 먼저 등기를 이전해 주었지만 대금채무 불이행으로 매도인이 계약을 해제한 경우 채권적 효과설에 따르면 등기회복까지는 어렵고 원상회복을 새로운 채권관계로 해결할 수 있을 뿐이지만, 물권적 효과설에 의하면 물권행위도 소급적으로 소멸하므로 이전의 소유권을 회복할 수 있다는 것이다.

판례는 물권적 효과설에 따라 계약해제로 물권도 원상태로 복귀한다고 한다(75다1394).

3. 제3자의 보호

가. 제548조 제1항 단서

민법 제548조 제1항 단서에서는 해제로 인해 제3자의 권리를 해하지 못한다고 정하고 있다. 그런데 해제의 소급효를 인정하지 않는 간접효과설과 해제가 물권행위에는 영향이 없다는 채권적 효과설에 의하면 해제로 인하여 제3자의 권리가 침해될 염려가 없게 되므로 이 규정은 필요없는 규정이 된다. 그러나 직접효과설에서는 해제의 소급효를 인정하므로 제3자 보호문제가 발생하고, 또 물권적 효과설을 취해도 해제에 의하여 권리변동이 무효가 되므로 제3자를 보호할 필요성이 있게 된다. 물권적 효과설의 입장에서 보면 제548조 제1항 단서는 제3자 내지 거래의 안전을 보호하기 위하여 둔 특별규정이라고 한다. 그러나 이 규정은 해제의 효과가 당사자가 아닌 제3자에게 영향을 미치는 것을 제한함으로써 제3자를 보호하려는 입법자의 의도를 반영한 것이다.

나. 제3자의 범위

해제의 소급효에 의하여 영향을 받지 않는 제3자는 원칙적으로 '해제의 의사표시가 있기 전에' 해제된 계약에서 생긴 법률효과를 기초로 하여 새로운 법률관계를 취득한 자를 의미한다. 예컨대, 〈사례3〉에서 매수인 B 명의의 부동산을 담보로 대출을 해 준 근저당권자 C, 그리고 부동산을 다시 매수한 전득자 D가 제3자에 해당한다. 물론 C와 D는 등기를 갖추고 있어야 보호를 받을 수 있다(2002다33502).

그렇다면 '해제의 의사표시가 있은 후에' 새로운 이해관계를 맺은 자는 제548조 제1항 단서의 제3자로서 보호받을 수 없는가 의문이다. 〈사례3〉에서 이미 A와 B의 계약이 해제된 줄 모르고 B 명의의 등기를 믿고 대출해 준 C 및 이를 매수한 D와 같은 경우이다. 제548조 제1항 단서의 제3자로서 보호받으려면 원칙은 '해제의 의사표시가 있기 전에' 이해관계를 맺어야 하지만, '해제의 의사표시가 있은 후에' 해제가 있었음을 모르고 새로운 이해관계를 맺은 경우에도 보호해 주어야 한다(2005다6341). 〈사례3〉에서 A는 계약해제의 소급효를 주장하면서 C에 대하여 근저당권설정등기의 말소를, D에 대하여는 소유권이전등기의 말소를 주장할 수 없다.

제548조 제1항 단서의 제3자로서 보호를 받으려면 우선 새로운 권리를 취득하고, 등기나 인도 등으로 완전한 권리를 취득하거나, 제3자에 대한 대항요건을 취득하여야 한다. 예컨대, 해제된 매매계약의 매수인으로부터 이를 다시 전득한 자(99다14877), 해제된 목적물에 저당권이나 질권을 취득한 자, 매매계약에 의하여 채무자의 책임재산이 된 부동산을 가압류 집행한 가압류채권자(2003다33004), 매수인과 매매예약을 체결한 후 그에 기한 소유권이전청구권 보전을 위한 가등기를 마친 가등기권자(2013다14569) 등이다. 이와 달리 채무자가 제3채무자에게 부동산매매 처분을 하자 채권자가 소유권이전등기청구권을 압류하였는데 이들이 매매계약을 해제한 경우의 압류채권자(64다596, 99다51685), 무허가건물에 관한 매매계약이 해제되기 전에 매수인으로부터 무허가건물을 매수하고 무허가건물관리대장에 등재된 자(2011다64782), 제3자를 위한 계약에서의 수익자, 등기를 이전하지 않고 단순히 매매계약을 체결한 자, 주택을 임차하고 대항요건을 갖추지 못한 자(96

다17653) 등은 제548조 제1항 단서의 보호대상이 아니다.

Ⅲ. 원상회복의무

1. 성질 및 의무부담자

계약해제의 효과에 관하여 원상회복의무는 부당이득 반환의무의 성질을 가진다. 계약이 해제되면 채무가 성립하지 않았던 것이 되고, 그 결과 이미 지급한 것은 법률상 원인이 없는 이득이 되기 때문이다. 판례도 계약해제의 효과로서 원상회복의무를 규정하는 제548조 제1항 본문은 부당이득에 관한 특별규정의 성격을 가지는 것으로 본다(2013다34143).

원상회복의무는 계약당사자가 모두 부담한다. 즉, 계약해제의 상대방은 물론이고 계약을 해제한 자도 그 상대방으로부터 수령한 것이 있으면 이를 원상회복할 의무가 있다. 또 계약해제 이전에 채권을 양수받은 자 역시 제3자로 보호받을 수 없기 때문에 채무자로부터 받은 급부가 있으면 이를 원상회복하여야 할 의무가 있다(2000다22850).

2. 원상회복의무의 범위

가. 원물반환 원칙 : '받은 급부 전부'의 반환

계약해제에서 그 이익 반환의 범위는 이익의 현존 여부나 청구인의 선의 · 악의를 불문하고 특단의 사유가 없는 한 '받은 이익의 전부'이다(98다43175). 예컨대, 받은 이익이 부동산이라면 등기명의를 회복하는 것이다. 해제권자가 '해제의 원인'을 일부 제공했다는 이유로 신의칙 또는 공평의 원칙에 기한 과실상계를 주장하여 원상회복청구권의 내용을 제한할 수 없다(2013다34143). 과실상계는 채무불이행이나 불법행위의 손해배상책임에 인정될 뿐이지, 계약해제의 소급효에 따른 원상회복의 이행으로 급부반환을 구하는 경우에는 적용되지 않는다.

나. 원물반환이 불가능한 경우

멸실 · 훼손 · 소비 등으로 원물반환이 불가능한 경우에는 해제 당시의 가액을 반환해야 한다(96다47913). 또 매도인의 해제 이전에 매수인의 처분으로 불능이 된 경우는 처분 당시의 목적물의 대가 또는 그 시가 상당액과 처분으로 얻은 이익에 이득일부터의 법정이자를 가산한 금액을 반환해야 한다(2013다14675). 그러나 멸실·훼손이 채무자 귀책사유 없이 일어난 경우 계약 해제 전에 불능으로 되면 채무자가 위험을 부담하므로 반대채무가 소멸한다. 계약 해제 후에 불능으로 되면 계약관계는 해제로 소멸되므로 위험부담 없이 부당이득에 따라 해결해야 할 것이다.

다. 목적물을 이용한 경우

이때는 사용이익을 반환해야 하나, 사용으로 인하여 감가요인이 발생했더라도 훼손된 것이 아니라면 원상회복의무로 감가비를 반환할 필요는 없다(91다13267). 〈사례2〉에서 A는 승용차를 사용함으로써 사용이익을 얻었으므로 이를 반환해야 한다. 그러나 판례에 따르면 가치감소분은 반환할 필요가 없다.

라. 목적물이 금전인 경우

채무의 이행으로 금전을 지급한 경우에는 받은 날로부터 이자를 붙여서 반환해야 한다(§548 Ⅱ). 이자반환의무는 이행지체로 인한 지연손해금이 아니라, 부당이득반환의 성질을 가진다(2015다222722). 당사자 쌍방의 의무가 동시이행의 관계에 있는지 여부와는 관계없이 그 받은 날로부터 법정이율인 연 5푼의 비율에 의한 법정이자를 부가하여 지급하여야 한다(2000다9123). 다만, 당사자 사이에 이자에 관하여 특별한 약정이 있으면 약정이율에 따른다. 그러나 계약해제로 받은 금전을 반환할 경우 이자의 반환의무를 배제한 약관의 효력은 무효이다(2014다50746, 50753).

마. 보증채무의 변제와 주채무 계약의 해제

보증인의 보증채무 변제 당시에는 주채무가 유효하게 존속하고 있었으나, 그 후 주계약이 해제되어 소급적으로 소멸한 경우, 보증인은 변제를 수령한 채권자를 상대로 부당이득의 반환을 청구할 수 있다(2004다20265).

바. 계약해제와 동시이행항변권

계약해제 시에 부담하는 당사자 쌍방의 원상회복의무에 대하여는 동시이행항변권이 준용된다(§549). 그런데 계약이 해제된 경우 동시이행을 해야 하는 채권

채무에는 계약해제 당사자 상호 간의 원상회복의무뿐만 아니라 손해배상의무도 포함된다(91다29972).

Ⅳ. 해제와 손해배상

1. 문제의 소재

채무자가 채무를 이행하지 않으면 손해배상을 청구할 수 있다(§ 390). 법정해제권의 발생원인도 채무불이행이다(§§ 544−546). 이와 같이 계약해제와 손해배상은 채무불이행으로 인한 것이다. 그렇다면 채무불이행이 있으면 채권자는 계약해제와 손해배상을 동시에 청구할 수 있을까? 제551조는 계약의 해제는 손해배상의 청구에 영향을 미치지 않는다고 정한다. 즉, 계약이 해제된 경우에도 손해배상을 인정하고 있다.

이에 대해 계약의 해제로 채무불이행은 소급적으로 소멸되는데, 채무불이행을 원인으로 손해배상을 청구하는 것이 논리적으로 모순된다는 반론이 제기되자, 제551조는 해제와 무관하게 손해배상이 가능하다고 정한 것이지, 해제의 효과로서 손해배상청구권을 둔 것이 아니라면서 해제의 원인 제공으로 인한 손해의 배상청구라고 한다. 또 제551조는 손해배상을 인정하기 위해 해제의 소급효를 제한한 규정이라면서 해제권 행사로 손해배상청구권까지 소멸하는 것은 아니라는 취지로 이해해야 한다고 한다. 이러한 문제제기와 반론은 해제의 효과를 조문 자체의 입법취지가 아닌 직접효과설을 근거로 판단했기 때문이다.

이와 관련하여 사견은 제548조가 해제효과로 원상회복을 인정하면서 제551조에 손해배상을 중첩적으로 청구할 수 있도록 정한 것은 해제의 효과로 달성하고자 하는 '완전한 원상회복'이 현실적으로 어려우므로 원상회복을 최선책으로 하되 당사자 누군가에게 손해가 있다면 그 손해배상을 청구할 수 있도록 한 것으로 이해하자는 것이다.

2. 손해배상청구권의 성질

계약의 해제는 손해배상의 청구에 영향을 미치지 않는다는 제551조의 규정은 해제와 손해배상이 선택적으로 인정되는 것이 아니라, 모두 성립하는 것을 인정한다. 즉 계약해제와 손해배상은 선택적이라기보다는, 중첩적으로 청구가 가능하며 중첩적으로 청구할 경우는 이행이익의 배상을 원칙으로 한다(2004다51825). 여기서 손해배상은 채무불이행으로 인한 손해배상으로 이해한다(82다카1667). 그러므로 상대방에게 고의 또는 과실이 없을 때에는 배상책임을 지지 않는다(2015다59115). 마찬가지로 당사자가 합의해제한 경우에도 특약이 없는 한 채무불이행으로 인한 손해배상을 청구할 수 없다(86다카1147, 2013다8755).

〈사례1〉에서 A가 계약해제를 할 수 없더라도 손해배상을 청구할 수는 있다. 다만, 손해배상을 청구하려면 B에게 채무불이행에 대한 귀책사유가 있어야 하는데 오히려 A에게 과실이 있으므로 해제뿐만 아니라, 손해배상도 청구할 수 없다.

3. 손해배상의 범위

가. 일반규정의 적용

제551조의 손해배상을 채무불이행에 기한 손해배상이라고 보아, 그 배상의 범위는 제393조에 의하여 정해진다. 계약의 체결과 이행을 위하여 통상적으로 지출되는 비용은 통상의 손해로서 상대방이 알았거나 알 수 있었는지와 상관없이 배상을 청구할 수 있으며, 이를 초과하여 지출한 비용은 특별한 사정으로 인한 손해로서 상대방이 이를 알았거나 알 수 있었던 경우에 한하여 배상을 청구할 수 있다(2015다59115).

이행불능을 이유로 해제한 경우에는 이행에 갈음하는 전보배상액에서 해제자가 채무를 면하거나 반환청구권을 행사함으로써 얻은 이익을 공제한 금액의 배상을 청구할 수 있다. 이행지체를 이유로 해제한 경우에는 지연배상을 전보배상으로 변경하여 앞의 이행불능의 경우와 마찬가지로 해제자가 얻은 이익을 공제한 잔액의 배상을 청구할 수 있다.

판례는 해제 시 손해배상의 범위와 관련하여 이행이익의 배상을 구하는 것이 원칙이지만 이에 갈음하여 신뢰이익의 배상을 구할 수도 있다고 한다(2002다2539, 2001다75295). 이때 지출비용의 배상은 이행이익의 증명이 곤란한 경우에 증명을 용이하게 하기 위하여 인정되지만, 이행이익의 범위를 초과할 수 없고, 계약이 이행되리라고 믿고 지출한 비용이어야 하며, 채무불이행으로 인한 손해로 볼 수 있어야 한다(2015다235766).

나. 손해배상액 산정기준

이행지체나 이행불능 시 손해배상을 청구한다고 했을 때 목적물의 가격에 변동이 있는 경우에는 원칙적으로 해제한 때의 가격을 기준으로 하자는 것이 통설이다. 그러나 판례에서는 이행지체를 이유로 해제한 경우 손해배상액 산정의 시기는 채무이행을 최고한 후 상당한 기간이 경과한 당시의 시가를 기준으로 하지만, 이행불능을 이유로 해제한 때에는 이행불능이 될 당시의 목적물의 시가를 기준으로 한다(2005다63337). 이때 배상금 지급이 지연되면 이행불능 시부터 배상이 있기까지 지연이자를 청구할 수 있다(94다61359).

이와 관련하여 1억원에 매매한 물건이 1억 5천만원으로 폭등하자 이행을 거부한 〈사례4〉에서 매수인 B가 손해배상을 청구함에 있어서 취할 수 있는 조치는 두 가지일 것이다. 즉 계약을 해제할 경우에는 해제 시의 가격을 기준으로 하고, 해제 없이 손해배상만 청구할 경우에는 이행불능 시의 가격을 기준으로 손해를 산정하는 것이다. 이에 따라 기준시기와 가격(1억 5천만원)을 동일한 것으로 보고 B가 계약을 해제하지 않고 손해배상만 청구한다면 손해액 1억 5천만원에서 잔금 9천만원의 반대채무를 상계한 6천만원을 청구할 수 있겠지만, 계약을 해제하고 손해배상을 청구할 경우에는 손해액 1억 5천만원에서 1억원의 반대채무를 공제한 5천만원과 원상회복으로 반환청구를 할 수 있는 계약금 1천만원을 합하여 6천만원을 청구할 수 있을 것이다.

다. 손해배상액을 예정한 경우

손해배상액의 예정은 이행청구나 계약해제에 영향이 없다(§398 Ⅲ). 각각 다른 제도이므로 손해배상액을 예정했다고 하여 이행청구권이나 계약해제권을 포기했다고 볼 수 없기 때문이다. 손해배상액을 예정하였다면 해제가 있더라도 특약은 그대로 유효하며 해제에 의한 손해배상의 기준이 된다.

4. 손해배상과 동시이행

제549조에서는 원상회복의무에 대하여 동시이행관계를 인정하고 있으나, 손해배상에 대하여 동시이행관계를 준용하는 규정이 없다. 제549조의 해석상 공평

의 원칙에 따른다면 규정이 없다고 하여 이를 부정할 이유가 없다. 판례도 손해배상의무에 대하여 동시이행관계를 인정한다(95다25138).

제 2 절   계약의 해지

> 〈사례〉 주택조합 A와 건설회사 B는 건축설계사무소 C와 감리계약을 체결하면서 중도 해지 시의 보수는 진행된 부분에 따라 지급하기로 하였다. C가 위임사무를 처리하던 중 B가 파산하였다면 감리계약은 당연히 종료되는가, 아니면 B가 단독으로 계약을 해지할 수 있는가(아래 제6장 제4절 〈사례2〉와 동일)?

I . 의의 및 성질

1. 해지의 의의

해지는 계속적 채권관계에 있어서 계약의 효력을 오직 장래에 향하여 소멸케 하는 일방적 의사표시로, 소급효를 갖지 못하는 점에서 해제와 구별된다(§550).

해지는 소비대차·사용대차·임대차·고용·위임·임치·조합·종신정기금과 같은 계속적 계약에서만 인정된다. 소급효가 없기 때문에 해지 이전에 이미 유효하게 행하여진 행위의 효력에는 영향이 없다. 그러므로 원상회복의무는 생기지 않는다.

2. 계속적 계약관계와 해지의 적용

계속적 계약관계에서 해지만 인정되고 해제는 문제되지 않는 것이 아니다. 계속적 계약관계라도 일단 이행이 시작된 이후에만 해지가 적용될 뿐이다. 임대차에서 임대인이 목적물을 임차인에게 인도하기 전이나, 고용계약에서 노무자가 노무를 제공하기 전과 같이 일방이 계약을 이행하기 전에 계약을 해소하는 것은 해제이다.

3. 해지와 구별되는 제도

가. 해지계약

해지계약(＝합의해지)은 해지권 유무에도 계약 당사자가 서로 합의를 통해 계속적 계약의 효력을 해지시점 이후부터 장래를 향하여 소멸하게 하는 것을 내용으로 하는 새로운 계약을 말한다. 이와 같이 해지계약은 계약인데 반하여 해지는 단독행위로서 형성권적 성질을 가진다.

그러므로 합의해지에는 해지에 관한 제548조 제2항의 규정은 적용되지 않는다(2000다5336, 5343). 즉, 합의해지로 반환할 금전에 받은 날부터의 이자를 붙여서 반환할 의무가 없다.

나. 철 회

철회는 아직 효과가 발생하지 않은 의사표시의 효력을 장차 발생하지 않도록 저지하는 작용을 하는 점에서 해지와 공통점을 가진다. 그러나 비소급적 소멸의 대상이 해지의 경우는 계약인데 비하여 철회의 경우는 의사표시라는 점에서 차이가 있다.

Ⅱ. 해지권의 발생

1. 약정해지권의 발생

계속적 계약을 체결하면서 당사자의 일방 또는 쌍방이 해지권을 보유하는 특약을 할 수 있다(§543 Ⅰ). 예를 들어, 경업금지의무의 이행을 전제로 계속적 계약에 해당하는 특약점계약을 체결한 경우(94다17826), 임대차계약을 체결하면서 일정한 기간 내에 해지권을 보류한 경우(§636) 등이다.

2. 법정해지권의 발생

가. 전형계약상 개별적 해지권

법정해지권의 발생원인에 대하여 민법은 일반규정을 두지 않고, 각각의 전형계약에서 개별적으로 정하고 있다(사용대차 §610 Ⅲ, 임대차 §625·§627·§629·§§

635−637·§§ 639−640, 고용 §§ 657−663, 위임 § 689, 임치 §§ 698−699, 조합 § 716·§ 720). 구체적인 내용은 제4장 이하의 해당되는 계약에서 설명하기로 한다. 이들 해지권의 발생원인의 대부분은 채무불이행을 이유로 하지만, 신의칙 위반과 존속기간의 약정이 없는 경우(§ 635)에도 해지가 가능하다.

나. 일반규정의 유추적용 여부

법정해지권의 발생원인에 대하여 민법에 일반규정이 없기 때문에 법정해제권의 발생규정인 제544조 내지 제546조를 계속적 계약에도 유추적용할 수 있을지 의문이다. 학설은 긍정설, 부정설, 제한적 긍정설로 나뉘어 있다. 사견은 개별적 해지규정들이 열거적·예시적인 것이냐는 논의를 떠나, 이들 모두 임의규정이라는 점과 사정변경에 의한 해지권을 인정하고 있다는 점에서 계속적 계약이라도 채무불이행 시 계약상 구속으로부터 벗어나는 길을 열어두는 것이 타당하다고 본다.

나아가 판례 역시 계속적 계약은 당사자 상호 간의 신뢰관계를 그 기초로 하는 것이므로 계약상의 의무를 위반함으로써 계약의 기초가 되는 신뢰관계가 파괴되어 계약관계를 그대로 유지하기 어려운 정도에 이르게 된 경우에는 해지할 수 있다고 한다(2002두5948).

다. 사정변경에 의한 해지권의 발생

계약 성립에 기초가 되지 않는 사정이 그 후 해지권을 취득하는 당사자에게 책임 없는 사유로 변경됨으로써 계약 내용대로의 구속력을 인정한다면 신의칙에 현저히 반하는 결과가 생기는 경우에 계약준수 원칙의 예외로서 계약의 해지를 인정한다(2012다13637). 예컨대, 회사의 계속적 거래관계로 인한 불확정한 채무에 대하여 보증인이 된 자가 회사를 떠난 경우 사정변경을 이유로 보증계약을 해지할 수 있다(2002두5948).

Ⅲ. 해지권의 행사

1. 행사방법

해지의 의사표시는 상대방에 대한 일방적 의사표시로 한다(§543 I). 해지의 의사표시는 그 후에 이를 철회하지 못한다(§543 II).

그러나 임대차계약을 체결하면서 임차인이 특정일까지 입점하지 않으면 계약이 자동적으로 해지된다는 특약을 하였는데 임차인이 약정기한 내에 입점하지 않았다면 해지의 의사표시 없이 불이행 자체로써 계약은 자동적으로 해지된다(2000다5336, 5343).

2. 해지권의 불가분성

당사자의 일방 또는 쌍방이 수인인 경우에는 계약의 해지는 그 전원으로부터 또는 전원에 대하여 하여야 한다(§547 I). 예를 들어, 수인의 임대인이 임차인과 체결한 임대차계약을 해지하려면, 임대인 전원이 임차인에게 해지의 의사표시를 해야 한다. 임대인 중 1인으로부터 지분을 양수받은 자도 임대인의 지위를 승계한다(2012다5537). **〈사례〉**에서 감리계약은 위임계약으로서 당사자 일방의 파산으로 당연히 종료되지만(§690), 위임인이 수인이므로 B의 파산만으로 당연히 종료되지 않는다. 이 경우에는 A와 B가 공동으로 C에게 해지의사를 표시하여야 계약이 종료된다.

해지권의 불가분성은 해제의 경우와 마찬가지로 강행규정이 아니므로 당사자가 이를 특약으로 배제할 수 있다.

Ⅳ. 해지의 효과

1. 비소급효

해지가 있으면 계약은 장래에 대하여 효력을 상실하며(§550), 소급적으로 무효가 되지 않는다. 즉, 연체된 차임이나 지연이자 등 종전의 채무는 그대로 존속한다. 예컨대, 차임연체로 부동산임대차계약이 해지된 경우 임차인은 임대차 종료 시까지의 연체차임 및 해지 이후부터 명도일까지 점유·사용함에 따른 차임

상당의 부당이득을 임대인에게 반환해야 한다(94다54641).

2. 해지기간

여기서 해지기간이란 해지할 수 있는 기간이 아니라, 계약의 종료기간을 미리 약정하지 않았거나 일정한 경우에 해지통고 후 해지효력이 발생할 때까지의 기간을 말한다(§§ 635, 637, 660, 662). 해지기간이 있는 경우에는 '해지통고'라고 하여 일정기간이 지나야 해지효력이 발생하지만, 차임연체(§ 640)나 약정한 노무제공의 위반(§ 658)과 같이 해지사유가 발생함으로써 해지할 수 있는 것과는 다르게 이해하여야 한다.

예를 들어 토지, 건물 기타 공작물에 대하여 임대차기간의 약정이 없는 때 당사자는 언제든지 계약의 해지를 통고할 수 있지만 임대인이 해지를 통고한 경우에는 6개월, 임차인이 해지를 통고한 경우에는 1개월의 기간이 경과하여야 해지의 효력이 발생한다(§ 635 Ⅱ).

3. 소급효 없는 부당이득의 반환의무

계속적 계약이 해지되면 계약관계가 장래에 대하여 해소된다. 이 경우는 해제 시의 원상회복(§ 548)과 달리 소급효가 없는 부당이득반환의 성질을 가진다(94다54641). 물건의 사용·수익을 목적으로 하는 임대차계약에서 계약해지 시 차용물의 반환을 원상회복이라고 하고 있으나(§§ 615, 654), 이는 계약을 해제한 경우의 원상회복과 다르게 이해해야 한다. 그리고 계속적 계약의 성질상 해지에도 불구하고 임차인이 임차목적물을 상당기간 점유하였거나, 노무자가 부득이하게 노무를 제공한 경우와 같이 당사자 사이에 채권관계가 일정한 범위에서 존속할 수 있다. 이로써 이익을 얻은 당사자는 부당이득의 법리에 따라 반환해야 한다.

4. 손해배상청구

계약의 해지와 별도로 손해배상을 청구할 수 있다(§ 551). 이 점은 해제의 경우와 마찬가지이다. 다만, 〈사례〉에서 C가 보수청구 이외에 손해배상을 청구할 수 있을지는 검토가 필요하다. 왜냐하면 감리사무의 처리비율에 따라 보수를 정하였고, 보수에는 손해발생의 위험까지 고려할 수 있기 때문이다. 또한 위임계약은 언제든지 해지가 가능하고 B의 파산으로 인한 해지가 C에게 불리한 시기에 해지한 것으로 볼 수도 없으므로 이로 인해 C가 손해를 입었더라도 원칙적으로 이를 배상할 의무가 없다(§686 참고).

제4장 재산의 이전에 관한 계약

제1절 증여계약

<s례1> A는 자신이 타던 자동차를 친구 B에게 선물로 주었는데, 브레이크에 문제가 있다는 것을 알려주지 않았기 때문에 이를 모르는 B가 차량운행 중 추돌사고로 인해 차가 파손되었다. B는 A가 차량의 하자를 알려주지 않아 사고가 났다면서 차량수리비를 청구하였다. A가 빌린 차를 B에게 선물한 경우 법률관계는 어떻게 달라지는가?

<사례2> 80세 독거노인 A는 큰형님의 손자인 B에게 죽은 아내의 제사와 병원 입원시의 간병 및 자기 생전에는 처분하지 않겠다는 조건으로 모든 전답을 증여하였다. 그런데 B는 자기가 병원에 입원해 있을 때 간병은 고사하고 전답 일부를 처분해 버렸다. A는 자신의 결정을 후회하면서 증여를 해제하려고 한다. 계약을 해제하고 전답의 반환을 청구할 수 있을까?

Ⅰ. 의의 및 성질

1. 의 의

당사자 일방이 무상으로 자신의 재산을 상대방에게 수여하는 의사를 표시하고, 상대방이 이를 승낙함으로써 성립하는 계약이 증여이다(§554).

2. 법적 성질

증여는 낙성·편무·무상·불요식의 계약이다.

가. 낙성계약

증여자의 재산출연으로 상대방에게 이득을 준다는 점에서 단독행위로 오인

할 수 있는데, 증여는 상대방인 수증자의 승낙이 필요한 낙성계약이다. 그러므로 증여물건의 인도나 기타 출연행위가 없더라도 당사자의 합의만 있으면 증여계약이 성립한다.

나. 편무계약 및 무상계약

증여자만이 재산출연의 채무를 부담하는 편무계약이고, 대가 없이 재산을 출연하는 대표적인 무상계약이다. 증여자가 재산을 출연하는 방식은 권리의 양도, 용익물권의 설정, 노무제공 등 다양하다. 또 증여계약과 같은 일방적 급부행위가 현저하게 불공정한 행위(§ 104)가 될 수 있는지에 대하여 판례는 증여는 공정성 여부를 논의할 성질이 아니라고 하였다(99다56833).

수증자에게 부담이 있더라도 그 부담이 증여자의 급부에 대한 대가가 아니라면 증여가 부정되지 않으며, 부담부 증여가 된다(§ 561).

다. 불요식계약

증여는 서면 없이도 성립이 가능한 불요식계약이다. 다만, 서면에 의하지 않은 증여는 당사자 모두 쉽게 해제할 수 있다(§ 555).

3. 사회적 작용과 특별법의 제정

증여는 자선·종교·교육 등 여러 분야에서 사회적 약자나 빈곤층의 구제, 포교활동 및 장학사업 등에 기여한다. 그러나 무료티켓·사은품 증정과 같이 홍보수단으로 활용되거나, 증여자의 호의나 성의를 이용하여 사익을 추구하기 위한 수단으로 악용되는 경우가 많다.

이러한 문제점을 방지하기 위하여 '기부금품모집금지법'이 제정되었고(1951. 11. 17. 법률 제224호), 이후 '기부금품모집규제법'으로 전면 개정되었다(1995. 12. 30. 법률 제5126호). 2000년대 들어서 기부에 대한 인식이 변화됨에 따라 성숙한 기부문화를 조성하고, 건전한 모집제도를 정착할 목적으로 '기부금품의 모집 및 사용에 관한 법률'(약칭: 기부금품법)로 명칭이 바뀌어 다시 개정되었다(2006. 3. 24. 법률 제7908호). 동법에는 기부금품의 모집등록(§ 4), 기부금품의 모집에 관한 정보의 공개(§ 8), 기부금품의 사용(§ 12) 및 공개의무와 회계감사(§ 14) 등에 관한 규정을 둠으로써 기부금품을 적정하게 모집하고 사용할 수 있도록 하고 있다.

Ⅱ. 증여의 성립

1. 당사자 간 의사의 합치

증여계약은 증여자가 그의 소유재산을 상대방에게 수여하는 의사를 표시하고, 상대방이 이를 승낙함으로써 성립하는 계약이다. 이와 관련하여 판례는 단순히 기부채납을 약정한 것만 가지고는 소유권에 기한 사용·수익권을 포기한 것으로 볼 수 없고 기부자가 그의 재산을 지방자치단체의 재산으로 증여하는 의사표시를 하고, 지방자치단체는 이를 승낙하는 의사표시를 하여야 증여계약이 성립하는 것으로 보았다(96다20581).

아직 형성되지 않은 종중에 대해 증여의 의사를 표시했더라도 승낙의 의사를 표시할 상대방이 없으므로 증여자가 일방적으로 주겠다고 한 것만으로 증여가 될 수 없다(91다28344). 이처럼 증여에는 수증자의 승낙이 필요한 데 반하여, 엄격한 방식을 요하는 유증은 단독행위이므로 수증자의 승낙이 필요하지 않다.

2. 증여계약의 두 요소

증여계약이 성립하려면 첫째, '재산의 출연'이라는 급부가 있어야 하고, 둘째, 증여자가 재산을 수여하는 의사와 수증자가 이를 승낙하는 '증여의 의사'라는 두 가지 요소가 있어야 한다. 그러므로 과세당국의 추적을 피하기 위하여 일정한 인적 관계에 있는 타인의 예금계좌로 송금한 경우에 이를 증여계약으로 파악하려면 재산의 급부라는 송금 이외에 증여의 의사가 필요하다. 이 경우 채권자인 과세당국이 송금행위(재산출연)를 사해행위로 보고 제406조에 따라 취소하려면 무상공여라는 의사합치(증여의사)가 있어야 한다(2012다30861, 2017다290057).

증여의사가 사기나 강박에 의한 것이어서 이를 취소한 경우에도 증여계약이 성립될 수 없다. 이처럼 하자가 있는 증여의사를 취소하려면 이를 명확하게 적시하여야 한다. 판례는 비상계엄으로 강박상태가 계속되었던 상황에서 헌납한 재산의 반환을 위하여 제출한 탄원서에 '왜곡된 것을 사실규명하여 적정조치 있기를 바라며, 관대하신 선처를 요구한다'고 기술한 것만으로 증여의사를 적법하게 취소한 것으로 볼 수 없다고 하였다(2002다11847).

3. 증여의 해제 가능성

증여는 계약이므로 증여자가 임의로 해제할 수 없다. 다만, 무상으로 재산을 출연하는 계약이라는 점을 고려하여 다른 계약에서는 찾아 볼 수 없는 규정이 많고, 일부 규정은 무상계약에도 준용된다(§612). 특히 증여계약에는 각각 다른 요건을 가진 해제조항이 4개나 된다(§§555−558).

4. 계약으로서의 현실증여

부의금, 축의금과 같이 합의와 동시에 목적물이 인도되는 경우를 '현실증여'라고 한다. 현실증여가 채권계약인지 물권계약인지 의문시 되는데, 다수설은 이들 계약이 동시에 이루어진 것으로 본다. 판례도 사전에 증여약속을 함이 없이 재산의 이전을 수반하는 무상성의 합의가 있는 것으로 보아 계약으로 이해한다(2006도920). 이에 따라 약혼예물의 수수, 축의금, 부의금 등도 증여의 성질을 가진다고 한다. 즉 약혼예물의 수수는 혼인의 불성립을 해제조건으로 하는 증여이고(96다5506), 부의금은 장례비에 먼저 충당될 것을 조건으로 건네는 조건부 증여이지만(2008느합86, 87), 축의금은 조건없이 무상으로 건네는 증여라고 한다(99구928).

그러나 독일민법 제516조 제2항에서 정하고 있는 상당한 기간을 정한 승낙여부의 최고나 증여를 거절했을 경우 부당이득의 반환청구와 같은 규정이 없는 우리 민법에서 현실증여를 계약으로 판단하는 것은 성급한 결론으로 보인다. 더구나 일방이 무상으로 채권을 소멸시키는 채무면제의 성질을 단독행위로 파악하는(채권총론 304면) 것과도 어울리지 않는다. 채무면제와 현실증여 모두 일방이 상대방에게 무상으로 처분행위(채무소멸, 권리취득)를 한다는 공통점을 갖고 있기 때문이다. 다만, 채무면제에서는 채권관계에 기초하여 발생한 채무가 소멸되지만, 현실증여는 채권관계 없이 수증자가 권리를 취득하여 이익을 얻는다는 점에서 차이가 있을 뿐이다. 이런 차이가 두 제도의 본질적 성질을 달리하는 근거가 될 수 있는지 의문이다. 그러므로 현실증여에서 수증자와 채무면제에서 채무자가 거절의 의사를 표시하지 않았다면 의사실현에 의한 승낙이 있었던 것으로 보아 두 제도 모두 동일하게 계약으로 이해하는 것이 타당할 것이다.

Ⅲ. 증여의 효력

1. 당사자의 권리의무

증여자는 증여계약에 의하여 발생한 채무를 이행하여야 한다. 즉, 약정한 재산을 수증자에게 수여할 의무가 있다. 이때 증여대상이 되는 증여의 목적물에 대하여 증여자는 선량한 관리자의 주의의무(§374)가 아니라, 무상수치인의 주의의무를 유추적용하여 자기재산과 동일한 주의의무(§695)를 부담한다. 예컨대 자동차를 친구에게 무상으로 주기로 한 경우와 일정한 가격으로 처분하기로 한 경우의 주의의무가 다르다.

한편 수증자는 증여자에게 약정한 대로 재산의 급부를 청구할 권리를 가진다. 만일 증여자가 자신의 의무를 이행하지 않은 때에는 수증자는 손해배상을 청구할 수 있다.

2. 증여자의 담보책임

가. 증여자는 증여의 목적인 물건 또는 권리의 하자나 흠결에 대하여 원칙적으로 책임을 지지 않는다(§559 Ⅰ). 이는 유상계약과 달리 무상으로 재산상의 이득을 주는 증여자에게 증여한 물건의 하자에 대한 책임까지 부담시키는 것은 과중하다는 판단에 따른 것이다. 그러나 증여자가 그 하자나 흠결을 알고 수증자에게 고지하지 않은 때에는 담보책임을 진다(§559 Ⅰ 단서).

〈사례1〉에서 A가 브레이크의 하자를 B에게 미리 고지했다면 운행 전에 수선을 통해 사고를 막을 수 있었겠지만 이를 알리지 않은 것이 사고의 원인이 되었으므로 A는 담보책임을 면할 수 없다. 물론 A가 브레이크의 하자를 몰랐기 때문에 고지할 수 없었다면 담보책임이 없다. 반면에 A가 하자를 알고 있었는지 여부와 관계없이 B가 브레이크의 하자를 알고 있었다면 자동차 사고에 대해 A에게 책임을 물을 수 없다. 한편 남의 자동차를 선물했다면 계약체결상의 과실책임은 별론으로 하고 A에게 담보책임이 없다는 것은 물건하자의 경우와 다르지 않다. 물론 A가 남의 차라는 것을 알고 있었다면 권리하자에 대한 담보책임을 부담한다. 이에 따라 A는 권리창출의무를 부담하며, 이를 이행할 수 없을 때 B는 계약을 해제하고 손해배상을 청구할 수 있다(§570). 다만, 자동차가 A의 소유가 아니라는 것을 B가 알았다면 손해배상은 청구할 수 없다(§570 단서).

　나. 상대방에게 부담이 있는 증여인 경우에는 증여자는 그 부담의 한도에서 매도인과 같은 담보책임을 진다(§559 Ⅱ).

　다. 제559조는 임의규정이므로 특약으로 증여자에게 담보책임을 지울 수 있다.

3. 증여의 해제

　증여계약에는 다음 세 가지의 특유한 해제제도를 두고 있다. 즉 서면에 의하지 않은 증여(§555), 수증자의 망은행위에 의한 해제(§556), 증여자의 재산상태가 악화된 경우의 해제(§557) 등이다.

가. 서면에 의하지 않은 증여의 해제

　증여계약서를 작성하지 않았더라도 문서를 통하여 증여의사를 확실히 알 수 있는 정도라면 서면에 의한 증여가 있다고 본다(98다22543, 2009다37831). 증여의사가 서면으로 표시되지 않은 경우에는 각 당사자는 증여계약을 해제할 수 있다(§555). 이와 같이 서면에 의하지 않은 증여를 쉽게 해제할 수 있도록 정한 것은 경솔한 증여를 방지하고 증여의 의사를 명확하게 하여 후일에 분쟁의 발생을 피하기 위한 것이다(86다카2634). 증여의 의사가 표시된 서면의 작성시기는 제한이 없으므로 계약 당시 서면으로 작성하지 않았더라도 이후에 서면을 작성하면 그 때부터 임의로 해제할 수 없다(92다4192).

　한편 해제의 상대방은 증여계약의 당사자이며, 증여목적물의 전득자는 상대방이 될 수 없다(76다2423). 또 해제의 성질이 특수한 철회여서 본래 의미의 해제와는 다르므로 형성권의 제척기간의 적용을 받지 않는다(2003다1755).

나. 망은행위에 의한 해제

　민법은 무상으로 재산을 증여받은 수증자가 증여자로부터 입은 은혜를 저버리는 배은행위를 했을 때 증여자는 그 증여를 해제할 수 있다고 정한다. 해제사유가 되는 배은행위는 증여자나 가족에 대한 범죄행위 및 증여자에 대한 부양의무위반이다. 2015년 소위 '불효자방지법'이라 불리는 개정안에 망은행위의 유형으로 '학대 그 밖에 현저하게 부당한 대우를 한 때'를 추가했었지만 폐기된 바 있다.

(1) **범죄행위**   증여자 또는 그 배우자나 직계혈족에 대하여 범죄행위가 있을 때 증여를 해제할 수 있다(§556 I 1호). 즉 수증자(가해자)가 증여자(피해자)나 그 가족에게 범죄행위를 했을 때 본조가 적용된다. 그러므로 범죄행위의 대상이 증여자나 그 친족이 아닌 친구나 친지인 경우에는 해당되지 않는다. 그러나 수증자(가해자)와 증여자(피해자)는 가족관계가 아니라도 무방하다.

범죄행위란 형법 또는 형사특별법에서 정하고 있는 죄로 처벌될 수 있는 정도의 행위여야 할 것이다.

(2) **부양의무의 위반**   수증자가 '증여자에 대하여 부양의무가 있는 경우' 이를 이행하지 않을 때 증여를 해제할 수 있다(§556 I 2호). 여기서 부양의무가 있는 경우라면 친족이 아닌 당사자 사이의 약정으로 부양의무를 정한 경우에도 본조가 적용되는지 의문이다. 판례는 본조를 적용할 수 있는 부양의무의 범위를 제974조에서 정하고 있는 직계혈족 및 배우자와 생계를 같이 하는 친족으로 한정하고 있다(95다43358). 그러므로 친족이라도 생계를 같이 하지 않는다면 부양을 조건으로 증여를 받았더라도 본조에 근거하여 증여계약을 해제할 수 없다. 사적 자치가 존중되는 계약법에서 가족법에 구속되어 제한을 가하는 것은 시대적 흐름에도 맞지 않다. 친족이 아닌 자와 증여계약으로 부양의무를 정한 경우에도 본조를 적용할 수 있어야 할 것이다.

(3) **해제권의 소멸**   범죄행위 및 부양의무 위반과 같은 해제의 원인이 되는 망은행위를 안 날로부터 6개월이 경과하거나, 증여자가 수증자에 대하여 용서의 의사를 표시한 때에는 해제권이 소멸한다(§556 II). 여기서 용서는 효과의사가 없는 감정의 표시에 불과하지만 본조의 규정에 따라 해제의 법률효과가 발생한다(배우자의 부정한 행위를 용서한 때 이혼청구권 소멸, §842).

다. 재산상태 악화에 따른 증여의 해제

증여계약 후 증여자의 재산상태가 현저히 변경되고 그 이행으로 인하여 생계에 중대한 영향을 미칠 경우에는 증여자는 증여를 해제할 수 있다(§557). 즉, 계약을 해제하려면 우선 증여 당시의 재산상태가 증여 후의 그것과 비교하여 현저히 변경되어야 하고, 이러한 사정변경으로 인하여 수증자에게 재산을 이전하게 되면 생계가 곤란할 지경에 이르러야 한다. 이 규정은 사정변경의 원칙에 따른 것이다. 판례는 증여계약 후 반신불수가 되어 치료비로 전 재산을 소비한 경우에 증여계약의 해제를 인정하였다(76다1833). 그러나 증여 목적 부동산의 소유권이 수증자에게 이전된 이후가 아니라, 이전된다면 생계에 중대한 영향을 미치게 될 것이라는 고려에서 나온 판결이다.

라. 기 이행부분에 대한 반환 불가

증여계약의 해제는 이미 이행한 부분에는 영향이 없다(§558). 이 규정은 서면에 의하지 않은 증여, 수증자가 망은행위를 한 경우 및 증여자의 재산상태가 악화된 경우에 모두 적용된다. 이에 따라 부담부 증여를 제외한 대부분의 증여에서는 계약을 해제하더라도 이미 이행을 한 때에는 반환청구를 할 수 없게 되었다. 흔히 증여를 이행한 이후에 해제사유가 발생한다는 점을 고려하면 제558조는 증여에 특유한 해제규정(§§555–557)을 사문화시키는 문제의 규정이다.

특히 가족 간에 부양을 기초로 이루어진 증여에서 뒤늦게 부양의무의 위반을 이유로 증여계약을 해제해도 이미 증여한 재산을 반환받을 수 없다는 것이 '불효자방지법'을 발의하게 된 동기가 되었다. 이에 대한 해결책은 가족 간 부양의무 있는 증여를 부담부 증여로 보아 제558조의 적용을 배제하는 것이다. 수증자가 부양의무를 부담하는데도 불구하고 이를 무상증여로 파악하여 해제에 의한 반환청구를 제한하는 것은 입법상의 오류로 보인다.

Ⅳ. 특수한 증여

1. 부담부 증여

가. 의 의

부담부 증여는 수증자가 증여를 받으면서 일정한 급부를 하기로 한 증여이다. 〈사례2〉는 큰형님의 손자인 B와 제사 및 간병을 약정했으므로 부담부 증여가 된다. 부담부 증여를 편무·무상계약으로 보는 견해가 있으나, 제561조에서 명문으로 쌍무계약을 준용하도록 정하고 있으므로 부담부 증여는 대가관계에 있는 쌍무계약이며 또 유상계약이다.

부담의 이익을 받는 자는 증여자 자신 또는 특정·불특정의 제3자라도 무방하다.

나. 담보책임

상대부담 있는 증여의 경우 증여자는 그의 부담의 한도에서 매도인과 같은 담보책임이 있다(§559 Ⅱ). 이에 따라 무상증여에 특유한 해제규정(§§555-557) 및 담보책임 특칙(§558)이 부담부 증여에는 적용되지 않는다.

다. 부담의 약정과 입증

부담부 증여는 기술한 바와 같이 책임의 성질 및 적용 법규가 무상증여와 다르기 때문에 증여와 관련하여 상대방에게 의무를 부담하는 약정이 있는지를 우선 판단해야 한다. 특히 상대방의 부담에 대하여 당사자가 원하는 법률효과에 다툼이 있을 경우 문제가 된다. 이와 관련하여 판례는 상대방의 의무부담 약정 여부를 확정하는 것은 사실인정의 문제이므로 약정의 존재를 주장하는 자가 입증해야 한다고 한다(2010다5878).

또한 상대방의 부담이 확정되어도 그 내용이 법령위반으로 실현이 불가능한 경우에는 증여계약이 무효가 된다(4287형상64).

라. 부담 불이행 시 해제

쌍무계약이 준용되는 부담부 증여에서는 증여자가 이미 이행했어도 수증자가 자신의 의무를 이행하지 않으면 증여자는 계약을 해제할 수 있고, 또 제558조가 적용되지 않으므로 이미 이행한 부분의 반환을 청구할 수 있다(97다2177). 〈사례2〉에서 노인 A는 증여계약을 해제하고 전답의 반환을 청구할 수 있다. 다만, B로부터 전답을 매수한 제3자가 선의인 때에는 해제로써 그의 권리를 침해할 수 없다(§548 단서).

2. 정기증여

가. 의   의

정기증여란 정기적으로 일정액을 무상으로 지급하기로 하는 증여를 말한다.

예컨대, 미국의 대형로펌에 근무하는 아들이 매월 노부모께 생활비 200만원을 입금해 드리기로 한 경우이다. 이와 같이 정기증여는 계속적 계약관계의 성질을 가진다. 그러나 정기금을 수령할 권리(정기금 수급권)를 증여하는 것과는 다르다.

한편 무상의 증여는 아니지만 손해배상의 지급방법으로 정기금 배상(채권총론 92면)과 종신까지 금전 기타 물건을 지급하기로 약정한 종신정기금계약이 있다(§725). 종신정기금에 관한 규정(§§725-730)은 정기증여에 준용된다.

나. 정기금 약정의 소멸

정기증여는 증여자 또는 수증자가 사망한 때에는 효력을 상실한다(§560). 당사자가 정기증여의 기간을 약정한 경우에도 증여자 또는 수증자의 사망으로 효력을 상실한다. 그러나 수증자의 사망이 증여자의 책임있는 사유로 인한 때에는 수증자의 상속인은 법원에 상당한 기간 채권의 존속을 청구할 수 있다(§729 I).

3. 사인증여(死因贈與)

가. 의   의

사인증여는 증여자의 사망으로 인하여 증여의 효력이 발생하는 일종의 계약이다. 그런데 단독행위로서 엄격한 방식을 요하는 유증에 관한 규정(§1065-1072)이 사인증여에 준용된다(§562). 법적 성질에 차이가 있을 뿐 사망한 때에 효력이 발생한다는 공통점이 있기 때문이다.

나. 유증에 관한 규정의 준용 범위

제562조에서 사인증여는 유증에 관한 규정을 준용한다고만 정하고 있을 뿐, 어디까지 준용할 것인지에 대하여 정하고 있지 않기 때문에 이들의 법적 성질에 따라 범위를 정할 필요가 있다.

유증은 단독행위이므로 이를 전제로 하는 규정은 사인증여에 준용될 수 없다. 유언능력(§1062), 유언의 방식(§1065-1072), 유언의 승인·포기(§1074), 유언집행(§§1091-1107), 유언철회(§§1108-1111) 등이 여기에 해당된다. 판례도 유증의 방식에 관한 민법 제1065조 내지 제1072조가 사인증여에 준용되지 않는다고 한다(2000다66430, 66447, 94다37714).

반면에 사망한 때에 효력이 발생하는 유증의 효력에 관한 규정은 사인증여에도 준용된다. 판례는 사인증여와 유증이 병존하고 있는 유류분반환청구 사건에서 유류분권자는 유증을 받은 자에게 먼저 유류분침해액의 반환을 청구하고, 침해액이 남아 있다면 사인증여를 받은 자에게 잔액을 청구할 수 있다고 하면서 사인증여의 실제적 기능을 유증과 달리 볼 필요가 없다고 한다(2001다6947).

제 2 절 매매계약

〈사례1〉 시골노인 A는 농장주 B에게 모든 전답을 3천만원에 매도하는 계약서를 체결하면서 계약금 500만원을 수령하였고, 중도금 없이 잔금 2500만원은 잔금일에 일시 지급받기로 하였다. 아래 각각의 경우 A는 어떤 권리를 주장할 수 있을까?

 a. 계약 당일 A는 별생각 없이 등기필증을 B에게 미리 건네주었다. 그러나 B는 잔금일에 다른 사람을 보내 계속 등기필증을 요구하면서 잔금을 지급하지 않고 있다.

 b. A가 잔금일 전에 B에게 미리 등기만 이전해 주었는데 C에게 처분하고 잔금지급을 거절한다.

 c. A가 잔금을 수령하기 전에 B에게 미리 전답을 인도해 주었는데 잔금지급을 지체하고 있다.

〈사례2〉 A는 채무를 담보할 목적으로 B에게 임야를 매도하면서 2년의 환매기간 내에 환매할 권리를 유보하여 소유권이전등기를 해 주었고, 환매기간이 종료되기 직전에 환매대금을 지급하면서 환매의사를 표시하였다. 그런데 환매기간 중 B의 채권자 C가 임야에 대하여 가압류집행을 하기에 이르게 되자 A는 환매기간 내에 환매의 의사표시를 하였으므로 가압류집행은 위법하다고 주장한다. 환매특약에 대한 부기등기와 관계없이 A의 주장은 옳은가?

〈사례3〉 큰 수술을 앞둔 언니 A가 동생 B에게 반지를 맡겼는데 수술 후 회복하는 동안 B가 그 내용을 아는 C에게 반지를 처분하였다. A가 뒤늦게 이를 알고 C에게 반환을 청구할 경우 C는 어떤 조치를 취할 수 있을까? 만일 A가 B의 처분행위를 추인했다면 법률관계는 어떻게 되는가?

〈사례4〉 A는 C에게 전세권을 설정해 준 주택을 B에게 매도하였다. B가 주택에 입주할 목적으로 매매했다면 어떤 조치를 취할 수 있을까? 또 C의 경매신청으로 B의 소유권이 말소될 위기에 있다면 어떤 조치를 취할 수 있을까?

〈사례5〉 A로부터 소유권유보부 매매로 의료기를 매수한 B가 이를 C에게 보관시켜 놓았는데, 부도가 임박한 상황에서 자신의 채권자 D에게 대물변제로 의료기반환청구권을 양도한 다음 C에게 통지하였다. 양수인 D가 C에게 의료기의 반환을 청구하자, A는 "의료기는 소유권이 유보된 물건으로서 자신이 소유자"라고 주장한다. 누가 진정한 소유자인가?

〈사례6〉 위 사례에서 A로부터 소유권유보부 매매로 의료기를 매수한 B가 이를 C에게 보관시켜 놓았는데, C의 채권자 D가 의료기를 압류했다면 B는 어떤 조치를 취할 수 있을까?

[1] 매매예약

매매계약은 15개의 전형계약 중에서 가장 대표적인 계약으로서 자본주의 경제체제의 화폐경제와 함께 경제적·사회적·법률적 측면에서 중심의 역할을 해온 제도이다.

매매의 당사자는 매도인과 매수인이다. 본절에서는 매매예약, 매매계약의 체결, 매도인의 의무, 매수인의 의무, 담보책임, 특수한 매매로서 환매와 소유권유보부 매매 순으로 설명하고자 한다.

Ⅰ. 의의와 활용성

1. 의   의

매매계약은 당사자 일방이 재산권을 상대방에게 이전할 것을 약정하고, 상대방이 그 대금을 지급할 것을 약정함으로써 성립하는 본계약이다(§563). 이와 달리 매매예약은 장차 본계약을 체결할 것을 미리 약속하는 계약으로서 잠정적으로 장래의 계약을 확보하려는 의도에서 이용하는 제도이다. 예컨대, 자금부족 등 계약을 체결할 여건이 안 되거나, 계약체결의 필요성에 대한 확신이 들지 않아서 당장 계약을 체결하는 것을 유예하면서 시가상승에 대비하여 예약한 대금으로 매매할 것을 약속하는 것이다.

2. 활용성

실제로는 매매예약의 본래의 목적보다는 채권을 담보할 목적으로 대물변제예약을 체결하는 방법이 이용된다(2014도3363). 즉 채무자가 기한 내에 채무를 변제하지 못할 것에 대비하여 채권자가 부동산을 매수하는 것으로 예약하고, 이에 따른 소유권이전청구권을 보전하기 위하여 가등기를 하는 것이다(아래 Ⅳ. '매매예약의 가등기' 참조).

Ⅱ. 매매예약의 종류와 일방예약

1. 매매예약의 종류

가. 편무예약·쌍무예약

장차 본계약을 체결하기로 약속하고 이를 위하여 예약상의 권리자가 상대방에게 청약을 하면 상대방이 승낙할 의무를 부담하기로 약정하는 예약이다. 누가 예약상의 권리자가 되는지는 예약내용에 따라 정해진다. 이때 당사자 일방만이 예약상의 권리를 갖는 것을 편무예약이라고 하고, 쌍방이 모두 예약상의 권리를 갖는 것을 쌍무예약이라고 한다. 본계약이 요물계약인 때에는 권리자의 의사표시만으로 본계약이 성립할 수 없기 때문에 편무·쌍무예약만이 가능하다.

나. 일방예약·쌍방예약

예약상의 권리(예약완결권)를 가진 자가 상대방에게 본계약을 성립시킨다는 의사표시를 한 것만으로 계약이 성립하는 것으로 약정하는 예약이다. 이때 당사자 일방만이 예약완결권을 갖는 것은 일방예약이라고 하고, 쌍방이 모두 이 권리를 갖는 것은 쌍방예약이라고 한다. 이 예약은 번거로운 절차 없이 권리자에 의하여 곧바로 본계약체결이 강제된다는 특색이 있다.

다. 가계약과 예약

실무에서 흔히 예약보다는 가계약이라는 용어를 사용하는 경우가 많은데 민법에는 규정이 없다. 본계약이 아니라는 점에서 예약과 유사하지만, 가계약에는 여러 의미를 지니고 있어서 명칭만으로 판단할 것이 아니다. 즉, 예약인지 조건부 계약인지는 그 내용과 당사자의 의사표시에 대한 해석을 통해 판단해야 한다.

2. 일방예약의 성립과 추정

가. 매매예약의 성립

계약자유의 원칙상 위에서 설명한 여러 가지 형태의 예약이 가능하다. 당사자가 어느 예약을 했느냐는 예약내용의 해석을 통해 결정된다. 그런데 어느 예약을 약정한 것인지 불분명한 때에는 일방예약으로 해석하여야 한다. 일방예약이 성립하려면 적어도 예약에 기초해 체결할 본계약의 요소가 되는 매매목적물, 이전방법, 매매가액 및 지급방법 등이 확정 또는 확정할 수 있어야 한다(93다4908).

나. 일방예약의 추정

민법은 상대방(예약권자)에게 예약완결권을 부여하는 일방예약을 규정하고 있다(§564 I). 예약완결권을 부여하려면 당사자의 합의가 있어야 하므로 매매의 일방예약도 낙성계약이다. 또 유상계약에서의 예약은 특약이 없는 한 일방예약으로 추정한다.

3. 일방예약의 법적 성질

일방예약의 법적 성질에 관하여는 예약권자에 의한 완결의 의사표시를 조건으로 하는 정지조건부 매매라는 견해와 정지조건부 매매와 같은 효과가 생기는 특수한 예약이라는 견해가 대립한다. 이들은 매매와 예약이란 용어의 차이를 지적한 것일 뿐 일방예약의 성질을 정지조건부 매매로 규명했다는 점에서 결국 차이가 없다.

Ⅲ. 예약완결권의 성질과 행사

1. 예약완결권의 성질

가. 형성권

예약완결권이란 매매의 일방예약에 기하여 예약권자가 예약자(§564 Ⅱ)에 대하여 매매완결의 의사표시를 할 수 있는 권리이다. 이 권리는 권리자의 일방적

의사표시(완결의 의사표시)에 의하여 매매계약을 성립시키는 것이므로 일종의 형성
권의 성질을 가진다. 대물변제예약에서 완결권의 성질도 마찬가지로 형성권이다
(97다12488).

나. 양도성

예약완결권은 일종의 재산권으로서 채권양도처럼 양도할 수 있다. 이때 양
수인이 예약자에게 예약완결권을 행사하려면 대항력을 갖추어야 한다. 즉 예약권
자는 예약자에게 완결권의 양도를 통지하여야 하며, 제3자에게까지 대항하려면
확정일자 있는 증서에 의하여야 한다(§ 450).

다. 예약완결권의 지분별 가등기

채무자 소유의 부동산을 수인의 채권자가 공동매수인으로 매매예약을 체결
한 경우 각자 지분별로 특정하여 가등기를 했다면 각 지분별로 독립하여 매매예
약완결권을 가진다(2010다82530).

2. 예약완결권의 행사

가. 행사기간을 정한 경우

당사자 사이에 예약완결권의 행사기간을 정한 때에는 이 기간이 경과하여야
완결권이 소멸한다. 판례는 완결권의 행사기간을 30년으로 정했더라도 이 기간이
지나야 완결권이 소멸한다고 보았다(2016다42077).

나. 행사기간을 정하지 않은 경우

행사기간을 정하지 않은 때에는 예약자는 상당한 기간을 정하여 매매완결여
부의 확답을 최고하고(§ 564 Ⅱ), 예약자가 그 기간 내에 확답을 받지 못하면 예약
의 효력이 상실된다(§ 564 Ⅲ). 행사기간의 약정이 없는 때에는 예약이 성립한 때
로부터 10년의 제척기간 내에 행사하지 않으면 소멸한다. 예약완결권의 제척기간
을 도과했는지 여부는 당사자의 주장이 없더라도 법원이 당연히 직권으로 조사
하여야 한다(99다18725).

다. 행사 전 목적물이 멸실된 경우

예약완결권을 행사하기 전에 매매목적물이 멸실되었다면 매매예약 완결의 의사표시를 하여도 매매의 효력이 발생하지 않는다(2013다28247).

Ⅳ. 매매예약의 가등기

1. 가등기와 순위확보적 효력

채권담보 목적으로 부동산에 대한 대물변제예약을 체결한 경우 이를 보전하는 방법으로 가등기를 활용한다는 것은 앞에서 기술한 바와 같다. 즉, 본계약의 성립으로 부동산물권을 이전하여야 할 예약완결권은 가등기할 수 있다(부동산등기법 §88).

가등기된 예약완결권은 제3자에게 대항할 수 있고, 순위확보의 효력을 가지므로 후순위의 등기권리자보다 우선적 효력을 가진다. 이런 효력이 있기 때문에 가등기권자(매수인)가 본등기 절차를 이행하지 않고 소유권이전등기를 경료했더라도 혼동으로 가등기가 소멸하지 않는다(95다29888).

2. 청산의무

가등기에 의한 본등기 절차를 이행한 경우에는 채권자가 폭리를 취할 가능성 때문에 '가등기담보 등에 관한 법률'(약칭: 가등기담보법)에서 청산의무를 정하고 있다(동법 §4).

[2] 매매계약의 체결

Ⅰ. 매매계약의 성립

1. 매매의 의의

매매계약은 당사자 일방이 재산권을 상대방에게 이전할 것을 약정하고, 상대방이 그 대금을 지급할 것을 약정함으로써 성립한다. 이와 같이 매매는 재화를 금전과 교환하는 계약이다. 재산권을 이전한다는 점에서는 교환계약과 같지만, 일방의 채무가 대금지급이라는 점이 교환계약과 다르다(§§ 563, 568).

2. 매매의 법적 성질

매매계약은 일방이 재산권을 이전하고 상대방은 대금을 지급하는 당사자 쌍방의 채무가 대가적인 의미가 있는 쌍무계약이며, 또 당사자 사이의 의사표시의 일치, 즉 합의가 있어야 하는 낙성계약이다. 여기서 합의는 구두로도 가능하고, 서면의 작성을 필요로 하지 않는 불요식계약이다. 매매는 전형계약 중에서 가장 대표적인 유상계약으로 성질상 다른 유상계약에도 준용한다(§ 567).

3. 매매의 성립요건

당사자·목적·의사표시가 법률행위의 성립요건이고, 이들 요건에는 다시 유효요건을 충족해야 효력을 발생한다는 것은 민법총칙에서 학습한 바 있다. 마찬가지로 매매계약이 효력을 발생하려면 일단 성립요건을 갖추어야 한다. 바로 '누가, 무엇을, 어떻게 합의했는가?'이다.

가. 매도인이 목적물의 소유자일 필요는 없다.

매매목적물이 타인의 소유인 경우라도 매매계약은 무효가 되지 않는다(80다557). 이 경우 매도인은 '타인의 권리매매'라는 담보책임을 진다(§ 569). 여기서 목적물은 물권에 한하지 않고, 채권·무체재산권 및 장래에 취득할 재산권도 포함된다.

나. 매매대금과 매매목적물을 특정할 수 있어야 한다.

이들이 계약체결 당시에 구체적으로 특정되어 있을 필요는 없고, 사후에 구체적으로 특정할 수 있는 방법과 기준은 정해져 있어야 한다(84다카2454).

다. 당사자가 미리 채무의 이행시기, 이행장소, 매매비용 등을 정한 것이 아니라면 이들은 계약의 본질적 요소가 아니므로 반드시 합의해야 하는 것은 아니다.

Ⅱ. 계약금, 해약금

1. 계약금의 의의 및 종류

가. 계약금의 의의

계약을 체결하면서 당사자 일방이 상대방에게 교부하는 금전 기타 유가물을 계약금이라고 한다. 계약금의 교부는 당사자 사이의 합의에 의하여 이루어지므로 일종의 계약이며(계약금계약), 금전 기타 유가물의 교부를 요건으로 한다는 점에서 요물계약이다. 또 계약금의 교부 자체가 주된 계약(매매)의 내용이라기보다는 여기에 부수하여 행해지므로 종된 계약으로 파악한다. 그러므로 주된 계약이 무효·취소 또는 해제가 되면 계약금계약도 효력을 상실하게 되어 계약금은 부당이득으로 반환하여야 한다.

주된 계약이 이행될 경우 계약금은 대금의 일부로 충당된다. 계약금은 손해배상액의 예정이 아니므로 손해배상액을 예정하려면 별도의 약정이 필요하다.

나. 계약금의 종류

(1) 증약금 　　당사자의 합의내용이 분명하지 않더라도 수수된 금전이 있었다면 적어도 계약체결의 증거가 된다. 이처럼 증약금은 계약금의 최소한도의 성질을 가진다.

(2) 위약금 　　위약금은 손해의 발생 여부와 관계없이 채무불이행이 있으면 채무자가 채권자에게 지급하기로 약속한 금전이다. 위약금에는 위약벌의 성질을 가진 것과 손해배상액의 예정의 성질을 가진 것의 두 가지가 있는데, 민법은 당사자의 다툼을 피하기 위하여 배상액 예정으로 추정한다(§398 Ⅳ). 따라서 배상액 예정으로 추정되는 경우 채무불이행이 있으면 채권자는 손해액을 증명할 필요 없이 예정액을 청구할 수 있고, 별도로 채무불이행으로 인한 손해배상을 청구할 수 없다. 그러나 위약벌로 약정했다면 손해배상의 예정과는 내용이 다르므로 제398조 제2항을 유추적용하여 감액할 수 없고(2014다14511), 다만 채무불이행으로 인한 손해배상은 청구할 수 있다.

매매계약에서 수수된 계약금은 특약이 없는 경우 해약금이지 위약금이 아니다(2007다24930).

(3) **해약금**　　계약금의 해제권을 유보하는 작용을 하는 계약금을 말한다. 즉, 계약금을 교부한 자는 그것을 포기하고 이를 수령한 자는 그 배액을 상환하여 각각 계약을 해제할 수 있다. 민법은 원칙적으로 계약금을 해약금의 성질을 갖는 것으로 정하고 있다(§565).

(4) **선급금**　　선급금은 내금이라고도 하는데 계약의 성립을 증명하나 독립성이 없고 본질상 대금의 일부변제로 본다. 판례도 공사도급계약상 선급금의 성질은 기성고와 관련해 지급된 것이 아니라, 전체 공사와 관련하여 지급되는 공사대금의 일부로 본다(2014다11574, 11581). 그러므로 선급금을 지급한 후 계약이 해지된 경우 특별한 사정이 없는 한 기성고에 해당하는 공사대금 중 미지급액은 당연히 선급금으로 충당된다.

2. 해약금 추정

민법 제565조에서는 계약 당시 금전 기타 물건을 계약금, 보증금 등 명목으로 교부한 경우 당사자의 일방이 이행에 착수할 때까지 교부자는 이를 포기하고 수령자는 그 배액을 상환하여 매매계약을 해제할 수 있게 하였다. 이 조항은 채무불이행으로 인한 계약해제와 다른 별개의 법정해제제도이다. 즉, 당사자 사이에 계약해제에 관한 합의가 없더라도 제565조에 따라 상대방의 채무불이행과 관계없이 일정한 요건을 갖추면 쌍방에게 계약의 해제권을 인정한다. 그러므로 제565조의 해제권을 배제하는 특약이 없는 이상 계약금은 해약금으로 추정하지 손해배상액의 예정 내지 위약금으로 추정하지 않는다(2007다24930). 그러나 매수인이 위약하였을 때는 이를 무효로 하고, 매도인이 위약하였을 때는 그 배액을 상환할 것을 약정한 경우 계약금은 손해배상액의 예정뿐 아니라, 해약금의 성질도 가진다고 한다(91다2151).

해약금 규정에 따라 매매계약을 해제한 경우에는 제551조의 적용이 배제되므로(§565 II, §551) 손해배상을 청구하지 못한다. 이 점에서 해약금이 '손해배상의 예정'이라는 성질을 부정할 수 없지만, 본질상 채무불이행 시 손해배상의 예정은 아니다.

3. 요건 및 효과

가. 이행의 착수 이전

해제의 의사는 '당사자의 일방이 이행에 착수할 때까지' 표시해야 한다. 중도금의 지급은 대표적인 이행의 착수로 본다(99다62074). 그러므로 이행기 전에 미리 이행에 착수한 경우는 특약이 없는 한 해제할 수 없다. 또 이행에 착수한 자는 상대방이 이행에 착수하지 않았다고 하여 계약을 해제할 수 없다(70다105). 판례는 단순한 이행준비로는 부족하고, 이행을 최고한 후 잔금지급 청구소송을 제기한 것도 이행착수가 아니라고 한다(2007다72274, 72281). 〈사례1a〉는 중도금이 없는 경우이므로 B는 잔금일 전에 계약금을 포기하고 계약을 해제할 수 있을 것으로 보인다. 그러나 A가 계약 당일에 등기권리증을 교부함으로써 이행에 착수하였으니 당사자는 해약금 조항에 따른 계약해제를 할 수 없다.

나. 귀책사유 불필요

당사자의 귀책사유를 요건으로 하지 않는다. 해약금 조항에 의거하여 계약을 해제하면 처음부터 계약은 없었던 것이 된다.

다. 약정계약금이 기준

계약금을 교부한 자는 이를 포기하고, 계약금을 수령한 자는 그 배액을 상환하고 계약을 해제할 수 있다. 계약 당시 약정한 계약금을 일부만 지급했더라도 포기 또는 배액의 기준이 되는 계약금은 실제 '교부받은 계약금'이 아니라, '약정 계약금'이다(2014다231378).

라. 원상회복과 무관

이행에 착수하기 전에 해제하는 것이므로 원상회복의 문제가 발생하지 않는다. 또 해약금 조항에 따라 계약을 해제한 경우에는 따로 손해배상을 청구할 수 없다(§565 Ⅱ, §551).

[3] 매도인의 의무

I. 재산권 이전의무

1. 권리의 이전과 인도

매도인은 매수인에게 매매의 목적이 된 재산권을 이전하여야 할 의무가 있다(§568 I). 재산권 그 자체를 이전하여야 하므로 권리이전에 필요한 등기·등록·인도 등의 공시방법을 갖추어야 한다.

우리 민법에는 재산권의 이전과 함께 인도의무를 명시하지 않고 있다. 이로 인해 부동산매매에서 '목적물의 인도'와 대금지급을 동시이행관계로 파악하지 않는다. 즉, 대금을 지급하지 않는다고 인도를 거절할 수 없다. 〈사례1b〉에서 A가 B에게 잔금 미지급 상태에서 등기를 미리 이전해 주었다면 B와 C에게 매매대금 미지급을 이유로 동시이행을 주장하며 인도를 거절할 수 없고, 유치권도 주장할 수 없다. 판례는 A가 소유권을 이전한 상황에서 따로 점유권까지 인정하는 것은 부당하다고 하여 소유권이전의무를 선이행한 A가 스스로 이런 위험을 감수해야 한다고 한다(2011마2380).

2. 완전한 권리의 이전

특약이나 특별한 사정이 없는 한 이전하여야 할 권리는 아무런 부담이 없는 완전한 권리여야 한다. 그러므로 목적부동산에 근저당권·지상권 등이 설정되어 있거나, 가압류·가처분 등기가 있다면 이를 말소하고 이전해야 한다. 또 타인의 재산권을 매도한 경우 그 권리를 취득하여 매수인에게 이전하여야 하며(§569), 이전할 수 없는 때 매도인은 담보책임을 진다(§§570-572).

매도인의 재산권 이전의무와 매수인의 대금지급의무는 원칙적으로 동시이행 관계에 있다(§568 II). 이들 중 어느 하나가 선이행의무인 경우라도 이행기가 도과하면 그때부터 쌍방의 의무는 동시이행관계에 있다(2011다73472).

3. 종된 권리의 이전

종물은 주물의 처분에 따르는 것이 원칙이므로(§100 II), 특약이 없는 한 종

된 권리도 이전하여야 한다. 예컨대, 타인토지상의 건물을 매도하는 자는 지상권
도 같이 양도해야 한다. 판례는 구분건물의 대지지분이 등기되기 전에 근저당권
이 설정된 전유부분에 대해서만 경매절차를 통해 낙찰자에게 이전된 경우에는
대지지분도 함께 이전된다고(2001다22604) 하여 대지지분의 종물성을 인정한다.

Ⅱ. 과실의 귀속

1. 인도하기 전의 과실귀속

원물로부터 분리할 때 수취권자에게 과실이 귀속한다는 것이 원칙이고(§102),
수익권은 소유권의 내용이기도 하다(§211). 그렇다면 매도인이 소유권을 보유하
고 있는 동안에만 과실수취권이 있어야 한다. 그런데 매매계약에서는 당사자 사
이의 형평을 꾀하기 위하여 이행기 이후 인도하기 전에 목적물로부터 생긴 과실
은 매도인에게 속한다고 정하고 있다(§587 1문). 이행기 전에 매수인이 목적물을
미리 인도받았다면 과실수취권은 매수인에게 있다.

2. 대금완납과 과실귀속

매수인이 매매대금을 완납한 때에는 목적물을 매수인에게 인도하지 않았더
라도 완납 이후의 과실수취권은 매수인에게 있다(93다28928). 매수인이 매매대금
을 완납하지 않은 상태에서 매도인이 목적물의 인도를 지체해도 과실은 매도인
에게 귀속되며, 인도의 지체를 이유로 손해배상을 청구할 수도 없다(2004다8210).

[4] 매수인의 의무

Ⅰ. 대금지급의무

매도인의 재산권 이전의무에 대한 반대급부로서 매수인은 대금지급의무를
진다(§568 Ⅰ). 대금의 지급은 금전채무의 이행으로서 금전채권에 관한 규정이 적
용된다(§§376 이하).

1. 대금지급의 시기와 장소

매매의 당사자 일방에 대한 의무이행의 기한이 있는 때에는 상대방의 의무이행에 대하여도 동일한 기한이 있는 것으로 추정한다(§585). 이들 채무가 동시이행관계에 있다고 보기 때문이다. 그리고 매도인이 매매 목적물의 인도와 동시에 대금을 지급하여야 할 경우 다른 약정이나 관습이 없는 한 목적물의 인도장소가 곧 대금지급장소가 된다(§586). 이는 변제장소에 관하여 정하고 있는 제467조의 특칙이다.

2. 대금의 이자

매수인이 미리 목적물의 인도를 받았다면 받은 날부터 대금의 이자를 지급해야 한다(§587 2문). 단, 매수인이 목적물을 먼저 인도받았더라도 그에게 대금지급을 위한 유예기간이 주어졌다면 기한이 경과한 다음부터 지연에 대한 이자를 지급하여야 한다(§587 단서). 또한 동시이행관계와 같이 매수인에게 대금지급을 거절할 정당한 사유가 있는 경우에도 이자를 지급할 의무가 없다(2016다246800).

〈**사례1c**〉에서 A가 잔금을 받기 전에 B에게 전답을 미리 인도했다면 농산물 수취권은 B에게 있더라도 A는 B에게 인도받은 날 이후의 잔금에 대한 이자를 청구할 수 있다. 이와 함께 A는 B가 잔금지급을 지체한 데 대하여 채무불이행에 따른 책임을 물을 수 있다.

3. 대금지급의 거절

매수인이 동시이행항변권을 원용할 수 있는 경우 대금지급을 거절할 수 있다(§536). 그 밖에 매매의 목적물에 대하여 권리를 주장하는 자가 있는 경우와 매수인이 매수한 권리의 전부나 일부를 상실할 염려가 있는 때에 매수인은 그 위험의 한도에서 대금의 전부나 일부의 지급을 거절할 수 있다(§588). 예컨대, 매매계약 후에 매매목적물의 등기부상 소유자가 매도인이 아닌 것이 발견되었거나(73다1632), 아파트 분양회사의 신용상태 악화로 입주가 곤란할 현저한 사유가 있다면(2004다24106, 24113) 매수인과 수분양자는 선행의무인 중도금의 지급을 거절할 수 있다.

그러나 매도인이 상당한 담보를 제공한 때에는 대금지급을 거절할 수 없다 (§588 단서). 매수인이 대금지급을 거절할 경우 매도인은 매수인에게 대금의 공탁을 청구할 수 있다(§589).

Ⅱ. 목적물 수령의무

매수인에게 수령의무를 인정할 것인지에 관해서는 채권자지체의 법적 성질을 어떻게 보느냐에 달려있다. 이와 관련하여 학설은 크게 채무불이행책임설과 법정책임설로 나뉜다(채권총론 83면 이하 참조). 매수인에게 수령의무를 인정하는 채무불이행설과 달리 법정책임설은 채권자의 수령의무를 부정한다. 그러나 매수인의 수령의무를 이처럼 획일적으로 판단할 것은 아니라고 본다. 왜냐하면 매매계약에 있어서 매도인과 매수인의 권리관계는 상호 대등한 관계로서 채권의 대내적 효력인 급부보유력에는 수령할 의무도 따르기 때문이다. 권리를 포기할 수는 있지만, 의무를 포기할 수는 없다. 매수인에게 급부보유력을 인정하면서 수령의무를 부정하는 것은 권리이전에 대한 모든 책임을 매도인에게 전가시키려는 것과 같다. 이 점에서 보면 매수인의 수령의무는 매매라는 대등한 계약관계에 따라 판단해야 한다.

[5] 매도인의 담보책임

Ⅰ. 담보책임의 의의 및 특징

1. 의　의

담보책임이란 매매목적인 재산권 또는 그 재산권의 객체인 물건의 하자로 인하여 매도인이 매수인에 대하여 지는 책임을 통틀어서 지칭하는 용어이다. 제570조 내지 제584조에서 규정하고 있는 이 담보책임은 크게 권리의 하자에 대한 담보책임과 물건의 하자에 대한 담보책임으로 분류된다. 또 이들 담보책임에 관한 규정은 매매 이외의 유상계약에도 준용된다.

2. 담보책임의 특징

민법은 채권의 효력(§§ 387 – 407)에서 채무불이행에 대하여 정하고 있음에도 불구하고, 매매의 효력(§§ 568 – 589)에서 매도인의 담보책임에 대한 규정을 두고 있다. 이에 따라 담보책임은 채무불이행책임과 다른 특징을 지니고 있다.

첫째, 담보책임은 채무불이행에 관한 일반규정이 아닌 매매계약상 별도의 규정에 책임근거를 두고 있으며,

둘째, 채무불이행에서는 채무자에게 고의·과실을 요건으로 하는데 반하여, 담보책임에서는 매도인의 고의·과실을 따지지 않고 권리하자의 경우 매수인의 선의·악의에 따라 책임내용을 달리하고 있으며,

셋째, 계약체결상의 과실책임이 문제되는 원시적 불능의 경우 담보책임을 부담하는 규정(§ 574)이 있으며,

넷째, 채무불이행책임에서 손해배상청구권은 통상 10년의 소멸시효에 걸리지만, 담보책임에서는 1년 또는 6개월의 단기 제척기간을 정하여(§§ 573, 575, 582) 채권관계를 신속하게 마무리한다.

3. 담보책임의 법적 성질

담보책임의 법적 성질에 대하여 학설은 법정책임설과 채무불이행설로 나뉜다. 법정책임설은 유상계약에서 대가관계의 유지를 위한 공평의 원리에 의하여 법률로 인정된 무과실책임이라고 한다. 즉, 채무불이행책임과 무관한 별도의 책임이라는 것이다. 채무불이행설은 담보책임도 본질적으로 채무불이행책임의 성격을 갖지만 매매계약의 특수성으로 인하여 특별책임으로서 요건과 효과를 달리 정했다고 한다. 그러므로 손해배상의 범위도 채무불이행책임과 같이 이행이익으로 본다.

생각건대, 담보책임을 과연 무과실책임이라고 단정지을 수 있을지 의문이다. 매도인이 하자 있는 권리를 이전하거나 하자 있는 물건을 인도했다는 것만으로도 매도인에게 귀책사유까지는 아니라도 선관주의의무(§ 374)의 위반이 문제될 수 있기 때문이다. 계약의 이행이 있었으나 하자가 있다는 것은 담보책임의 본질인 이행이 불완전하다는 것이어서 채무불이행으로 보는 것이 타당하다. 다만, 고의·과

실을 따지지 않고 담보책임을 추궁할 수 있다는 것으로 이해해야 할 것이다.

4. 다른 제도와의 관계

가. 원시적 불능과 담보책임

채권의 목적이 성립 당시에 불능인 경우 그 불능부분에 대하여 채권은 처음부터 성립하지 않는다는 법리가 원시적 불능이다. 이 법리가 타인소유물의 매매와 같은 주관적 불능에는 영향을 미치지 않는다. 즉, 남의 물건을 매매했더라도 계약은 무효가 되지 않고 유효하게 성립한다(§ 569).

한편 객관적 불능에서는 전부불능인 경우와 일부불능인 경우가 다르다. 객관적 전부불능인 경우에는 계약이 처음부터 성립하지 않으므로 담보책임이 문제되지 않으며, 계약체결상의 과실책임이 문제된다(§ 535). 이와 달리 객관적 일부불능의 경우에는 원시적 불능의 법리가 적용되지 않으며, 계약이 유효하게 성립하고 매도인은 불능부분에 대하여 담보책임을 부담한다(§§ 574, 580).

나. 계약체결상의 과실책임과 담보책임

기술한 바와 같이 객관적·원시적 전부불능인 경우에는 계약이 처음부터 성립하지 않으므로 계약체결상의 과실책임이 문제되지만, 계약의 성립이 인정되는 원시적·주관적 불능과 원시적·객관적 일부불능에는 계약체결상의 과실책임이 문제되지 않고 매도인이 담보책임을 부담한다.

다. 위험부담과 담보책임

매도인의 귀책사유 없이 목적물이 후발적으로 전부멸실한 경우에는 제537조와 제538조에 따른 위험부담이 적용된다. 그러나 목적물의 일부가 멸실된 경우에는 담보책임이 우선적으로 적용된다(§ 574).

라. 착오와 담보책임

매수인이 목적물의 하자를 모르고 계약을 체결한 경우 착오(§ 109)와 담보책임의 요건을 모두 충족함으로써 경합이 문제될 수 있다. 다수설은 거래의 신속을 위해 착오취소를 배제하고 매도인에게 담보책임만 물을 수 있다고 한다. 이는 착오에 대한 규정이 일반규정임에 비하여, 담보책임은 특별규정의 성격을 갖기 때문이다. 더구나 착오의 경우 취소권의 행사기간이 3년으로 비교적 길고(§146 참조), 손해배상청구권이 없으므로 담보책임 대신에 착오를 주장할 특별한 실익이 없다.

마. 사기취소와 담보책임의 경합

매도인의 기망에 의하여 타인의 물건을 매도인 소유로 알고 매수한 경우 판례는 사기취소와 담보책임의 경합을 인정한다(73다268). 이처럼 착오의 경우와 달리 취급한 이유는 선의의 매수인의 신뢰이익을 보호할 뿐만 아니라, 기망행위로 인하여 타인 물건인 줄 모르고 매수한 매수인을 보호하려는 데 있다.

바. 채무불이행책임과의 경합

계약이 성립된 후에 권리의 하자나 물건의 하자에 대하여 매도인에게 귀책사유가 있다면 담보책임과 함께 채무불이행책임의 요건도 충족한다. 이들 책임이 경합할 경우 담보책임을 채무불이행책임의 특칙으로 이해하는 채무불이행책임설에 의하면 원칙적으로 담보책임만 적용한다. 다만, 담보책임으로 보호받을 수 없을 경우에는 채무불이행책임을 추궁할 수 있을 것이다. 판례는 성토작업 시 다량의 폐기물을 몰래 매립한 토지매도인이 협의취득절차를 통하여 공공사업시행자에게 매도하여 매수인에게 토지의 폐기물처리비용 상당의 손해를 입힌 경우 하자담보책임과 채무불이행책임의 경합을 인정하였다(2002다51586, 2001다70337). 또한 상인 간에 오염된 토지매매에서 토지를 인도받은 후 6개월이 경과한 시점에서 하자를 통지한 경우, 담보책임의 특칙인 상법 제69조 제1항의 적용을 배제하고 불완전이행에 기한 채무불이행책임을 인정한 판례도 있다(2013다522).

Ⅱ. 매도인의 담보책임 내용 개관

1. 담보책임의 발생원인

가. 권리에 하자가 있는 경우

① 권리의 전부 또는 일부가 타인에게 속하는 경우(§§569-573)

② 수량부족·일부멸실과 같이 권리의 일부가 전혀 존재하지 않는 경우(§574)

③ 권리가 타인의 권리에 의하여 제한을 받는 경우(§§ 575 – 577)

나. 물건에 하자가 있는 경우

① 특정물매매에 있어서 목적물에 하자가 있는 경우(§ 580)

② 종류물매매에 있어서 목적물에 하자가 있는 경우(§§ 581, 582)

다. 경매에 있어서 담보책임의 특칙(§§ 578, 580 Ⅱ)

라. 채권매매에서 채무자의 자력에 대한 담보책임(§ 579)

2. 담보책임의 내용

매도인의 담보책임은 그 발생원인 및 매수인의 선의·악의에 따라 각각 다르다. 그러므로 매수인은 일정한 요건 아래 계약해제권·대금감액청구권·손해배상청구권·완전물급부청구권 등을 행사할 수 있다.

또 매도인이 담보책임으로서 손해배상책임을 지는 경우에 손해의 범위가 어디까지인지 문제된다. 담보책임의 법적 성질에 따라 법정책임설에서는 신뢰이익으로 한정하는데 비하여 채무불이행책임설에서는 이행이익을 포함한다고 한다. 판례는 타인의 권리를 매매한 경우 손해배상의 범위를 이행이익으로 보았다(77다2290).

Ⅲ. 권리의 하자에 관한 담보책임

1. 재산권의 전부가 타인에게 속하는 경우

가. 요 건

(1) 타인 소유의 물건이어야 한다. 자기 물건을 요건으로 하지 않으므로 타인 소유의 물건이라도 매매의 객체가 될 수 있다. 그러므로 원시적 불능으로서 무효가 되지 않고, 계약당사자 사이의 계약은 유효하다(93다24445). 이때 매도인은 소유권을 취득하여 매수인에게 이전해 줄 의무를 부담하며(§ 569), 매수인에게 이전할 수 없는 때에는 담보책임을 부담한다(§ 570).

(2) 매매목적물이 현존하고 있어야 한다. 목적물이 처음부터 존재하지 않거

나, 존재했었지만 멸실된 때에는 담보책임이 문제되지 않는다. 이 경우 원시적 불능으로서 계약체결상의 과실책임이 문제되거나, 이행불능과 위험부담의 책임을 물을 수 있다.

(3) '이전할 수 없다는 것'은 엄격하게 해석하지 않는다. 제570조 1문에서 '이전할 수 없다는 것'은 채무불이행에 있어서 이행불능과 달리 사회통념상 매수인에게 해제권을 행사시키거나 손해배상을 구하게 하는 것이 형평에 타당하다고 인정되는 정도의 이행장애가 있으면 족하고 반드시 객관적 불능에 한하는 엄격한 개념은 아니라고 한다(80다2750).

(4) 매도인의 권리이전의무가 이행기 이후에 불가능하게 된 경우라도 무방하다. 매매 당시에는 매도인의 소유였으나 매도인이 타인에게 처분하여 그가 유효하게 권리를 취득함으로써 매수인이 권리를 취득할 수 없게 된 경우이다.

(5) 매도인의 권리이전 불가능에 있어 매수인에게 귀책사유가 없어야 한다. 매수인의 귀책사유로 인하여 매도인이 권리를 이전할 수 없게 되었다면 매도인은 담보책임을 지지 않는다. 예를 들어, 타인의 권리를 매도한 매도인이 타인으로부터 물건을 매수하여 이전할 수 없도록 매수인이 직접 타인과 거래하여 물건을 매수한 경우이다.

나. 책임의 내용

매수인이 선의인 때에는 계약을 해제할 수 있고, 동시에 손해배상도 청구할 수 있다. 그러나 매수인이 악의인 때에는 계약을 해제할 수 있을 뿐이지 손해배상은 청구할 수 없다(§570 단서). 〈사례3〉에서 C는 악의이므로 선의취득이 인정되지 않고, 다만 B에게 담보책임으로 계약을 해제할 수 있을 뿐이다. 그러나 이행불능이 B의 귀책사유로 인한 것이라면 C는 계약을 해제하고 손해배상을 청구할 수 있다(§§546, 390). 그런데 A가 B의 처분행위를 추인했다면 C는 B에게 담보책임을 물을 수 없다. 왜냐하면 C가 반지의 소유권을 취득할 수 있기 때문이다. 여기서 A는 B의 처분행위를 추인한 것이지, B의 소유권을 인정해 준 것이 아니므로 매매계약의 당사자는 B와 C가 아니라, A와 C가 된다(처분수권이론 참조). 이는 C가 B에게 담보책임을 물을 수 없는 이유이기도 하다.

다. 선의의 매도인의 해제권

매도인이 계약 당시에 매매의 목적이 된 권리가 자기에게 속하지 않음을 알지 못한 경우 그 권리를 취득하여 매수인에게 이전할 수 없는 때에는, 매도인은 손해를 배상하고 계약을 해제할 수 있다(§571 I). 그러므로 수 개의 권리를 일괄하여 매매의 목적으로 정하였으나 그 중 일부의 권리를 이전할 수 없는 경우에는 제571조 제1항은 적용되지 않는다(2002다33557). 이와 반대로 매도인은 선의였는데 매수인이 악의인 경우에는 매도인은 매수인에 대하여 그 권리를 이전할 수 없음을 통지하고 계약을 해제할 수 있다(§571 II). 이 규정은 선의의 매도인에게 무과실의 손해배상책임을 부담하도록 하면서 그를 보호하기 위하여 계약관계에서 신속하게 벗어날 수 있도록 특별히 해제권을 부여한 것이다(92다25946).

2. 일부가 타인의 권리인 경우

가. 요　건

매매의 목적인 권리의 일부가 타인에게 속하기 때문에 매도인이 그 권리를 취득하여 매수인에게 이전할 수 없는 경우이다(§572). 즉, 매매의 목적이 원시적·주관적으로 일부불능인 경우이다. 예컨대, 건물과 대지를 동시에 매매함에 있어서 건물의 일부가 경계를 침범하여 이웃 토지 위에 건립되어 있는 경우 매도인이 경계를 침범한 건물의 대지부분을 취득하여 매수인에게 이전하지 못하는 경우이다(2009다33570).

나. 책임의 내용

(1) 대금감액청구권　　매수인은 선의 및 악의 여부와 무관하게 이전받을 수 없는 부분의 비율로 대금의 감액을 청구할 수 있다(§572 I). 이 청구권은 형성권이며 계약의 일부해제의 성질을 가진다.

(2) 해제권　　선의의 매수인은 잔존한 부분만이면 이를 매수하지 않았을 때에는 계약전부를 해제할 수 있다(§572 II).

(3) 손해배상청구권　　선의의 매수인은 감액청구 또는 계약해제 외에 손해배상을 청구할 수 있다(§572 III). 이 경우 판례는 매도인이 배상하여야 할 손해의

범위를 이행이익으로 본다(92다37727).

(4) **제척기간**　　위 3가지 권리는 매수인이 선의인 경우 권리를 이전할 수 없게 되었다는 사실을 안 날로부터, 악의인 경우에는 계약한 날로부터 1년 내에 행사하여야 한다(§573).

3. 수량부족·일부멸실의 경우

가. 규정취지

수량을 지정한 매매의 목적물이 부족한 경우와 매매목적물의 일부가 계약 당시에 이미 멸실된 경우에 매수인이 그 부족 또는 멸실을 알지 못한 때에 매도인은 담보책임을 진다(§574). 이 규정은 채무의 일부를 원시적으로 이행할 수 없는 경우에 대가적인 계약관계를 조정하여 등가성을 유지하려는 데 목적이 있다 (92다30580).

나. 요　건

(1) **수량을 지정한 매매에 있어서 수량부족의 경우**　　'수량을 지정한 매매'란 매매목적물이 일정 수량을 가지고 있다는 데 중점을 두고 대금도 그 수량을 기준으로 하여 정한 경우를 말한다(2002다65189). 수량지정 매매는 특정물매매에서만 인정된다. 종류물매매에서 급부된 물건이 부족한 때에는 채무불이행이 문제되기 때문이다.

부동산매매에 있어서 매매대금을 평당단가로 계산한 경우는 수량매매가 되지만, 평당단가가 아닌 전체로서의 대금을 정한 경우는 수량매매가 부정된다(90다15433). 즉, 특정 지번의 토지매매에서 실제면적이 등기부에 기재된 면적보다 부족하여도 수량을 지정한 매매로 보지 않는다.

(2) **목적물의 일부가 '계약 당시' 멸실된 경우**　　이 경우는 원시적 일부불능이다. 그렇다면 계약체결상의 과실책임을 정하고 있는 제535조가 적용될 수 있을까? 판례는 수량지정매매에 해당한다면 담보책임만 물을 수 있을 뿐, 멸실부분의 무효를 근거로 한 부당이득반환이나 제535조에 따른 책임을 청구할 수 없다고 한다(99다47396).

다. 책임의 내용

매수인이 선의라면 권리의 일부가 타인에게 속하는 경우에 관한 규정(§§ 572, 573)을 수량부족이나 일부멸실의 경우에도 준용한다. 이에 따라 선의의 매수인은 대금감액청구권·계약해제권·손해배상청구권을 가진다(§§ 574, 572).

4. 용익적 권리에 의하여 제한된 경우

가. 요 건

(1) 용익적 권리에 의하여 매매의 목적물이 제한되어 있어야 한다. 여기서 용익적 권리는 지상권·지역권·전세권·질권·유치권(§ 575 Ⅰ), 매매목적물을 위하여 존재할 지역권이 없는 경우·등기된 임대차계약이다(§ 575 Ⅱ). 등기된 임대차에는 특별법에 의하여 대항력을 가진 임차권을 포함한다(주택임대차법 § 3 Ⅴ, 상가임대차법 § 3 Ⅲ). 저당권은 비점유질이므로 용익권능이 없으므로 본조의 제한물권에 해당하지 않는다.

(2) 용익권의 제한으로 인하여 매수인이 계약의 목적을 달성할 수 없어야 한다. 용익권의 제한이란 매수인의 사용·수익에 지장을 주는 것이다. 목적을 달성할 수 없다는 것은 매수인이 용익권을 알았다면 계약을 체결하지 않았을 정도면 충분하다. 물론 매수인이 이들 용익권의 제한을 인수하였다면 담보책임이 없다.

(3) 매수인이 선의여야 한다(§ 575).

나. 책임의 내용

용익적 권리로 인하여 계약의 목적을 달성할 수 없는 경우 매수인은 계약을 해제하고 손해배상도 청구할 수 있다. 기타의 경우에는 손해배상만을 청구할 수 있다(§ 575 Ⅰ). 이 경우에는 대금감액청구권이 부정된다. 〈사례4〉에서 B가 주택에 입주할 목적으로 매입한 것이라면 계약해제와 함께 손해배상을 청구할 수 있지만, 그렇지 않다면 임대료 상당의 손해배상만 청구할 수 있을 것이다(§ 575 Ⅰ 단서).

매수인은 용익권의 존재나 지역권의 소멸을 안 날로부터 1년 내에 행사하여야 한다(§ 575 Ⅲ).

5. 저당권·전세권에 의하여 제한된 경우

가. 요 건

(1) 매매의 목적이 된 부동산에 설정된 저당권 또는 전세권이 행사되었어야 한다.

(2) 저당권·전세권의 행사로 인하여 매수인이 권리의 취득불가, 취득한 권리의 상실 또는 권리보존을 위한 조치를 했어야 한다(§576 Ⅰ·Ⅱ).

(3) 지상권·지역권에는 경매청구권이 없어 소유권을 상실할 위험이 없으므로 본조의 적용이 없다. 판례는 가등기가 된 부동산을 매수했는데 이후에 본등기가 경료된 때(92다21784)와 가압류가 된 부동산을 매수했는데 가압류에 기한 강제집행으로 소유권을 상실한 때(2011다1941)에는 본조를 적용한다.

(4) 매수인의 선의·악의를 묻지 않는다. 매수인이 전세권이나 저당권이 존재를 알았다고 하여 매도인의 소유권 이전에 장애가 되지 않을 뿐만 아니라, 매매부동산의 경매처분까지 허용한 것은 아니기 때문이다.

(5) 본조의 규정은 저당권의 목적으로 되어 있는 지상권이나 전세권이 매매의 목적인 경우에도 준용된다(§577).

나. 책임의 내용

매수인의 선의·악의와 무관하게 그가 소유권을 취득할 수 없거나 소유권을 상실한 경우에는 계약해제와 동시에 손해배상을 청구할 수 있다(§576 Ⅰ·Ⅱ).

또 매수인이 출재하여 소유권을 보존한 경우에는 그 상환청구와 함께 손해배상을 청구할 수 있다(§576 Ⅱ·Ⅲ). 변제자대위 규정(§481)에 따르면 출재한 것의 상환청구만 가능하지만 본조에 따르면 손해배상도 청구할 수 있다는 차이가 있다. 〈**사례4**〉에서 C의 경매신청으로 소유권이 말소될 위기에 처한 B는 C에게 전세금을 지급하여 경매를 취하시킨 다음 A에게 전세금의 상환을 청구할 수 있고, 손해가 있으면 그 배상도 청구할 수 있다.

본조에서 매수인의 손해배상청구권에는 제척기간의 제한이 없다(§576 Ⅲ).

Ⅳ. 물건의 하자에 대한 담보책임(하자담보책임)

1. 특정물 및 종류물의 하자

매매의 목적물에 하자가 있는 경우 일정한 요건을 충족한 때에 매수인은 매도인에게 담보책임을 물을 수 있다. 이와 같이 매매물건에 하자가 있는 경우에 대한 매도인의 담보책임을 권리의 하자에 대한 담보책임과 구별하여 보통 '하자담보책임'이라고 부른다. 이 담보책임은 특정물에 하자가 발생한 경우(§ 580)뿐만 아니라, 종류물에 하자가 발생한 경우(§ 581)에도 인정되고 있으며, 실무상 가장 많이 적용되는 제도이다.

2. 요　건

가. 매매목적물에 하자가 존재할 것

(1) 하자의 개념　　하자의 개념에 대하여 학설은 주관설, 객관설, 병존설이 있으나, 특정 학설을 기준으로 판단할 것은 아니고 그때그때의 계약내용에 따라 판단하는 것이 가장 합리적일 것이다. 판례의 태도를 보면 이러한 판단에 가깝다고 여겨진다. 즉 거래관념상 동종의 물건이 통상 가지고 있는 품질·성능을 결한 경우(98다18506), 당사자 사이에 합의한 품질·성능이 없는 경우(2000다17834), 계약상 예정된 사용목적에 대한 적절성을 결한 경우(95다2616), 매도인이 미리 견본이나 광고로 목적물의 특수한 품질이나 성능을 표시하고도 급부된 물건이 견본이나 광고와 다른 경우(94다23920) 등에서 폭넓게 하자를 인정하고 있다.

(2) **법률상 하자의 판단**　　예를 들어, 매수한 토지가 건축이 불가능하거나 일부가 공원용지인 경우와 같은 '법률상 하자'가 있을 때 어떤 담보책임을 물을 수 있을지 문제된다. 권리하자와 물건하자에 대한 담보책임의 내용이 서로 다르기 때문이다. 특히 경매를 통해 매수한 물건에 법률상 하자가 있는 경우 이를 권리하자로 본다면 문제가 없지만 물건하자로 본다면 제580조 제2항에 따라 매도인은 담보책임을 지지 않게 된다. 학설은 권리하자로 보고 있는데 반하여, 판례는 물건하자로 판시하고 있다(98다18506, 79다827). 이런 경우 다른 약정이 없다면 부동산의 공적 부담에 대하여 매도인이 책임을 진다는 독일민법의 규정을 참고할 만하다(§ 436).

(3) 하자의 판단시점　　　하자에 대한 판단을 어느 시점을 기준으로 할 것인지에 대하여 판례는 특정물매매에 관하여 계약의 성립시기가 기준이 된다고 한다(98다18506). 학설은 계약체결 시, 물건의 특정 시 등 여러 견해가 있으나, 특정물·종류물을 구분하지 않고 위험이 이전되는 물건의 인도 시가 가장 합리적인 견해로 보인다. 왜냐하면 계약이나 하자의 성질, 하자의 치유가능성 등을 모두 고려하는 것이 쉽지 않고, 인도하기 이전의 하자 여부를 판단하는 것이 여의치 않으며, 종류물매매와 구별할 필요가 없기 때문이다. 종류물이라도 이행시점에 구체적으로 특정된 물건을 인도해야 하는 것은 특정물매매와 차이가 없으므로 특정물매매와 종류물매매의 담보책임의 내용이 다르다고 하여(예를 들면 완전물이행청구, §581 Ⅱ) 하자의 판단시기까지 다르다고 볼 것은 아니다.

나. 매수인이 선의·무과실일 것

매수인이 하자가 있는 것을 알았거나 과실로 인하여 알지 못한 때에는 매도인은 담보책임을 지지 않는다(§§580 Ⅰ 단서, 581 Ⅰ). 그러므로 매도인에게 담보책임을 지우려면 매수인은 하자를 몰라야 하고(선의), 알지 못하는 데 과실이 없어야 한다(무과실). 물론 매수인이 자신의 선의·무과실을 스스로 입증할 필요는 없다. 오히려 매도인이 매수인에게 악의 또는 과실이 있음을 입증하여 담보책임을 면할 수 있다.

3. 책임내용

가. 계약의 목적달성이 불가능한 경우

계약의 목적을 달성할 수 없으려면 하자를 쉽게 보수할 수 없어야 한다. 또 매수인은 하자를 몰랐거나 하자를 모르는데 과실이 없어야 하며, 이 경우 계약을 해제함과 동시에 손해배상을 청구할 수 있다(§§580 Ⅰ, 581 Ⅰ, 575 Ⅰ 1문). 그러므로 매수인이 하자 있는 것을 알았거나 과실로 인하여 이를 알지 못한 때에는 매도인에게 담보책임을 물을 수 없다. 예컨대, 매수인이 현장을 답사했는데도 30평 중 10평이 도로로 사용 중인 것을 몰랐다면 매수인에게 과실이 있다(79다827).

나. 그 밖의 경우

목적물의 하자가 계약의 목적을 달성할 수 없을 정도가 아닌 경우에 매수인은 계약을 해제하지 못하고 손해배상만을 청구할 수 있다(§§ 580 I, 581 I, 575 I 2문).

다. 완전물급부청구

종류물매매의 경우 매수인은 계약의 해제 또는 손해배상의 청구에 갈음하여 하자가 없는 완전물의 급부를 청구할 수 있다(§ 581 II). 그러나 공평의 원칙에 반하는 경우에는 완전물급부청구권이 제한될 수 있다. 예컨대, 신차를 매수하였는데 5일 만에 속도계기판이 작동하지 않자 다른 신차로 교환을 요구한 사안에서 판례는 매도인에게 지나친 불이익이나 부당한 손해로 등가관계를 파괴할 경우에는 완전물급부청구권의 행사를 제한할 수 있다고 하였다(2012다72582).

라. 6개월의 제척기간

매수인이 매도인에 대하여 가지는 계약해제권·손해배상청구권·완전물급부청구권은 목적물에 하자가 있다는 사실을 안 날로부터 6개월 내에 행사하여야 한다(§ 580 II). 이 기간은 재판상 또는 재판 외의 권리행사기간이다(2003다20190).

마. 담보책임의 특칙

상사매매에 있어서 담보책임에 관하여는 상법에서 특칙을 두고 있다. 이에 따르면 매수인이 목적물을 수령한 때에는 지체없이 이를 검사하여야 하며, 하자 또는 수량의 부족을 발견한 경우에는 즉시 매도인에게 그 통지를 발송하지 아니하면 이로 인한 계약해제·대금감액·손해배상을 청구하지 못한다(상법 § 69 I). 하자를 용이하게 발견할 수 있는 전문적 지식을 가진 매수인에게 신속한 검사와 통지의 의무를 부과함으로써 상거래를 신속하게 결말짓도록 하기 위한 규정이다(86다카2446).

V. 경매의 경우의 특칙

1. 특별규정

경매는 법원에 의해 재산권이 이전되는 특수성으로 인해 경매절차의 안정을 도모할 필요와 매매를 전제로 한 담보책임 규정을 경매에 그대로 적용하는 것은 부당하다는 고려에서 민법은 경매에 있어서의 담보책임에 관한 특별규정을 두고 있다(§§ 578, 580 Ⅱ). 여기서 경매란 민사집행법상 공경매(강제경매, 담보권실행을 위한 경매)와 국세징수법상의 공매를 의미한다(2014다80839).

이들 특별규정에 따르면, 경매의 경우에는 권리의 하자에 대한 담보책임만 인정하고(§ 578), 물건의 하자에 대한 담보책임은 인정하지 않는다(§ 580 Ⅱ).

2. 책임내용

경매절차를 통해 경락받은 물건에 제570조 내지 제577조에 따른 권리상의 하자가 있을 때 경락인은 제1차적으로 채무자(매도인)에 대하여 계약의 해제 또는 대금감액을 청구할 수 있다(§ 578 Ⅰ). 이 경우 채무자가 무자력인 때에는 경매과정에서 대금을 배당받은 채권자에게 2차적인 책임을 물을 수 있다. 즉, 경락인은 채권자에 대하여 그가 받은 대금의 전부나 일부의 반환을 청구할 수 있다(§ 578 Ⅱ). 이 규정은 매도인의 위치에 있는 채무자나 채권자에게 담보책임을 부담시켜 경락인을 보호하기 위한 규정으로서 경매절차 자체가 무효인 경우에는 담보책임을 물을 수 없다(92다15574).

한편 경매에 있어서 권리하자의 경우 계약해제나 대금감액 이외에 손해배상책임은 원칙적으로 발생하지 않는다. 그 이유는 경매가 채무자의 의사에 의하여 이루어지는 것이 아니기 때문이다. 그러나 채무자가 물건 또는 권리의 흠결을 알고 고지하지 않거나, 채권자가 이를 알고 경매를 청구한 때에는 경락인은 그 흠결을 안 채무자나 채권자에 대하여 손해배상을 청구할 수 있다(§ 578 Ⅲ).

Ⅵ. 채권매도인의 채무자자력에 대한 담보책임

1. 채무자자력에 관한 담보책임

채권을 매매하였는데 채무자에게 변제자력이 없는 경우 채권의 매수인(양수인)은 채권을 변제받지 못할 수 있다. 이때 매수인은 채권의 매도인(양도인)에게 채권에 하자가 있다는 이유로 담보책임을 물을 수 있을지 의문이다. 이와 관련하여 제579조는 채권의 매도인이 채무자의 자력을 담보한 때에 한하여 그에게 담보책임을 지울 수 있다고 정한다. 즉, 매도인이 채무자의 자력을 담보하는 특약을 하지 않았다면 채무자에게 변제자력이 없더라도 담보책임이 없다는 것이다.

2. 채무자자력에 대한 담보특약이 있는 경우

매도인이 매수인에 대하여 채무자의 자력을 담보하는 특약을 해 주었는데 채무자에게 변제자력이 없다면 매도인이 담보책임을 부담한다(§579). 이러한 특약을 한 경우 제579조 제2항에서는 '변제기에 도달하지 않은 채권'의 매도인이 채무자의 자력을 담보한 때에는 변제기의 자력을 담보한 것으로 추정한다고 정하고 있다. 그런데 동조 제1항에서는 단순히 '채권의 매도인'이 매매계약 당시의 자력을 담보한 것으로 추정한다고 하여 어느 채권인지에 대하여 명시하지 않고 있다. 판단컨대, '변제기에 도달하지 않은 채권' 이외의 변제기가 이미 도래한 채권, 변제기의 약정이 없는 채권 등은 동조 제1항에 따라 매매계약 당시의 자력을 담보한 것으로 해석해야 할 것이다.

담보책임의 내용은 채무자에게 변제자력이 없는 경우에 매도인이 매수인의 손해를 배상하는 것이다. 손해배상의 범위는 담보한 시기의 채권액과 그 시기 이후의 이자이다.

Ⅶ. 담보책임 및 동시이행과 면제특약의 제한

1. 담보책임과 동시이행

제572조 내지 제575조, 제580조 및 제581조의 경우에 동시이행항변권에 관한 규정을 준용한다(§583). 즉, 매수인이 계약해제나 손해배상을 청구할 경우에는 매

도인과의 권리·의무가 동시이행관계에 있다는 것이다. 이는 계약당사자의 의무가 쌍무계약상 발생한 것이 아니라도 서로 밀접한 관계에 있어 이행의 견련관계를 인정하는 것이 공평의 원칙에 부합하기 때문이다(92다25946).

2. 담보책임면제 특약의 제한

매도인의 담보책임에 관한 규정은 강행규정이 아니므로 특약으로 담보책임을 배제하거나 경감 또는 가중할 수 있다. 그러나 담보책임을 면하는 특약을 한 경우에도 매도인이 알고 고지하지 않은 사실 및 제3자에게 권리를 설정 또는 양도한 행위에 대하여는 책임을 면하지 못한다(§584).

[6] 환   매

I. 환매(還買)의 의의와 성질

1. 의   의

환매란 매도인이 매매계약과 동시에 매수인과의 특약으로 '환매할 권리'(환매권)를 유보하고, 매도인이 일정기간 내에 환매권을 행사하여 매매목적물을 다시 매입하는 것을 말한다(§590). 여기서 환매권을 유보하는 특약은 매매계약을 체결하면서 동시에 행해져야 한다(환매특약부 매매). 환매특약부 매매여야만 매도인이 환매권을 행사하여 매매목적물을 다시 매입할 수 있다.

2. 환매의 기능

환매는 원래 언젠가 다시 매수할 필요성에 대비할 목적으로 창안한 제도이지만, 실무상으로는 보통 채권담보를 위한 수단으로 행하여진다. 예를 들면, 채무자가 금전을 차용하면서 부동산매매의 형식을 취하여 매매대금을 차용액으로 하고 부동산소유권을 채권자에게 이전한 다음, 일정한 기간 내에 차용액을 변제하면 다시 사올 수 있도록 합의하는 방식이다.

이러한 방법은 환매를 이용한 매도담보라는 점에서 폭리성과 불공정성을 막기 위하여 대물반환 약정을 금지하고 있는 제608조의 취지에 반할 수 있다. 판례는 기존채권의 담보취지에서 약정한 환매의 유효성을 인정하였다(70다268). 또 매매대금을 기존채무와 상계할 반대채권으로 하여 재산을 회복하기로 약정했다면 매도담보와 함께 환매특약부 매매의 성질을 가진다고 한다(63다502).

3. 환매의 법적 성질

환매의 법적 성질에 대하여는 해제권설, 정지조건부 매매설, 재매매예약설 등이 대립하고 있다. 해제권설은 환매를 약정해제권으로 보는 견해이다. 그러나 환매에서는 해제와 달리 소급효와 손해배상이 부정되며, 선이행의무와 환매등기가 인정되는 등 차이점이 많아 인정하기 어렵다. 정지조건부 매매설은 환매권 행사를 조건으로 하여 1차 매매를 채권담보 목적의 정지조건부 매매로 보고, 환매권 행사에 의한 2차 매매에서 담보를 청산한다는 것이다. 이는 매매의 성질이 강한 환매를 채권담보에 한정시키고 있다는 한계를 안고 있다.

끝으로 환매를 재매매예약으로 보는 견해이다. 재매매예약이란 어떤 물건을 타인에게 매매하면서 이를 다시 매수하기로 하는 예약을 말하는데, 일종의 매매예약이므로 일방예약에 관한 규정(§564)이 적용된다. 이에 따라 재매매예약설은 환매권을 예약완결권으로 본다. 환매에서는 매매계약과 동시에 환매특약을 하고, 동일한 환매대금, 환매기간 및 부동산의 경우 환매등기가 있어야 한다는 제한이 있지만(아래 환매의 요건 참조), 재매매예약은 사적 자치의 원칙상 이들로부터 자유롭다는 차이만 있을 뿐 환매의 경우와 매우 유사하다.

판례는 환매특약부 매매가 채권담보의 취지로 이루어졌더라도 매도인은 환매권 행사를 이유로 매수인의 소유권이전등기청구를 거절할 수 없다(90다카16914)고 하여 어떤 태도를 취하는지 명확하지 않다. 다만, 해제권설이나 정지조건부 매매설의 입장이 아니라는 점에서 재매매예약으로 보는 것이 타당할 것이다.

Ⅱ. 환매의 요건

1. 환매특약의 동시성

환매의 특약은 매매계약과 동시에 하여야 한다. 매매계약 이후에 이루어진 환매특약은 환매로서의 효력이 없다. 이런 경우 재매매예약으로서의 효력은 있을 수 있다. 또 당사자 쌍방이 서로 공모하여 허위의 환매특약을 한 경우는 효력이 없다(68다329).

2. 환매목적물

환매의 목적물에는 제한이 없다. 즉 동산, 부동산, 기타 재산권도 환매의 대상이 될 수 있다.

3. 부동산의 환매

부동산을 환매할 경우 매매등기와 동시에 환매특약의 부기등기를 하여야 한다(부동산등기법 §52 6호). 이 부기등기에는 매수인이 지급한 대금, 매매비용 및 환매기간이 기재되어 있어야 한다(동법 §53). 환매특약의 부기등기를 한 때에는 제3자에 대하여도 효력이 있다(§592). 그러므로 환매등기가 된 이후에 매수인이 근저당권을 설정하였더라도 환매권을 행사한 매도인은 근저당권자에게 근저당권의 말소를 청구할 수 있다(2000다27411). 〈사례2〉에서 환매특약을 했다면 B의 소유권이전등기에 부기하는 방법으로 환매에 의한 권리취득의 등기를 했는지가 중요하다. 환매특약만 하고 부기등기를 하지 않았다면 가압류집행을 한 C에게 환매를 주장할 수 없다.

4. 환매대금

환매권자는 '최초의 매매대금과 매수인이 부담한 매매비용'을 반환하고 환매할 수 있다(§590 I). 그러나 당사자 사이의 특약으로 환매대금을 달리 정할 수 있다(§590 II). 환매할 때까지 목적물의 과실과 대금의 이자는 특별한 약정이 없으면 이를 상계한 것으로 본다(§590 III).

5. 환매기간

환매기간은 부동산은 5년, 동산은 3년을 넘지 못한다(§591 I 1문). 약정한 환매기간이 이를 넘는 때에는 부동산은 5년, 동산은 3년으로 단축된다(§591 I 2문). 또 환매기간을 정한 때에는 다시 이를 연장하지 못한다(§591 II). 특히 환매특약의 부기등기가 있더라도 환매특약부 매매계약일을 기준으로 5년이 경과하면 환매기간이 만료된다(97나2909). 반면에 환매기간을 제한하는 환매특약이 등기되어 있는 때에는 반증이 없는 한 특약이 진정하게 성립된 것으로 추정한다(91다13700).

한편 환매기간을 정하지 않은 때에는 그 기간은 부동산은 5년, 동산은 3년으로 한다(§ 591 Ⅲ). 환매기간을 정하지 않았다고 하여 당사자가 다시 정할 수 없도록 한 것이다.

Ⅲ. 환매의 실행

1. 환매권의 행사

매도인(환매수인)은 환매기간 내에 매수인(환매도인)에게 환매대금을 제공하고, 환매의 의사를 표시함으로써 환매가 성립한다(§ 594 Ⅰ). 환매권 행사로 인한 매수의 성질은 매매와 같아서 소유권 이전등기의무와 환매대금의 지급의무는 동시이행관계에 있다(89다카9675). 형성권의 성질을 가진 환매권은 양도할 수 있다. 다만, 부동산에 대한 환매권을 양도할 경우에는 부기등기를 하여야 효력이 있다.

환매기간 내에 환매권을 행사해야 하므로 이 기간을 경과하면 환매권이 소멸한다. 판례는 변제기를 정하여 환매특약을 하고 매수인 명의의 가등기를 했는데 매도인이 변제기까지 환매권을 행사하지 않았다면 변제기 이후 환매대금의 이자를 지급했더라도 환매권은 소멸하며 매수인은 매매계약을 이유로 소유권이전등기를 청구할 수 있다고 하였다(4294민상1128). 이와 달리 환매특약을 했더라도 미등기부동산이어서 매수인 명의의 등기는 물론이고 환매등기도 없이 환매기간이 경과하였다면 매수인은 채권적 담보권만 행사할 수 있을 뿐 소유권을 취득할 수 없다(80다941).

2. 환매권의 대위행사에 대한 매수인의 권리(§§ 404, 593)

채권자는 자신의 채권을 보전하기 위하여 채무자의 권리를 행사할 수 있는데(§ 404 Ⅰ), 환매권도 대위권의 객체가 될 수 있다(채권총론 123면 참조). 매도인의 채권자가 매도인을 대위하여 환매권을 행사하려고 할 때 매수인은 법원이 선정한 감정인의 평가액에서 매도인이 반환할 금액을 공제한 잔액으로 매도인의 채무를 변제하고 잉여액이 있으면 이를 매도인에게 지급하여 환매권을 소멸시킬 수 있다(§593).

IV. 환매의 효과

1. 환매수인의 소유권 취득

환매의 법적 성질을 재매매예약으로 보았으므로 환매권이 행사되면 2차 매매가 성립한다. 이로써 2차 매매에 따라 환매수인(환매권자)이 환매대금을 제공하고 환매도인이 목적물을 반환하면서 환매수인이 소유권을 취득한다. 부동산의 경우 소유권이전등기의 형식을 취해야 하므로 환매권을 행사했더라도 권리취득을 위해 이전등기하지 않았다면 가압류권자에게 대항할 수 없다(90다카16914).

2. 환매도인의 비용상환청구권

매수인이나 전득자가 목적물에 대하여 비용(필요비, 유익비)을 지출한 때에는 점유자의 회복자에 대한 비용상환청구권의 규정(§203)에 의한 상환청구권을 가진다. 그러나 유익비에 대하여 법원은 매도인의 청구에 의하여 상당한 상환기간을 허여할 수 있다(§594 Ⅱ).

V. 공유지분의 환매

공유자 1인이 자신의 지분을 처분하면서 환매권을 유보한 경우에는 환매권을 행사하기 전에 공유물이 분할되거나 경매되더라도 매도인은 환매권을 행사할 수 있다. 이때 현물분할의 경우는 매수인이 받았거나 받게 될 지분에 대하여, 대금분할의 경우에는 대금에 대하여 환매권을 행사할 수 있다(§595). 그러나 위치와 면적이 특정된 구분소유적 공유관계의 경우에는 환매권의 행사에 의하여 공유지분을 취득하는 것이 아니라, 처음 매도 당시 동일필지의 특정 부분에 대한 소유권을 취득한다(2010다6611).

한편 매수인은 공유물이 분할되거나 경매처분될 경우에는 이를 매도인에게 통지하여야 한다. 만일 통지하지 않았다면 매수인은 그 분할이나 경매로써 매도인에게 대항하지 못한다(§595 단서).

[7] 소유권유보부 매매(할부매매)

Ⅰ. 의의와 기능

1. 의 의

소유권유보부 매매란 매매계약을 체결하면서 매도인이 목적물을 매수인에게 인도하지만 대금을 모두 수령할 때까지 소유권을 매도인에게 유보하는 매매를 말한다. 이러한 소유권유보 특약은 잔금채권의 지급을 담보하기 위한 강력한 수단으로서 민법상 동산담보제도의 약점을 보완하는 역할을 한다.

독일민법에는 동산매매에 있어서 대금의 완납을 정지조건으로 하여 매도인에게 소유권을 유보하는 조문(§449)을 두고 있으나, 우리 민법에는 이런 규정이 없고, 다만 '할부거래에 관한 법률'(약칭: 할부거래법)에서 서면으로 할부계약을 체결할 때에 '재화의 소유권유보에 관한 사항'을 기재하도록 정하고 있다(동법 §6 Ⅰ 8호).

2. 할부매매에서의 활용

가. 할부거래법의 제정

할부매매란 목적물을 미리 인도하고 대금은 일정기간 동안에 분할하여 지급하기로 하는 특약이 붙은 매매를 말한다. 할부매매는 매도인 입장에서는 구매력을 증대시켜 판매를 촉진할 수 있고, 소비자인 매수인 입장에서는 대금지급의 부담을 줄일 수 있다는 장점이 있다. 이와 관련하여 할부계약에 의한 거래를 공정하게 함으로써 소비자의 권익을 보호하고 건전한 거래질서를 확립하기 위하여 1991년 할부거래법이 제정되었다(제정 1991. 12. 31. 법률 제4480호, 시행 1992. 7. 1).

나. 할부거래법의 주요 내용

(1) 할부계약은 일정한 사항을 기재한 서면으로 체결하여 이를 매수인에게

교부하여야 한다(동법 §6 Ⅰ).

(2) 할부계약의 서면에는 현금가격·할부가격·할부수수료의 실제 연간요율·목적물의 소유권유보에 관한 사항 등이 기재되어야 한다(동법 §6 Ⅰ 8호).

(3) 대금을 2개월 이상의 기간에 걸쳐 3회 이상 나누어 지급하고, 대금완납 전에 미리 목적물을 받기로 하는 계약에만 할부거래법이 적용된다(동법 §2 1호 가, 나).

(4) 매수인은 계약서를 교부받은 날부터 7일 이내 또는 계약서를 교부받지 않은 경우는 목적물을 인도받은 날부터 7일 이내에 서면으로 할부계약의 청약을 철회할 수 있다(동법 §8).

(5) 소유권이 매도인에게 유보된 경우 할부계약이 해제된 때에 한하여 목적물의 반환을 청구할 수 있다(동법 §11 Ⅲ).

Ⅱ. 소유권유보부 매매의 목적물과 법적 성질

1. 매매의 목적물

소유권유보부 매매는 주로 동산물건에서 문제된다. 그러므로 소유권유보의 특약이 없으면 동산의 인도와 동시에 소유권이 이전되지만, 특약이 있으면 동산을 인도해도 소유권은 매도인이 보유한다. 이때 매수인은 물권적 기대권을 가진다.

할부거래법에서는 할부거래의 대상을 '재화나 용역'이라고 하면서 이를 통칭하여 '재화등'으로 표현하고(동법 §2 1호) 있는 것과 달리 소유권유보부 매매의 대상은 '재화'로 한정하고 있다(동법 §6 Ⅰ 8호). 이 점에서 보면 소유권유보부 매매의 대상을 동산물건에 한정한 것으로 보인다.

2. 법적 성질

학설은 특수매매설. 담보권설 및 정지조건부 매매설로 나뉘어 있다. 소유권유보에 관한 사항을 정하고 있는 할부거래법에서도 그 성질을 파악할 수 없다. 특수매매설은 할부매매와 같이 할부금이 완전 변제될 때까지 소유권을 매도인에게 유보하고, 할부금의 지급연체에 대비하여 거래조건을 엄격하게 정해 놓은 특수한 매매라고 한다. 그러나 대금을 할부로 완납해야 재화를 제공하는 '선불식 할부거래'를 어떻게 이해해야 할지 설명하기 어렵다. 또 담보권설은 매도인에게 유보된 소유권은 대금채권의 담보를 위해 존재하는 일종의 담보권에 불과할 뿐 소유권은 매매와 함께 매수인에게 양도된다고 한다. 대외적 법률관계가 명확하다는 장점이 있지만 담보권의 기능이 형해화될 수 있다. 끝으로 정지조건부 매매설에서는 매매에도 불구하고 대금을 완납할 때까지 소유권이 매수인에게 유보되어 있으며, 대금의 완납과 동시에 매수인에게 소유권이 양도된다고 하여 독일민법과 같은 태도를 취한다. 판례 또한 정지조건부 매매설을 취한다(96다14807).

Ⅲ. 소유권유보의 대내·대외적 법률관계

1. 매수인의 권리와 의무

소유권유보부 매매에서 매수인은 매매와 함께 목적물을 인도받아 이를 점유하면서 사용·수익할 수 있고, 대금의 완납과 동시에 소유권을 취득한다는 물권적 기대권을 갖는다. 매수인이 가진 물권적 기대권은 조건부 권리로서 재산권이므로 처분이 가능하다(§149). 다만, 양수인이 매수인의 법적지위를 승계하려면 매도인의 동의가 필요하다.

한편 매수인은 할부금을 지급해야 하고, 목적물을 선량한 관리자의 주의로 보관하여야 하며, 수선비와 각종 공과금을 부담한다. 또 목적물의 수령과 동시에 대가위험은 매수인에게 이전된다.

2. 대내적 관계

소유권은 매도인에게 유보되어 있고, 매수인에게는 단지 물권적 기대권만 있으므로 매수인의 채권자는 매수인이 점유하고 있는 물건을 압류할 수 없다. 만일 매수인이 점유하고 있는 물건을 그의 채권자가 압류한 경우 매수인은 소유권유보매수인의 지위에서 '강제집행에 대한 이의의 소'를 제기할 수 있다(민사집행법 §48 I). 〈사례6〉에서 B는 소유권유보매수인 또는 정당한 권원 있는 간접점유자의 지위에서 '목적물의 인도를 막을 수 있는 권리'를 가진다(2009다1894).

간이인도 방식에 의한 양도(§188 Ⅱ)에서 당사자의 의사표시가 필요한 것과 달리, 소유권유보부 매매에서는 대금이 전부 납입되면 정지조건이 완성되어 별도의 의사표시 없이 소유권은 매수인에게 이전된다(96다14807).

3. 대외적 관계

소유권유보매수인이 대금을 미지급한 상태에서 목적물을 제3자에게 양도한 경우 원칙적으로 양도의 효력이 없다. 할부금의 전액지급이란 정지조건이 성취될 때까지 매수인은 대외적으로 무권리자이기 때문이다. 이런 경우 무권리자가 자기 이름으로 처분행위를 한 경우 권리자의 동의나 추인을 얻어 처분행위를 치유할 수 있는 처분수권 이론에 근거하여 매도인이 매수인의 처분행위를 추인한다면 제3자는 소유권을 취득하게 되어 제3자를 보호하고 매수인과의 법적 다툼을 피할 수 있게 된다(채권총론 222, 241면 참조). 〈사례5〉에서 B가 대물변제로서 D에게 의료기를 양도한 효력이 발생하려면 A의 추인을 얻어야 한다. 그러나 A의 동의나 추인도 받지 못했다면 제249조에서 정하고 있는 선의취득의 요건을 갖추어야 한다.

선의취득은 대외적으로 소유자가 매도인이라는 것과는 별개의 문제이다. 판례는 양수인에게 통상적으로 요구되는 양도인의 양도권원에 관한 주의의무가 있다면서 그가 소유권유보 사실을 쉽게 확인할 수 있었다면 주의의무를 다하지 않은 데 과실을 인정하여 선의취득을 부정한다(2009다93671).

제 3 절 교   환

〈사례〉 A는 자기 소유의 공기청정기를 B의 전기난로와 교환하기로 하였다. 그런데 A가 받은 전기난로에 이상이 있어서 AS센터에 문의했더니 2만원 상당의 비용을 들여 수리해야 한다고 하였다. 수리비를 보충금으로 요구할 수 있을까? 또 B가 잘못하여 전기난로를 크게 파손시키는 바람에 A에게 인도할 수 없었다면 A는 어떤 청구권을 행사할 수 있을까?

I. 의의 및 성질

1. 의 의

교환은 당사자 쌍방이 금전 이외의 재산권을 상호 이전할 것을 약정함으로써 성립한다(§596). 재산권을 이전한다는 점에서는 매매계약과 같지만, 매매대금을 약정하지 않는다는 점에서 구별된다.

2. 성 질

가. 교환은 낙성계약으로서 당사자 사이의 교환에 대한 합의만 있으면 성립하고, 서면의 작성을 필요로 하지 않는 불요식계약이다. 여기서 청약은 승낙만 있으면 곧 계약이 성립될 수 있을 정도로 구체적이어야 하지만, 이에 대한 승낙은 특별한 사정이 없는 한 그 방법에 아무런 제한이 없고 반드시 명시적일 필요는 없다(92다29696).

나. 교환은 유상계약으로서 매매에 관한 규정이 준용된다(§567). 그러므로 교환계약에서는 계약당사자가 각각 매도인의 지위로서 담보책임을 지게 된다.

II. 보충금의 지급

당사자 쌍방이 금전 이외의 재산권을 상호 이전할 것을 약정하는 교환계약에서는 재산권의 가치가 동일하지 않으므로 일정액을 보충하여 지급하기로 하는 특별규정을 두고 있다(§597). 이때에는 매매대금에 관한 규정을 준용한다. 보충금은 잔금으로 지급하거나(89다카1237), 상대방으로부터 이전받을 목적물에 설정된 근저당채무를 인수하는 방법으로 지급할 수 있다(98다13877).

〈사례〉에서 전기난로의 수리비는 물건가치의 차등이 아니라 하자로 인한 것이므로 보충금으로 볼 수 없고, 담보책임에 따른 손해배상으로 청구할 수 있을 것이다.

Ⅲ. 교환계약의 해제

보충금을 지급하지 않은 것과 동일한 것으로 평가할 수 있는 경우에 계약을 해제할 수 있다(98다13877). 예컨대 보충금의 지급에 갈음하여 채무를 인수한 자가 변제를 해태함으로써 교환목적물이 경매로 처분된 경우이다. 또 계약당사자 일방의 이행이 불능이 된 경우에도 타방은 계약을 해제하고 원상회복을 청구할 수 있다(§§ 546, 548). 이때는 해제와 함께 손해배상을 청구할 수 있다. **〈사례〉**에서 B는 자신의 잘못으로 전기난로를 인도하지 못했으므로 A는 계약을 해제하고 공기청정기의 반환을 청구할 수 있다.

한편 등기명의자 아닌 자와 교환계약을 맺고 토지를 인도받은 자가 등기명의인이 제기한 토지인도청구소송에서 패소한 사실만으로는 이전등기청구권이 이행불능되었다고 할 수 없고 계약을 해제하려면 상당한 기간을 정하여 이행을 최고하여야 한다(65다1293).

제 5 장 물건의 사용에 관한 계약

제 1 절 소비대차

> **〈사례1〉** B가 A로부터 돈을 빌리려 했는데 A에게 현금이 없었기 때문에 자신이 가지고 있는 그림을 B에게 인도하면서 적절한 가격으로 처분한 돈을 1년간 빌려주기로 하였다. 그런데 B는 그림을 처분하기 전에 자신의 과실 없이 그림을 분실하였다. A는 1년 후 B에게 그림의 대금을 청구할 수 있을까?
>
> **〈사례2〉** 위 사례에서 B가 A에게 돈을 빌리러 갔는데 현금이 없다면서 벽에 걸려 있던 그림을 주면서 적절한 가격으로 처분한 돈을 1년간 빌려주기로 하였다면 법률관계에 있어서 어떤 차이가 있을까?
>
> **〈사례3〉** A는 B에게 반환시기의 약정 없이 이자부로 금전을 대여하였는데 갑자기 B가 원리금을 지급하면서 계약을 해지하였다. 이에 A는 통지도 없이 계약을 해지하는 바람에 손해를 입었다고 배상을 청구하였다. B가 손해를 배상해야 할까?

I. 의의 및 성질

1. 의 의

당사자 일방이 금전 기타 대체물의 소유권을 상대방에게 이전할 것을 약정하고 상대방은 그와 같은 종류, 품질 및 수량으로 반환할 것을 약정함으로써 성립하는 계약이다(§598). 차주가 빌린 물건 자체를 반환하는 사용대차·임대차와 달리 소비대차에서는 대차의 목적이 되는 물건이 대체물이기 때문에 빌린 물건을 소비하고 동종·동질·동량의 다른 물건을 반환한다. 판례는 보험계약의 약관에 따른 대출에 대하여 해약환급금의 선급금의 성질을 가진다고 하여 소비대차를 부정한다(2005다15598).

2. 사회적 작용

소비대차는 기업이 경제활동을 유지하기 위한 생산자금을 조달하기 위하여 이용되거나, 개인이 일상생활에 필요한 비생산적 소비자금을 마련하기 위하여 활용된다. 특히 약정이자가 있는 금전소비대차에서는 궁박상태에 있는 차주를 보호하고 대주의 폭리를 막기 위하여 이자제한법과 대부업법의 적용을 받는다(자세한 내용은 채권총론 53면 이하 참조).

3. 법적 성질

가. 낙성계약

소비대차는 당사자의 합의가 있어야 성립하는 낙성계약이다.

나. 무상계약

민법에서는 금전 기타 대체물의 소유권을 상대방에게 이전하고 상대방은 이를 반환할 것을 정하고 있을 뿐 이자지급에 대해서는 정하고 있지 않다(§598). 이와 같이 소비대차는 무이자가 원칙이므로 무상계약이다. 예컨대, 임대기간 동안 위치상의 영업이점을 이용할 대가로 지급한 권리금을 임대인의 사정으로 계약이 중도 해지됨으로써 반환해야 한다면 무이자 소비대차의 성질을 가진다(2000다26326).

다. 유상계약

무이자인 소비대차는 대가관계가 없는 편무계약이고, **〈사례3〉**과 같이 이자부인 경우에는 유상·쌍무계약이다. 소비대차가 유상계약인 경우에는 매매에 관한 규정이 준용된다(§567).

Ⅱ. 소비대차의 성립

1. 당사자의 합의

소비대차계약이 성립하려면 금전 기타 대체물을 대주가 차주에게 이전하여 일정기간 동안 이용하도록 하고, 차주는 동종·동질·동량의 물건을 일정기간 이후에 반환할 것을 당사자가 합의해야 한다. 이처럼 소비대차는 당사자의 일정한 합의가 있어야 성립하므로 낙성계약이다. 또 소비대차계약은 요물계약이 아니므로 차주가 현실로 금전 등을 수수하지 않거나 수수가 있는 것 같은 경제적 이익을 취득하지 않아도 소비대차가 성립한다(90다14652). 그 밖에 이자나 변제기에 대한 약정이 없어도 소비대차계약이 성립할 수 있다(92다13790).

2. 금전 기타 대체물

소비대차의 목적물은 금전 또는 대체물이어야 하므로 비대체물에 대해서는 소비대차가 성립하지 않는다. 또 차주에게 금전 기타 대체물의 소유권을 이전하였으나 그가 동종·동질·동량의 물건으로 반환할 것을 약정하지 않았다면 소비대차로 볼 수 없다(2015다73098).

금전소비대차의 경우 대주가 금전에 갈음하여 유가증권 기타 물건을 인도하는 경우가 있는데, 이런 경우를 대물대차라고 한다. 이와 같이 차주가 금전에 갈음하여 물건을 받았을 때는 물건의 인도 시의 가액을 차용액으로 한다(§ 606). 그렇다면 〈사례1〉과 〈사례2〉에서 그림을 처분한 대금을 차용하기로 한 경우와 금전에 갈음하여 물건을 받은 경우의 법률관계는 어떤 차이가 있을까? 우선 차용액은 각각 물건의 매각대금과 가액으로 구분된다. 그리고 그림을 처분한 대금을 차용하기로 했다면 차주 B가 매각대금을 수령했어야 소비대차가 성립하지만, 금전에 갈음하여 물건을 받은 경우는 합의만으로 소비대차가 성립한다.

대물대차에 관한 제606조의 규정은 강행규정이어서 이에 위반하여 차주에게 불리한 약정은 환매 기타 여하한 명목이라도 효력이 없다(§ 608).

3. 소비대차계약의 실효 및 해제의 특칙

가. 당사자 일방의 파산 시 소비대차계약의 실효

민법 제599조는 대주가 목적물을 차주에게 인도하기 전에 당사자 일방이 파산선고를 받은 때에는 소비대차는 그 효력을 상실한다고 정한다. 대주가 목적물을 차주에게 인도한 후에 파산선고를 받으면 파산채권신고와 파산재단을 구성해야 하는 등 복잡한 파산절차에 따라야 한다. 그러나 비록 소비대차계약이 유효하게 성립했더라도 목적물을 차주에게 인도하기 전에 파산선고를 받았다면 사정변경원칙에 의거하여 계약의 효력을 실효케 한 것이다(§599).

　민법에서는 사용대차(§614), 임대차(§637), 고용계약(§663), 도급계약(§674), 위임계약(§690) 등에서 계약당사자의 일방에게 선고된 파산이 계약에 미치는 영향에 관한 규정을 두고 있다.

나. 무이자 소비대차계약의 해제

　이자 없는 소비대차의 당사자는 목적물의 인도 전에는 언제든지 계약을 해제할 수 있다(§601). 그러나 상대방에게 생긴 손해가 있는 때에는 이를 배상하여야 한다. 목적물이 인도되기 전에는 당사자 모두 언제든지 해제할 수 있지만, 갑작스런 해제로 인하여 상대방에게 손해를 끼쳐서는 안 되므로 해제한 자가 상대방에게 손해를 배상하도록 정한 것이다(§601).

Ⅲ. 소비대차의 효력

1. 대주의 의무

가. 목적물을 소비하게 할 의무

　대주는 차주에게 목적물의 소유권을 이전하여 소비할 수 있도록 할 의무를 부담한다.

나. 담보책임의 부담

　이자부 소비대차에서 대주가 교부한 목적물에 하자가 있는 경우 제580조 내지 제582조의 규정에 따라 대주는 담보책임을 부담한다(§602 Ⅰ). 즉, 목적물의 하자를 차주가 몰랐다면 이로 인하여 계약의 목적을 달성할 수 없는 경우에 한하여 계약을 해제할 수 있다(§§580, 575 Ⅰ). 계약의 목적을 달성할 수 없을 정도가 아닌 경우에는 손해배상만 청구할 수 있다. 또 차주는 계약해제나 손해배상을 청구하지 않고, 완전물의 교부를 청구할 수 있다(§§581 Ⅱ).

　무이자부 소비대차에서는 대주가 교부한 목적물에 하자가 있더라도 대주의 호의를 고려하여 담보책임을 묻지 않는다(§559 Ⅰ 증여자의 담보책임과 비교). 이때 차주는 하자있는 물건의 가액으로 반환할 수 있다(§602 Ⅱ). 다만, 대주가 하자를 알면서 차주에게 고지하지 않은 경우에는 그가 담보책임을 부담한다(§602 Ⅱ 단서). 담보책임의 내용은 이자부 소비대차에 있어서와 같다.

2. 차주의 의무

가. 목적물 반환의무

(1) 원 칙   차주는 원칙적으로 대주로부터 받은 차용물과 동종·동질·동량의 물건으로 반환하여야 한다. 그러나 이 원칙에는 대물대차의 경우와 반환불능인 경우 등 두 가지 예외가 있다.

(2) 가액 또는 시가(市價) 반환   금전소비대차에서 차주가 대주로부터 금전에 갈음하여 유가증권 기타 물건을 받은 경우 차용액은 물건의 인도시의 가액으로 정해진다(§606). 그러므로 차주가 목적물을 반환할 때에는 가액을 반환하면 된다.

차주가 차용물과 동종·동질·동량의 물건으로 반환할 수 없는 때에는 그때의 시가로 상환하여야 한다(§604 본문). 그러나 차용물이 특정한 종류의 통화나 외화로 반환해야 할 경우 그 통화가 변제기에 강제통용력을 잃은 때에는 차주의 선택에 따라 다른 통화로 변제하여야 한다(§§ 604 단서, 376, 377 Ⅱ).

한편 〈사례1〉에서는 그림을 분실함으로써 매각대금을 수령할 수 없었기 때문에 소비대차가 성립하지도 않았고, 차주가 실제로 받은 금액으로 정해지는 차용금도 없었으므로 반환할 것이 없다. 결국 그림을 처분하기 전에 차주의 과실 없이 분실된 경우 다른 약정이 없다면 그 위험은 대주가 부담하게 된다.

(3) 목적물의 반환시기   당사자가 반환시기를 약정한 경우 차주는 그 시기에 반환해야 한다(§603 Ⅰ). 이 경우 기한의 이익은 차주를 위한 것으로 추정하며, 상대방의 이익을 해하지 않는 범위에서 이를 포기할 수 있다(§153). 다만, 반환시기를 약정했더라도 담보가 있는 소비대차에서 차주에게 일정한 사유가 있으면 기한의 이익을 상실하여 대주는 즉시 이행을 청구할 수 있다(§388).

반환시기를 약정하지 않은 경우 대주는 상당한 기간을 정하여 최고하여야 한다(§603 Ⅱ). 대주가 반환을 최고하는 방법은 소장의 송달로도 가능하다(63다131). 최고 후 상당한 기간을 경과하면 변제기가 도래한 것으로 보아 차주는 이행지체의 책임을 진다.

이와 달리 차주는 변제기 약정이 없으므로 언제든지 반환할 수 있다. 다만, 이자부 소비대차에서 차주는 반환할 때까지의 이자를 붙여서 반환할 수 있다. 〈사례3〉에서 B는 변제기 약정이 없는 이자부 금전소비대차의 차주로서 언제든지 반환할 수 있고, 차용액에 이자를 붙여서 반환했다면 A는 갑작스런 해지로 손해를 입었다고 주장할 수 없다.

나. 이자지급의무

이자부 소비대차인 경우 차주는 이자를 반환해야 한다. 이자만 약정하고 이율을 정하지 않은 때에는 법정이율에 따른다(§ 379). 이율을 정하는 경우에도 이자제한법 및 대부업법에서 정하고 있는 최고이율을 넘지 않아야 한다(채권총론 52면 이하 참조).

이자는 차주가 목적물의 인도를 받은 때로부터 계산하여야 하지만, 차주의 책임있는 사유로 수령을 지체할 때에는 대주가 이행을 제공한 때로부터 이자를 계산하여야 한다(§ 600).

다. 담보제공의무

담보가 있는 소비대차에서 차주는 담보를 제공하여야 한다. 차주가 이 의무를 이행하지 않으면 변제기가 있더라도 기한의 이익을 상실하여 대주는 즉시 이행을 청구할 수 있다(§ 388 2호).

라. 대물변제예약의 경우

(1) **채권담보목적의 활용**　대물변제예약이란 차주가 차용물의 반환에 갈음하여 다른 물건을 이전하기로 하는 예약을 의미한다. 이 점에서 대물변제예약은 본래의 채무이행을 대신하여 다른 물건으로 이행할 수 있도록 차주의 편의를 위한 제도로 보인다. 그럼에도 불구하고 대물변제예약은 흔히 금전소비대차에서 채권담보의 목적으로 활용된다. 왜냐하면 대주가 일정한 금전을 대여하면서 채권의 변제를 확보하기 위하여 제공받은 담보물을 차용한 금전에 갈음하여 변제받을 수 있다는 것으로 전환시킬 수 있기 때문이다. 여기서 담보물이 부동산인 경우 주로 차주로부터 소유권이전청구권가등기를 받는 방법으로 행해지기 때문에 대주가 폭리를 취하는 수가 많다.

(2) **폭리방지를 위한 규정**　　대주의 폭리를 방지하기 위하여 민법에는 대물변제예약 시 그 재산의 예약 당시의 가액이 차용액 및 이에 붙인 이자의 합산액을 초과하지 못하고(§607), 이에 위반한 당사자의 약정으로서 차주에 불리한 것은 환매 기타 여하한 명목이라도 효력이 없다는(§608) 규정을 두고 있다. 이들 규정은 대물변제예약이 채권담보의 목적으로 행해지지 않은 경우, 담보목적물이 부동산이라도 가등기를 하지 않은 경우(98다51220) 및 예약 당시의 가액이 차용액 및 그 이자의 합산액을 넘지 않는 경우에만 적용된다.

여기서 재산가액이 차용원리금을 초과하는지 여부를 판단하는 시점은 소유권이전 당시의 가격이 아니라, 예약 당시의 가격을 기준으로 한다(95다34781). 이에 따라 예약 당시 재산의 가액이 차용액 및 이에 붙인 이자의 합산액을 초과하는 대물변제예약은 제608조에 의거하여 무효가 된다. 그렇다면 예약 자체가 전면적으로 무효가 되는지, 아니면 초과부분만 무효가 되는지 의문이다. 이와 관련하여 판례는 가등기를 하지 않고 소유권을 대외적으로만 이전하는 약한 의미의 양도담보에서는 특별한 사정이 없으면 정산절차를 밟아야 한다고 보았다(97다4005). 즉, 무효가 되는 것은 초과부분에 한하므로 차주에게 초과부분을 반환하여 청산하여야 한다. 정산방법으로는 대주가 담보물을 취득하고 초과분을 반환하는 귀속정산과 제3자에게 담보물을 매각하고 잔여분을 반환하는 처분정산이 있는데, 어느 방법으로 정산할 것인지는 대주가 선택한다.

(3) **가등기담보법의 적용**　　대물변제예약에는 여러 가지가 있는데 채권담보의 목적이 아니라 대물변제의 의사로 한 것이라면 기술한 바와 같이 제607조와 제608조에 따라 판단하면 된다. 그러나 제608조에 따라 그 효력이 상실되는 대물반환의 예약, 양도담보 등 모든 담보계약은 가등기담보법이 적용된다(동법 §2 1호).

그러므로 대물변제예약이 채권담보의 목적으로 행해지면서 가등기를 하고, 예약 당시의 가액이 차용액 및 이에 붙인 이자의 합산액을 초과한 때에는 제608조에 의하여 예약 자체는 무효가 되고(91다11223), 가등기담보법이 적용된다. 이 경우 가등기담보법에 따라 엄격한 청산절차를 거치는데 귀속청산의 방법에 따른다(동법 §§3, 4). 즉, 대주가 소유권을 취득하는 대신에 담보권실행의 통지 당시의 담보목적물의 가액에서 그 채권액을 뺀 청산금을 차주에게 지급하여야 한다(동법 §4 Ⅰ). 판례는 가등기담보법상 처분청산을 인정하지 않고 있다(2001다81856). 그럼

에도 불구하고 차주의 이익을 보호한다는 점에서 보면 약한 의미의 양도담보에
서 인정하고 있는 정산절차와 실질적으로 차이가 없다.

Ⅳ. 준소비대차

1. 의 의

당사자 쌍방이 소비대차에 의하지 않고 금전 기타의 대체물을 지급할 의무
가 있는 경우에 당사자가 그 목적물을 소비대차의 목적으로 할 것을 약정하는 경
우를 준소비대차라고 한다(§605). 예컨대, 당사자가 매매대금채무를 소비대차로
하기로 약정한 경우, 현실적인 자금의 수수 없이 형식적으로만 신규 대출을 하여
기존 채무를 변제하는 경우(대환) 등이다.

2. 경개와 구별

가. 동일성

경개나 준소비대차는 모두 기존채무를 소멸하게 하고 신채무를 성립시키는
계약인 점에 있어서는 동일하다. 그러나 경개의 경우에는 기존채무와 신채무 사
이에 동일성이 없는 반면, 준소비대차의 경우에는 원칙적으로 동일성이 인정된다
(동일성에 대한 의미는 2005다47175 참조). 즉 기존채무를 확정적으로 소멸케 하고 대
출과목, 대출원금, 이율 등이 서로 다른 신규채무를 성립시켰다면 동일성이 없는
경개에 해당하지만, 기존채무의 변제기 연장을 위한 은행의 대환은 성질상 준소
비대차가 된다(2001다7445).

나. 불분명한 경우

당사자가 목적물을 소비대차의 목적으로 할 것을 약정한 경우 경개로 볼 것
인가 준소비대차로 볼 것인가에 대하여 당사자의 의사가 명백하지 않을 때에는
준소비대차로 본다(89다카2957). 경개는 계약내용을 변경하는 특징이 있어서 담보
등 종된 권리나 항변권 등이 소멸하는데(채권총론 300쪽 이하 참조), 통상적으로 당
사자가 자신에게 불이익을 초래하는 의사표시를 했다고 볼 수 없기 때문이다.

3. 폭리방지를 위한 규정의 적용

제607조와 제608조는 준소비대차에 의하여 차주가 반환할 차용물에 관하여 대물변제의 예약이 있는 경우에도 적용된다(96다50797).

제 2 절   사용대차

> ⟨**사례1**⟩ B는 가을에 벼를 수확하기 위해 A에게서 트랙터를 무상으로 빌려왔는데, 작업 중에 고장이 났다. A가 수리비를 요구할 수 있을까?
>
> ⟨**사례2**⟩ 친구 B로부터 승용차를 빌려서 강릉으로 가을여행을 가던 A는 도중에 타이어에 펑크가 났고, 다행히 사고는 면했지만 이를 교환하느라 10만원을 지출하였다. B에게 타이어 비용을 청구할 수 있을까? 타이어가 아니라 워셔액을 보충한 경우에도 마찬가지일까?

Ⅰ. 의의 및 법적 성질

1. 의   의

사용대차는 당사자 일방이 상대방에게 무상으로 사용·수익하게 하기 위하여 목적물을 인도할 것을 약정하고, 상대방은 이를 사용·수익한 후 그 물건을 반환할 것을 약정함으로써 계약의 효력이 있다(§609).

사용대차는 무상이라는 점에서 임대차와 다르고, 타인의 물건을 사용·수익하고 이를 그대로 반환한다는 점에서 임대차와 같으며 소비대차와 다르다. 즉 사용대차는 소유물에 대한 사용·수익의 권능을 대세적으로 포기하는 것이 아니라, 이를 일시적·채권적으로 포기하는 것이다(2009다228, 235).

2. 성   질

사용대차는 당사자의 합의가 필요한 낙성계약이면서 유상계약에서 부담하는 담보책임의 문제가 없는 무상계약이다. 또 당사자에게 서로 대가관계가 없는 편무계약이어서 물건의 사용대가가 있으면 사용대차라는 명칭에도 불구하고 임대차로 본다(93다31672).

3. 사용대차계약의 성립

사용대차는 낙성계약이어서 대주는 차주가 목적물을 무상으로 사용·수익하도록 인도하고, 이를 사용·수익한 후 차주는 그 물건을 대주에게 반환할 것을 합의함으로써 성립한다. 그러므로 대주가 목적물을 차주에게 인도하기 전까지 당사자는 언제든지 계약을 해제할 수 있다. 그러나 해제로 인해 상대방에게 손해가 생긴 때에는 이를 배상하여야 한다(§§ 612, 601).

판례는 종중이 종중원에게 종중 소유의 토지를 무상으로 사용하도록 한 경우(2015다3914, 3921, 3938)와 집합건물의 구분소유자들이 공용부분 중 일부를 제3자에게 무상으로 사용하도록 한 경우(98다61746)를 사용대차로 보았다.

Ⅱ. 사용대차의 효력

1. 대주의 권리·의무

가. 해지권

반환시기의 약정이 없는 경우 대주는 사용·수익에 족한 기간이 경과한 때에는 언제든지 계약을 해지할 수 있다(§ 613 Ⅱ 단서). 사용·수익에 충분한 기간이 경과하였는지는 계약 당시의 사정, 차주의 사용기간 및 이용상황, 대주가 반환을 필요로 하는 사정 등을 종합적으로 고려하여 판단한다(93다36806). 대법원은 40년 이상의 무상사용을 허락한 것에 대한 감사나 호의를 표시하기는커녕 오히려 자주점유에 의한 취득시효를 주장하는 소송을 제기한 경우 대주에게 사용대차의 해지권을 인정하였다(2001다23669).

나. 사용·수익 허용의무

대주는 차주에게 목적물을 인도하여 사용·수익하도록 허용할 의무가 있다. 이 의무는 정당한 용익을 방해하지 않을 소극적 의무에 그칠 뿐, 임대차계약에서 임대인의 의무와 같이 사용·수익에 적합한 상태를 지속적으로 유지시켜 주어야 할 적극적 의무는 아니다. 그러므로 〈사례1〉에서 무상으로 트랙터를 빌려준 A는 임대차와 달리 목적물을 사용할 수 있는 상태로 인도해야 할 필요가 없고, 약정 기간까지 그 상태를 유지해야 할 의무도 없다.

다. 담보책임

사용대차는 무상계약이므로 사용·수익을 위해 차주에게 인도해 준 물건에 하자가 있더라도 원칙적으로 책임을 지지 않는다(§§ 612, 559). 그러나 대주가 하자를 알고 이를 고지하지 않은 경우에는 담보책임을 진다(§ 559 Ⅰ 단서). 물론 이때에도 차주가 악의인 때에는 대주에게 담보책임이 없다.

제612조에 의해 준용되는 제559조는 임의규정이므로 특약으로 대주에게 담보책임을 지울 수 있다.

2. 차주의 권리·의무

가. 차용물의 사용·수익권

차주는 계약 또는 차용물의 성질에 의하여 정해진 용법으로 차용물을 사용·수익할 권리가 있다(§ 610 Ⅰ). 또 차주는 대주의 승낙이 없으면 제3자에게 차용물을 사용·수익하게 하지 못한다(§ 610 Ⅱ). 만약 차주가 이에 위반한 때에는 계약을 해지할 수 있다(§ 610 Ⅲ). 또 손해가 있으면 대주는 물건을 반환받은 날로부터 6개월 내에 손해배상을 청구하여야 한다(§ 617). 차주로부터 권리를 양수받은 자도 대주의 승낙이 없었다면 그에게 대항할 수 없다(98다61746). 사용대차와 같은 무상계약은 증여와 같이 개인적 관계에 중점을 두기 때문이다(2019다202795, 202801).

나. 차용물의 보관의무

차주는 선량한 관리자의 주의로 차용물을 보관하여야 한다(§ 374). 또한 차주는 차용물에 대하여 통상의 필요비(보존비용)를 부담한다(§ 611 Ⅰ). 〈사례1〉에서 수리비는 트랙터를 보존하기 위하여 지출한 비용이므로 차주가 부담해야 한다.

한편 차용물의 사용을 위하여 차주가 유익비를 지출한 경우에는 제203조가 적용된다(§§ 611 Ⅱ, 594 Ⅱ). 이 경우 차주가 유익비를 청구하려면 가액의 증가가 현존해야 하며, 지출비용이나 증가액 중 어떤 청구를 할지는 대주가 선택한다(§ 203).

〈사례2〉에서 자주 보충해 주어야 하는 워셔액과 달리 주행거리 수만 ㎞의 교체주
기를 가진 타이어의 교체비용을 통상의 유지비로 볼 수는 없다. 이 사례에서 B는
A에게 교체비 또는 가액증가분을 청구할 수 있을 것이다.

다. 차용물반환의무

당사자가 반환시기를 약정했다면 약정한 시기에 사용대차가 종료하므로 차
주는 차용물을 반환하여야 한다(§613 Ⅰ).

한편 반환시기의 약정이 없는 경우에는 차주는 계약 또는 목적물의 성질에
의한 사용·수익이 종료한 때에 반환하여야 한다(§613 Ⅱ). 예컨대, 6·25사변 당시
피난민을 수용할 목적으로 국가에 토지사용을 허용하였는데 휴전 후에도 국가가
다른 용도로 계속 사용하자 건물철거 및 토지반환을 청구한 사건에서 법원은 권
리남용을 부정하였다(66다1368). 목적물의 성질에 의한 사용·수익이 종료한 것으
로 본 것이다.

라. 철거 및 원상회복의무

계약의 해지 또는 종료로 차용물을 반환할 때에 차주는 자신의 편의를 위해
부속시킨 물건이 있으면 이를 철거하는 등 원상회복하여 반환하여야 한다(§615).
계약해제에 따른 원상회복은 부당이득의 성질이 있지만 사용대차에서는 차용물
자체가 가진 원래의 현상을 의미한다.

마. 공동차주의 연대의무

수인이 공동하여 물건을 차용한 때에는 연대하여 그 의무를 부담한다(§616).

Ⅲ. 종 료

1. 약정기간의 만료

당사자가 사용대차의 약정기간을 정한 경우에는 그 기간의 만료로 계약이
종료된다(§613 Ⅰ). 당사자가 약정기간을 정하지 않은 경우에는 계약 또는 목적물
의 성질에 의한 사용·수익이 종료한 때에 계약이 만료된다(§613 Ⅱ).

2. 해 지

가. 대주의 해지

차주가 차용물을 정하여진 용법의 범위를 벗어나 사용·수익하거나 대주의 승낙없이 제3자에 사용·수익하게 한 때에는 대주는 계약을 해지할 수 있다(§610 Ⅲ). 이때 대주는 계약을 해지하지 않더라도 소유자로서 제3자에게 인도를 청구할 수 있다(§213).

한편 차주가 사망하거나 파산선고를 받은 때에는 대주는 계약을 해지할 수 있다(§614). 이에 대해 판례는 건물의 소유를 목적으로 하는 토지의 사용대차에 있어서는 차주가 사망하여도 해지할 수 없다고 보았다(93다36806). 이는 일반적인 해지사유를 부정했다기보다는 지상건물을 보호하기 위한 불가피한 판결이다.

그 밖에 반환기간의 약정이 없는 경우 사용·수익에 충분한 기간이 경과한 때에도 대주는 계약을 해지할 수 있다(앞 Ⅱ. 1. 대주의 권리의무에서 설명함).

나. 차주의 해지

사용대차의 약정기간이 있거나 없더라도 차주가 차용물을 미리 반환하는 것은 기한의 이익을 포기하는 것으로 볼 수 있다(§153). 차주는 다른 특약이 없는 한 언제든지 해지할 수 있다.

3. 목적물 인도 전 해제

앞서 무이자부 소비대차에서 기술한 바와 같이, 차용물이 차주에게 인도되기 전에는 당사자 모두 계약을 해제할 수 있다(§§612, 601).

제 3 절 임대차

〈**사례1**〉 A는 B의 주택을 임차하여 거주하던 중, 장마철 폭우로 인해 지붕에 빗물이 스며들어 가구와 옷가지 등에 피해를 입었다. 그런데 지붕의 기와는 임대차계약 이전에 파손되어 있었다. 이 경우 A는 어떤 조치를 할 수 있는가?

〈**사례2**〉 위 사례에서 A가 이사 후 기와의 파손을 알았지만 이를 B에게 통지하지 않았다면 법률관계는 어떻게 달라지는가? 또 A의 손해배상 요구에 대해 B는 자기도 빗물 때문에 집이 망가지게 되었다고 손해배상을 요구할 수 있는가?

〈**사례3**〉 상가임차인 A는 더 이상 임대차계약의 갱신을 요구할 수 없게 되자 임대인 B에게 자신이 주선하는 C와 임대차계약을 요구하였다. 그러나 B는 자신이 직접 상가를 운영하겠다면서 반환을 요구하여 권리금을 회수하지 못하였다. 이 경우 A는 B에게 손해배상을 청구할 수 있는가?

[1] 의의 및 부동산임차권의 물권화

Ⅰ. 의의 및 사용대차의 준용

1. 의의와 법적 성질

가. 임대차는 당사자 일방이 상대방에게 목적물을 사용·수익하게 하고, 이에 대하여 상대방이 차임을 지급할 것을 약정하는 계약이다(§618). 차임의 지급은 임대차의 본질적 요소가 되지만, 임대인이 그 목적물에 대한 소유권 기타 이를 임대할 권한이 없다고 하더라도 임대차계약은 유효하게 성립한다(2008다38325).

나. 임대차는 소비대차·사용대차와 같이 타인의 물건을 사용·수익하는 계약관계이다. 다만, 임차인은 그가 사용·수익한 임차물 자체를 반환해야 하고 소유권을 취득하지 않는 점에서 소비대차와 다르고, 사용·수익의 대가로서 차임을 지급하는 점에서 사용대차와 다르다.

다. 임대차는 매매와 함께 실제의 경제생활에서 매우 중요한 기능을 담당하는 대표적인 전형계약이다.

　　라. 임대차는 유상·쌍무·낙성·불요식의 계약이다.

2. 사용대차 규정의 준용

　　사용대차가 무상이라는 것을 제외하고는 임대차와 유사한 점이 많다. 이에 따라 사용대차에 있어서 차주의 권리와 의무에 관한 규정은 임대차에 준용한다 (§654). 즉 차주의 차용물에 대한 사용·수익권(§610), 부속물철거권(§615), 비용상환청구권(§617)과 같은 권리와 공동차주의 연대의무(§616) 및 용법에 위반한 사용수익으로 발생한 손해배상의무(§617)는 임대차에도 준용된다.

Ⅱ. 부동산임차권의 물권화

1. 용익물권과 임차권

　　타인의 부동산을 사용하려면 지상권·지역권·전세권과 같은 용익물권을 활용하거나, 임대차계약을 통해 부동산임차권을 취득하는 방법이 있다. 그런데 임차권은 채권이어서 임차인의 지위가 불안하다. 이에 따라 부동산임차인의 지위를 보호하기 위하여 물권에서 인정된 내용들을 임차권에도 채택하는 입법을 하게 되었다. 이러한 경향을 '부동산임차권의 물권화'라고 한다.

2. 부동산임차권 강화의 내용

　　부동산임차권을 강화하는 내용으로는 우선 대항력을 인정하고(§§621 Ⅰ, 622 Ⅰ), 임차권의 처분을 허용하며(§629), 임차권의 침해에 대한 보호(§205 Ⅰ)를 들 수 있다. 그러나 민법의 규정만으로 부동산임차인을 보호하는 데 충분하지 않기 때문에 특별법을 두게 되었다.

　　특별법으로는 주택임차인을 보호하기 위하여 1981년 주택임대차보호법을 제정하였고, 상가건물의 임차인을 보호하기 위하여 2001년 상가건물임대차보호법을 제정하였다(자세한 내용은 아래 [8] '특수한 임대차' 참조).

[2] 임대차의 존속기간

Ⅰ. 기간을 정한 경우

1. 최장기 및 최단기 존속기간

임대차의 최장기간을 정하고 있었던 제651조가 삭제됨으로써 당사자가 계약으로 임대차기간을 정할 경우에 제한이 없다. 다만, 무한으로 정할 수는 없다고 할 것이다. 또한 최단기간에 관하여도 민법에는 제한규정이 없다.

임대차기간의 약정이 있는 경우에도 당사자 일방 또는 쌍방이 그 기간 내에 해지할 권리를 보류한 때에는 기간의 약정이 없는 경우와 마찬가지로 당사자는 언제든지 계약해지를 통고할 수 있다(§§ 636, 635). 이때에도 해지의 효력은 6월·1월·5일이 경과한 후에 생긴다.

2. 임대차의 갱신(기간의 연장)

민법에서는 당사자가 약정한 임대차의 존속기간의 갱신을 두 가지로 정하고 있다. 즉, 계약에 의한 갱신과 묵시의 갱신(법정갱신)이다.

가. 계약에 의한 갱신

계약자유의 원칙상 당사자는 임대차의 동일성을 유지한 채 임대차기간을 갱신할 수 있다. 그리고 제651조가 삭제됨으로써 갱신된 임대차의 존속기간에 제한이 없으며, 갱신 횟수에도 제한이 없다.

한편 건물 기타 공작물의 소유 또는 식목·채염·목축을 목적으로 한 토지임대차의 기간이 만료한 경우에 건물·수목 기타 지상시설이 현존하면 임차인은 계약의 갱신을 청구할 수 있다(§ 643). 이때에도 갱신이 성립하려면 임대인의 승낙이 있어야 한다. 다만, 임대인이 갱신을 원하지 않으면 임차인은 상당한 가액으로 그 공작물이나 수목의 매수를 청구할 수 있다(§§ 643, 283 Ⅱ). 이처럼 임차인의 갱신청구권과 매수청구권은 매우 밀접한 관계에 있다(자세한 설명은 아래 지상물매수청구권 참조).

나. 묵시의 갱신(법정갱신)

(1) 임대차기간이 만료한 후 임차인이 임차물의 사용·수익을 계속하는 경우에, 임대인이 상당한 기간 내에 이의를 하지 아니한 때에는, 이전 임대차와 동일한 조건으로 다시 임대차한 것으로 본다(§ 639 I). 임차인의 신뢰를 보호하기 위한 규정이다. 그러나 당사자는 제635조의 규정에 따라 언제든지 해지통고를 할수 있고, 일정한 기간이 경과하면 해지의 효력이 생긴다(§§ 639 I 단서, 635).

(2) 묵시의 갱신이 된 경우에 이전 임대차에 대하여 제3자가 제공한 담보는 이전 임대차기간이 만료된 때에 당연히 소멸한다(§ 639 II). 담보를 제공한 자의 예상하지 못한 불이익을 방지하기 위한 규정이므로 당사자들이 합의에 의해 임대차기간을 연장한 경우에는 적용되지 않는다(2004다63293). 또 여기서 담보라 함은 질권·저당권 그 밖의 보증을 가리키는 것이어서 임차보증금은 포함되지 않는다(76다951). 제639조는 제652조에서 열거하고 있는 강행규정에는 들어있지 않지만 판례는 강행규정으로 파악한다(71누8).

II. 기간을 정하지 않은 경우

1. 임대차기간의 약정이 없는 때에는 당사자는 언제든지 계약해지의 통고를 할 수 있다(§ 635 I). 해지통고가 있더라도 곧바로 해지의 효력이 발생하는 것은 아니고, 임차인을 보호하기 위하여 일정한 제한을 두고 있다.

2. 해지통고를 한 경우 해지의 효력은 상대방이 통고를 받은 날로부터 일정한 기간이 경과한 후에 발생한다(§ 635 II). 즉 토지·건물·기타 공작물의 임대차에 대하여는 임대인이 해지를 통고한 경우에는 6개월, 임차인이 해지를 통고한 경우에는 1개월이 각각 경과한 후에 해지의 효력이 발생하며, 동산임대차에 대하여는 당사자를 구분하지 않고 상대방이 통고를 받은 날로부터 5일이 경과하면 해지의 효력이 발생한다. 제635조는 편면적 강행규정이다(§ 652).

3. 해지통고로 임대차계약이 종료된 경우 이미 임대물이 적법하게 전대되었다면 임대인은 전차인에 대하여 그 사유를 통지하지 않으면 해지로써 전차인에게 대항하지 못한다(§ 638 I). 전차인이 임대인의 통지를 받은 때에는 제635조 제2

항이 준용되어 통지를 받은 날로부터 일정기간이 경과한 후에 해지의 효력이 생긴다(§638 Ⅱ). 이 규정은 전차인을 보호하기 위한 강행규정이다(§652).

Ⅲ. 단기임대차

1. 임대차는 임차인이 임차물을 사용·수익할 수 있도록 하는 것이므로 '처분의 능력 또는 권한 없는 자'도 임대차계약을 체결할 수 있다. 그러나 무권리자가 임대차기간을 장기간으로 약정하는 것은 실질적으로 처분행위와 같은 것이어서 민법은 일정한 기간을 초과하는 임대차를 제한하고 있다.

2. 민법이 정하고 있는 제한기간을 초과하지 않는 임대차를 보통 '단기임대차'라고 한다. 단기임대차는 '처분의 능력 또는 권한 없는 자'도 체결할 수 있다. 제한기간은 다음과 같다(§619 1–4호). 즉 식목·채염 또는 석조·석회조·연와조 및 이와 유사한 건축을 목적으로 한 토지의 임대차는 10년, 기타 토지의 임대차는 5년, 건물 기타 공작물의 임대차는 3년, 동산의 임대차는 6개월을 초과하지 않아야 한다.

3. 처분의 능력 또는 권한 없는 자라는 것은 법률관계에 있어서 처분권 등 정당한 권리를 보유하지 않은 자, 즉 무권리자를 의미한다. 우리 민법에 무권리자로 볼 수 있는 규정은 의외로 많으며(§§249, 264, 273 Ⅰ, 276, 324 Ⅱ, 337 Ⅰ, 349, 450 Ⅰ, 610, 999 Ⅰ 등 다수), 이들에 의해 행해지는 처분행위가 광범위한 영역에서 나타나기 때문에 그 책임도 행위의 종류와 권리자와의 관계에 따라 각각 개별적으로 판단할 수밖에 없다.

4. 단기임대차의 기간은 제619조에서 정하는 제한기간 내에서 계약으로 갱신할 수 있다(§620 본문). 그러나 기간이 만료되기 전, 토지에 대하여는 1년, 건물 기타 공작물에 대하여는 3월, 동산에 대하여는 1월 내에 갱신하여야 한다(§620).

5. 처분권한이 없는 자(무권리자)가 제619조의 제한기간을 넘는 임대차계약을 체결한 경우에 대하여 학자들은 무권대리행위로 보면서 일부무효의 법리에 따라 제한기간을 넘는 기간만 무효가 된다고 한다. 판단컨대, 무권리자가 대리인의 현명 없이 자기의 이름으로 한 계약이므로 대리행위가 될 수 없고, 제한기간을 초과하는 임대차는 일체로서 실질적으로 처분행위가 된다. 이런 경우는 권리자의

추인을 핵심으로 하는 처분수권이론에 따라 해결하여야 한다. 즉, 권리자의 추인이 없으면 계약 자체가 효력이 없기 때문에 무권리자가 체결한 계약이 효력이 있으려면 권리자의 추인이 필요하다. 추인에 의해 계약은 소급적으로 효력이 있다. 이때 계약의 당사자는 권리자(임대인)와 상대방(임차인)이며, 무권리자는 임대차계약에서 배제된다.

[3] 임대인의 권리·의무

Ⅰ. 목적물을 사용·수익하게 할 의무

1. 목적물 인도의무

임대인은 임차인이 임차물을 사용·수익할 수 있도록 이를 인도하여야 한다(§ 623). 그러므로 임차인이 아닌 제3자에게 목적물을 양도 또는 임대함으로써 임차인이 사용·수익할 수 없었다면 채무불이행책임을 진다. 또 용익권에 의한 제한으로 임차인이 목적물을 사용·수익할 수 없었던 경우에도 임대인은 채무불이행책임과 담보책임(§ 567)을 부담한다.

2. 방해제거의무

임대인은 제3자가 점유침탈 등의 방법으로 임차인의 목적물에 대한 사용·수익을 방해하는 경우에는 그 방해를 제거할 의무가 있다. 비록 임차물을 점유하는 임차인이 점유보호청구권을 가진다고 하더라도 임대인은 임차목적물에 대한 제3자의 방해를 제거할 의무가 있다.

3. 유지·수선의무

임대인은 임차인에 대하여 목적물의 사용·수익에 필요한 상태를 유지하게 할 의무를 부담한다(§ 623). 이에 따라 목적물이 파손되거나 장애가 생겨 사용·수익을 방해할 정도라면 임대인은 수선의무를 진다. 전세권에서 전세권자가 유지관리와 수선의무를 부담하는 것과 다르다(§ 309).

가. 수선의무의 대상

수선의무의 대상이 되는 임대목적물의 파손 또는 장애는 임대차기간 중에 드러난 것에 한정되지 않으며, 임차인에게 목적물을 인도할 당시에 이미 존재하고 있었던 것도 포함된다. 그러나 그 파손이나 장애가 임차인이 쉽게 고칠 수 있을 정도의 사소한 것이고, 계약 당시에 약정하지 않은 사용·수익을 위한 것이라면 임대인에게는 수선의무가 없다(96다28172). 수선의무는 수선이 가능한 때에만 인정되며, 불가능한 때에는 목적물의 일부나 전부의 멸실로 인한 이행불능이 문제된다.

한편 임대목적물이 천재 기타 불가항력 또는 임차인의 유책사유로 인하여 파손된 경우에도 임대인에게 수선의무가 있다. 다만, 파손이 임차인의 유책사유로 인한 경우에는 암차인의 보관의무위반이나 불법행위로 인한 손해배상을 청구할 수 있다.

나. 임차인의 인용의무

임대인이 임대물의 보존에 필요한 수선을 하는 때에는 임차인은 이를 거절하지 못한다(§ 624). 그러나 임대인이 임차인의 의사에 반하는 보존행위로 인하여 임차의 목적을 달성할 수 없는 때에는 임차인은 계약을 해지할 수 있다(§ 625).

다. 수선의무의 면제특약

사용대차의 경우 차주가 통상의 보존비용을 부담하는(§ 611) 것과 달리, 임대인이 수선의무를 부담하는 이유는 임대차계약이 유상계약이기 때문이다. 그러므로 사적 자치의 원칙상 임대인의 수선의무도 특약에 의하여 이를 면제하거나 임차인의 부담으로 돌릴 수 있다. 그러나 수선의무의 범위를 명시하지 않았다면 통상 생길 수 있는 파손의 수선 등 소규모의 수선에 한하여 임대인이 수선의무를 면제하거나 임차인이 수선의무를 부담한다(94다34692, 34708).

라. 수선의무의 불이행

임대인의 수선의무 불이행에 대하여 임차인은 채무불이행에 의한 손해배상청구권(§ 390)과 임대차계약의 해지권(§ 544)을 행사할 수 있으며, 차임지급거절권

(2014다65724) 또는 감액청구권을 가진다. 판례는 임대인이 건물의 유지·관리의무를 위반하여 건물의 하자로 인해 임차인이 손해를 입었다면 공작물책임(§ 758 Ⅰ)과 수선의무 위반에 따른 채무불이행 책임을 진다고 하였다(2017다227103).

〈사례1〉에서 A는 지붕의 파손 시기와 관계없이 즉시 B에게 통지하여 수리를 요구할 수 있다. 또 가구의 손실에 대한 배상을 요구하면서 지붕을 수리해 줄 때까지 임대료 지불을 거부할 수 있다.

Ⅱ. 비용상환의무

임차인이 임차목적물에 필요비와 유익비 등을 지출한 때에는 임대인은 이를 상환할 의무가 있다.

1. 필요비

임차인이 임차물의 보존에 관한 필요비를 지출한 때에는 임대인에 대하여 그 상환을 청구할 수 있다(§ 626 Ⅰ). 임대인이 해야 할 목적물의 유지·수선의무를 임차인이 대신하여 보존에 관한 필요비를 지출한 때에는 임대차의 종료를 기다리지 않고 즉시 상환을 청구하도록 정한 것이다. 〈사례1〉에서 A는 B가 수리할 때까지 기다리지 않고 스스로 즉시 지붕을 수리하여 B에게 수리비용을 청구할 수 있다.

2. 유익비

임차인이 유익비를 지출한 경우에는 임대인은 임대차 종료 시에 그 가액의 증가가 현존한 때에 한하여 임차인의 지출한 금액이나 그 증가액을 상환하여야 한다(선택채권, § 626 Ⅱ 1문). 이 경우에 법원은 임대인의 청구에 의하여 상당한 상환기간을 허여할 수 있다(§ 626 Ⅱ 2문).

유익비는 임차물의 객관적 가치를 증가시키기 위하여 임차인이 투입한 비용이므로(91다8029) 임대차 종료 시 상환을 청구할 수 있다. 그러나 임차인이 자신의 비용으로 부가한 물건이 독립성을 가지는 경우에는 임차인이 그 소유권을 취득하게 되어 철거권과 부속물매수청구권이 문제된다. 이와 같이 유익비상환청구권은 건물임대차에서는 부속물매수청구권(§646), 토지임대차에서는 지상물매수청구권(§643)으로 발전하였다.

3. 임차인의 비용상환청구 포기

임차인의 비용상환청구권에 관한 제626조는 임의규정이므로 유익비를 포기하는 약정도 가능하다. 예컨대, 판례에서는 임대차 종료 시 임차인이 원상복구하기로 한 약정(95다12927), 임차인이 부착한 가건물이나 시설물을 임대인에게 증여한다는 약정(81다187), 증개축 부분은 무조건 임대인에게 귀속된다는 약정(80다589), 임차인은 목적물 관리 및 유지·보존에 따른 관리비와 수리비, 조세공과금 등 일체의 유지비를 부담하기로 한 약정(2002다38828, 94다44705, 44712) 등은 유익비를 포기한 것으로 해석한다.

4. 임차인의 유치권

임차인은 자신이 지출한 비용을 상환받을 때까지 임차목적물에 대하여 유치권을 행사할 수 있다. 이 경우 이미 임대차계약이 종료된 상황이므로 임대인은 임대료를 청구할 수 없다. 그러나 임차인이 목적물을 계약상 목적에 따라 사용·수익하면서 유치권을 근거로 반환을 거부한다면 임대인은 임대료 상당의 금원을 부당이득으로 청구할 수 있을 것이다(87다카2114, 2115, 2116). 물론 임차인이 목적물을 계속 점유했지만 계약상 목적에 따라 사용·수익하지 않았다면 임차인에게 실질적 이득이 없으므로 임대인에게 손해가 있더라도 부당이득의 반환을 청구할 수 없다(98다6497).

임차인이 지출한 비용의 상환청구는 임대인이 목적물을 반환받은 날로부터 6개월 내에 행사해야 한다(§§654, 617). 다만, 유익비에 관하여 법원이 상환기간을 정한 때에는 그 기간에 따른다.

Ⅲ. 임대인의 담보책임

임대차는 유상계약이므로 매매에 관한 규정이 준용되어(§567) 임대인도 매도인과 마찬가지로 담보책임을 진다. 임대인의 수선의무를 정하고 있는 제623조가 담보책임에 관한 특칙이 아니므로 수선의무가 있다고 하여 임대인의 담보책임이 배척되지 않는다.

결국 임차목적물에 하자가 있거나, 권리에 하자가 있는 때에는 임대인은 매도인의 담보책임에 관한 규정에 따라 책임을 진다. 〈사례1〉에서 A는 B에게 수선 요구와 별도로 주택의 하자로 인하여 발생한 가구와 옷가지에 대한 손해배상을 청구할 수 있고, 이로 인해 임차목적을 달성할 수 없다면 계약을 해지할 수 있다 (§§ 580, 575 Ⅰ). 이 청구권은 누수피해가 있었던 날로부터 6개월 이내에 행사하여야 한다(§ 582).

[4] 임차인의 권리·의무

Ⅰ. 임차인의 의무

1. 차임지급의무

가. 차임의 지급

임차인의 차임지급의무는 임대인의 목적물을 사용·수익하게 할 의무에 대응하는 의무로서 가장 핵심이 되는 임차인의 의무이다. 즉, 차임은 임차목적물의 사용대가이다(§ 618). 차임은 금전 기타의 물건으로 지급된다. 수인이 공동하여 임차한 때에는 연대하여 차임지급의무를 부담한다(§§ 654, 616).

임대인에게 임대목적물의 소유권이나 임대권한이 없어도 유효한 임대차계약을 체결할 수 있으며, 임대인의 의무가 이행불능이 되지 않는 한 임차인은 차임을 지급할 의무가 있다(2008다38325). 목적물의 사용·수익이 부분적으로 지장이 있는 경우에는 그 한도 내에서 차임의 지급을 거절할 수 있다(96다44778, 44785).

나. 차임증감청구권

(1) 임차물의 일부가 임차인의 과실 없이 멸실 기타 사유로 인하여 사용·수익할 수 없는 때에는 임차인은 그 부분의 비율에 의한 차임의 감액을 청구할 수 있다(§ 627 Ⅰ). 이 경우 잔존부분으로 임차의 목적을 달성할 수 없는 때에는 임차

인은 계약을 해지할 수 있다(§627 Ⅱ). 이 권리는 형성권이며, 제627조는 편면적 강행규정이다(§652).

(2) 임대물에 대한 공과부담의 증감 기타 경제사정의 변동으로 인하여 약정한 차임이 상당하지 않게 된 때에는 당사자는 장래에 대한 차임의 증감을 청구할 수 있다(§628). 이 규정은 임차인 보호를 위하여 사정변경의 원칙이 반영된 강행규정이다(§652). 즉, 임차인에게 불리한 경우는 무효가 되지만 임대인에게 불리한 경우는 무효가 되지 않는다. 예컨대, 임대인이 일방적으로 차임을 인상할 수 있고 임차인이 이의를 할 수 없다는 약정은 임차인에게 불리한 것이므로 효력이 없다(92다31163, 31170). 그러나 차임을 증액하지 않겠다는 특약이 신의칙에 반할 경우에는 형평의 원칙상 차임증액청구권이 인정된다(96다34061).

차임증감청구권은 형성권으로서 재판상뿐만 아니라, 재판 외에서도 행사할 수 있다(74다1124).

다. 차임지급의 연체와 해지

(1) 당사자는 차임의 지급시기를 자유롭게 정할 수 있다. 그러나 특약이나 지급시기에 관하여 다른 관습이 없는 경우에는 동산·건물·대지에 대하여는 매월 말에, 기타 토지에 대하여는 매년 말에 지급하여야 한다(§633). 그러나 수확기 있는 것에 대하여는 그 수확 후 지체없이 지급하여야 한다(§633 단서).

(2) 건물 기타 공작물의 임대차에는 임차인의 차임연체액이 2기의 차임액에 달하는 때에는 임대인은 계약을 해지할 수 있다(§640). 이 규정은 주택임대차에도 적용된다(주택임대차법 §6의3 Ⅰ 1호 참조). 다만, 일시임대차에는 적용되지 않는다(§653). 이 규정에 따라 임대차계약이 해지된 경우 임차인에게는 지상물매수청구권이 없다(62다496).

(3) 건물 기타 공작물의 소유 또는 식목·채염·목축을 목적으로 한 토지임대차의 경우에도 위 제640조를 준용하여 임차인의 차임연체액이 2기의 차임액에 달하는 때에는 임대인은 계약을 해지할 수 있다(§641). 다만, 그 지상에 있는 건물 기타 공작물이 담보물권의 목적이 된 때에는 그 저당권자에게 통지한 후 상당한 기간이 경과하여야 해지할 수 있다(§§642, 288).

라. 부동산임대인의 법정담보물권

민법은 임대인의 차임채권 및 기타 채권을 보호하기 위하여 일정한 경우 법률상 당연히 질권 또는 저당권이 성립한다는 규정을 두고 있다.

(1) **법정질권**   토지임대인이 임대차에 관한 채권에 의하여 임차지에 부속 또는 그 사용의 편익에 공용한 임차인의 소유동산 및 그 토지의 과실을 압류한 때에는 질권과 동일한 효력이 있다(§648). 건물 기타 공작물의 임대인이 임대차에 관한 채권에 의하여 그 건물 기타 공작물에 부속한 임차인 소유의 동산을 압류한 때에는 질권과 동일한 효력이 있다(§650). 예컨대, 축구화제조 판매업을 하는 임차인 소유의 축구화를 건물임대인이 압류한 경우 법정질권을 취득한다(2002나17089).

(2) **법정저당권**   건물 소유를 위해 토지를 임차한 자가 2년의 차임채권을 연체한 경우 토지임대인이 임차인 소유의 건물을 압류한 때에는 법정저당권이 성립한다(§649).

2. 임차물 보관의무·통지의무

가. 임차인은 임차목적물을 임대인에게 반환할 때까지 선량한 관리자의 주의로 보존하여야 한다(§374). 임차인이 주의의무를 위반하여 임차목적물이 멸실·훼손된 경우 임대인은 손해배상을 청구하거나(§390), 계약을 해지할 수 있다(§§544, 546). 임차인이 채무불이행책임을 면하려면 보존에 관하여 그가 선량한 관리자의 주의의무를 다했음을 입증해야 한다(91다22605).

나. 임차물의 수리를 요하거나 임차물에 대하여 권리를 주장하는 자가 있는 때에는 임차인은 지체없이 임대인에게 이를 통지하여야 한다(§634). 임차인이 통지의무를 해태하였다면 선량한 관리자의 주의의무를 위반한 책임이 있다. 그러나 임대인이 하자를 안 때에는 임차인에게 통지의무가 없다(§634 단서). ⟨사례2⟩에서 A가 지붕파손을 모르고 있는 B에게 통지하지 않았다면서 지붕누수로 인한 손해를 스스로 감내한 것이므로 B에게 주택의 하자로 인한 담보책임을 물을 수 없을 것이다. 오히려 B는 A의 통지의무 해태로 인한 손해배상을 청구할 수 있고, 이때 배상의 범위는 빗물로 인해 집이 망가진 한도라고 할 것이다.

3. 임차물 반환의무

임차인은 임대차가 종료한 때에 임차물을 반환할 의무가 있다. 이때 임대인이 임차보증금을 반환해야 한다면 임차물의 반환과 동시이행관계에 있다(87다카2114, 2115, 2116).

임차인의 임차물반환의무가 이행불능이 된 경우에 그의 이행불능이 자기가 책임질 수 없는 사유로 인한 것이라는 증명을 하지 못하면 임차인은 이로 인한 손해를 배상할 책임이 있으며, 그 이행불능이 화재로 인한 경우 화재발생 원인이 밝혀지지 않은 때에도 마찬가지이다(2012다86895, 86901).

임차인이 차용물을 반환할 때에는 이를 원상에 회복하여야 한다(§§ 654, 615 1문). 임차물에 대한 통상의 용익을 방해하는 것을 제거하고, 임차인이 임차물을 인도받았을 때의 상태로 회복시키면 된다. 다만 원상회복의무의 내용과 범위는 계약체결의 경위와 내용, 임대 당시 목적물의 상태, 임차인의 수리나 변경내용 등을 고려하여 구체적으로 정해야 한다(2017다268142). 임대인의 귀책사유로 임대차계약이 해지된 경우에도 임차인은 원상회복의무를 부담한다(2002다42278). 또 임차인이 영업시설비를 청구하지 않겠다는 약정만으로 시설에 대한 원상회복의무를 면제하는 것은 아니라고 한다(2006다39720, 2002다42278).

임차인이 임차물에 부속한 물건이 부합물이 아닌 이상 임차인 소유의 부속물이므로 임차물을 반환할 때에는 이를 철거할 수 있다(§§ 654, 615 2문).

Ⅱ. 임차인의 권리

1. 임차물의 사용·수익권(임차권)

임차인이 임차목적물을 사용·수익할 수 있는 권리를 임차권이라고 한다. 임차권의 본질은 채권이지만, 부동산임차권의 경우에는 임차인을 보호하기 위하여 예외적으로 대항력을 인정하고 있다.

가. 임차권의 범위

임차인은 임차목적물의 성질에 정하여진 용법으로 이를 사용·수익하여야 한다(§§654, 610 Ⅰ). 예를 들어, 사무실을 빌려서 주거용으로 사용하면 용법에 위반하게 된다. 이 경우 임대인은 위반행위의 정지 및 손해배상을 청구하거나 계약을 해지할 수 있다. 임대인이 손해배상을 청구할 때에는 목적물을 반환받은 날로부터 6개월 내에 행사하여야 한다(§§654·617).

또 임차인은 임대인의 승낙 없이 임차물을 타인에게 사용·수익하게 할 수 없다(§629 Ⅰ, 자세한 사항은 아래 양도와 전대 참조). 최근 판례는 집합건물의 구분소유자가 정당한 권원 없이 공용부분(복도, 계단 등)을 무단으로 점유해 사용했다면 부당이득이 된다고 하였다(2017다220744 전원합의체).

나. 임차권의 대항력

(1) 임차권은 채권이므로 임대인이 목적물을 제3자에게 양도하면 임차인은 제3자의 반환청구에 대항하지 못한다. 즉 '매매는 임대차를 깨뜨린다'. 이에 우리 민법은 일정한 경우에 예외적으로 임차권에 대항력을 인정하여 임차권을 강화하고 있다. 임차목적물이 제3자에게 양도되더라도 임차권에 영향을 미치지 못하게 한 것이다.

(2) 부동산임차인은 당사자 간에 반대약정이 없으면 임대인에 대하여 그 임대차등기절차에 협력할 것을 청구할 수 있고(§621 Ⅰ), 부동산임대차를 등기한 때에는 그때부터 제3자(경락인을 포함한 새로운 양수인)에 대하여 효력이 생긴다(§621 Ⅱ).

(3) 건물을 지으려고 토지를 임차한 자가 임차권을 등기하지 않고 건물을 지어 보존등기를 했다면 건물이 멸실될 때까지 제3자(예, 토지매수인)에 대해 대항력을 가진다(§622 Ⅰ). 따라서 건물이 임대차기간 만료 전에 멸실 또는 노후로 낡아버린 때에는 토지임대차는 대항력을 잃는다(§622 Ⅱ). 이는 건물을 소유하는 토지임차인의 보호를 위하여 건물을 등기함으로써 토지임대차 등기에 갈음하는 효력을 부여한 것이다(2000다65802, 65819). 그러므로 설사 건물등기의 지번이 토지등기의 지번과 일치하지 않더라도 그 지상건물이 등기부상의 건물표시와 사회통념상 동일성이 있고 그것이 임차한 토지 위에 건립되어 있다면 대항력을 갖추었다고 본다(86다카1119).

(4) 주택임대차법에서는 임대주택의 경우 양수인은 임대인의 지위를 승계한 것으로 본다고 하여(주택임대차법 §3 Ⅳ), 임차인은 양수인에 대하여도 임차권을 주

장할 수 있다.

2. 건물임차인의 부속물매수청구권

가. 의의 및 법적 성질

건물 기타 공작물의 임차인이 그 사용의 편익을 위하여 임대인의 동의를 얻어 이에 부속한 물건이 있는 경우 임대차 종료 시에 임대인에게 그 매수를 청구할 수 있는 권리가 부속물매수청구권이다(§646 Ⅰ). 임대인으로부터 매수한 부속물에 대하여도 임차인은 임대인에게 그 매수를 청구할 수 있다(§646 Ⅱ).

부속물매수청구권은 형성권이므로 권리가 행사되면 임대인과 임차인 사이에 매매가 성립하게 된다. 또 제646조는 임차인 보호를 위한 편면적 강행규정이므로(§652) 임차인에게 불리한 약정은 무효가 된다.

나. 청구권의 발생

부속물매수청구권은 임대차가 종료한 때에 발생하며, 종료의 원인은 묻지 않는다. 또 비용상환청구권과 달리 매수청구권의 행사기간에는 제한이 없다. 나아가 임차인의 채무불이행으로 임대차계약이 해지된 경우에는 매수청구권을 행사할 수 없다(88다카7245). 이는 부속물매수청구권이 임대기간 만료 후 임차인이 투하한 자본의 잔존가치를 보호함을 목적으로 하기 때문이다.

다. 부속물

여기서 부속물이란 건물 기타 공작물에 부속된 물건으로 임차인 소유이면서 건물의 구성부분을 이루지 않지만, 독립성을 갖고 건물의 사용에 객관적 편익을 제공하는 물건이다(91다8029). 예컨대, 요식시설물의 접객용 방시설·주방시설·냉난방시설 등은 부속물이지만, 건물 외부의 숯불 피우는 시설·기름탱크·가스저장실·보일러실 및 인조조경목으로 된 휴식처 등은 건물의 부속물이 아니라고 한다(88나4751). 그러므로 임차물에 부가한 물건이 독립적이지 않고 임차물의 일부를 이루는 경우에는 비용상환청구권(§626)이 인정되며, 부속물매수청구권은 문제되지 않는다(80다589).

라. 부속물매수청구권의 승계

부속물매수청구권자인 임차인의 지위가 승계된 때에는 승계받은 임차인이 권리자가 된다(95다12927). 즉 최초 점포의 임차인이 임대인 측의 묵시적 동의하에 유리출입문과 새시 등을 설치했으나, 임차인의 원상회복의무나 양도 제외약정 없이 소유자와 임차인이 변경된 경우 종전 임차인의 지위를 승계한 임차인은 점포 소유자에게 부속물매수청구권을 행사할 수 있다.

3. 건물소유목적 토지임차인의 지상물매수청구권

가. 임차인의 갱신청구권과 매수청구권의 관계

건물 기타 공작물의 소유 또는 식목·채염·목축을 목적으로 한 토지임대차의 기간이 만료한 경우에, 건물·수목 기타 지상시설이 현존한 때에는 임차인은 계약의 갱신을 청구할 수 있다(§ 643). 다만, 임대인이 갱신을 원하지 않으면 임차인은 상당한 가액으로 그 공작물이나 수목의 매수를 청구할 수 있다(§§ 643, 283 Ⅱ). 이처럼 임차인은 1차로 갱신청구권을 행사할 수 있고, 임대인이 갱신을 거절하면 2차로 지상물의 매수를 청구할 수 있다.

여기서 갱신청구권은 형성권이 아니며, 청구권이므로 갱신청구만으로 갱신의 효과가 발생하지 않고 임대인의 승낙이 있어야 갱신의 효과가 생긴다. 이와 달리 지상물매수청구권은 형성권으로서 그 행사로 임대인·임차인 사이에 지상물에 관한 매매가 성립하게 되며, 임차인이 지상물의 매수청구권을 행사한 경우에 임대인은 그 매수를 거절하지 못한다(94다34265).

갱신청구권과 매수청구권을 정하고 있는 제643조는 편면적 강행규정이므로 이에 위반한 약정으로서 임차인에게 불리한 것은 효력이 없다(§ 652).

나. 임대차기간의 만료

임차인이 매수청구권을 행사하려면 당사자가 정한 임대차기간이 만료되었어야 한다. 기간의 정함이 없는 임대차에서 임대인이 해지를 통고한 경우 임차인은 매수를 청구할 수 있다(94다34265). 임차인이 차임연체와 같이 채무불이행을 이유로 임대차가 종료된 경우에는 매수청구권이 부정된다(2003다7685).

다. 매수청구권의 대상

매수청구권의 대상이 되는 지상물은 현존하여야 한다. 임대목적에 반한 축조되거나 임대인이 예상할 수 없을 정도의 고가인 경우가 아니라면 축조시기나 개별적 동의 여부는 문제되지 않는다(93다34589). 또 행정관청의 허가가 없는 무허가건물이라도 무방하다(97다37753). 그리고 지상물이 객관적으로 경제적 가치가 있는지 또는 임대인에게 필요한 물건인지는 매수청구의 요건이 아니다(2001다42080).

라. 매수청구권자와 상대방

지상물매수청구권은 그 소유자만이 행사할 수 있으므로(93다6386) 임대차기간이 만료하기 전에 지상물을 타인에게 양도했다면 임차인은 매수청구권을 행사할 수 없다. 마찬가지로 건물 소유를 목적으로 하는 토지 임대차에서 종전 임차인으로부터 미등기 무허가건물을 매수하여 점유하고 있는 임차인도 임대인에 대하여 지상물매수청구권을 행사할 수 있다(2013다48364, 48371).

한편 임대차계약 종료 후 임대인에게 매수청구권을 행사할 수 있는 상황이었다면 임대인으로부터 토지를 취득한 자에게도 매수청구권을 행사할 수 있다(96다14517).

마. 임차인의 매수청구와 임대인의 철거요구

기술한 바와 같이 임차인의 매수청구권은 강행규정이다. 그러므로 임차인이 임대차 종료 시에 건물을 철거하기로 한 특약은 매수청구권을 배제하기로 하는 약정이어서 임차인에게 불리하므로 무효가 된다(92다22435). 나아가 임대인에 의한 해지통고에 의하여 그 임차권이 소멸한 경우에도, 임차인은 계약갱신청구의 유무와 무관하게 건물매수청구권을 행사할 수 있다고 한다(2009다70012). 결국 임차인의 지상물매수청구에 대하여 임대인이 지상물의 철거를 요구해도 매수청구가 우선한다.

[5] 임차권의 양도와 임차물의 전대

Ⅰ. 의의 및 임대인의 동의

1. 의　의

가. 임차권의 양도는 임차권이 동일성을 유지하면서 양수인에게 이전하는 계약으로서 종래의 임차인이 임대차관계에서 탈퇴하고, 양수인이 새로운 임차인이 된다. 이와 같이 단순히 임차권의 양도에 그치지 않고, 임대차계약 전체가 양도된다는 점에서 그 성질은 면책적 계약인수이다(다수설은 지명채권의 양도로 파악한다). 또 처분행위로서 준물권행위가 된다.

나. 임차물의 전대는 임차인이 제3자에게 임차물을 사용·수익시키는 계약으로서 임차인은 여전히 종전의 계약상 지위를 유지하면서 임차인(전대인)과 제3자(전차인) 사이에서는 새로운 임대차관계가 성립한다. 판례는 임차인이 영업을 양도하면서 점포도 넘겨주는 계약을 체결하고, 임대인에게 양수인과 새로운 임대차계약의 체결을 요구했다면 점포에 대한 전대차계약이 아니라 임차권 양도계약을 체결한 것으로 보았다(2001다10960).

다. 임차권의 양도와 임차물의 전대 모두 낙성·불요식의 계약으로서 당사자 사이에서는 유효하게 계약이 성립한다. 그러나 계약의 당사자가 아닌 임대인에게 그 효력을 대항할 수 없다.

2. 제629조의 취지

민법 제629조는 임차인은 임대인의 동의 없이 그 권리를 양도하거나 전대하지 못하고, 임차인이 이에 위반한 때에는 임대인은 계약을 해지할 수 있다고 규정하고 있다. 이는 임대차계약은 당사자의 개인적 신뢰를 기초로 하는 계속적 법률관계이므로 임차인의 배신적 행위로부터 임대인의 인적 신뢰나 경제적 이익을 보호하려는 목적을 가진다(92다45308).

3. 임대인의 동의

가. 임차권의 양도와 임차물의 전대에는 원칙적으로 임대인의 동의가 필요하다(§ 629 Ⅰ). 만일 임대인의 동의를 얻지 않고 임차권을 양도하거나 임차물을 전대한 때에는 임대인은 계약을 해지할 수 있다(§ 629 Ⅱ).

예외적으로 건물의 임차인이 그 건물의 일부를 타인에게 전대하는 경우에는 임대인의 동의 없이 자유롭게 할 수 있다(§ 632). 물론 제629조는 강행규정이 아니므로 임대인의 동의를 요하지 않는다는 특약을 할 수 있다. 한편 임차인이 임대인과 임차권을 양도하지 않겠다는 약정을 했더라도 임대보증금반환채권의 양도까지 금지한 것은 아니라고 한다(93다13131).

나. 임차인이 임차권을 양도하거나 임차물을 전대하였더라도 양수인이나 전차인이 완전히 유효한 임차권을 취득할 수 있는지 여부는 임대인의 동의에 달려 있다. 임대인의 동의는 양도나 전대가 있기 전에는 물론 사후에 추인으로도 할 수 있다.

다. 그럼에도 불구하고 임차인이 임대인의 동의나 추인을 받지 못했다면 양수인이나 전차인은 임차권을 취득하지 못하게 된다(85다카1812). 여기서 임차인의 임차권에는 사용·수익의 권능만 있을 뿐 전속적인 것이 아니므로 그에게 처분권이 없다. 그러므로 이런 흠결을 보충하려면 임대인의 동의를 받아 줄 의무가 있다. 더구나 임차인은 양도계약과 전대차계약의 당사자이기 때문에 무권대리로 볼 수도 없다. 이때 임차인은 이들에 대해 권한 없이 타인의 물건을 양도하거나 임대한 경우와 마찬가지의 책임을 지게 된다. 결국 권리자인 임대인의 추인에 의해서만 임차인의 행위를 치유할 수 있다는 점에서 동의와 추인을 본질로 하는 처분수권이론을 유추 적용하는 것이 가장 적절할 것으로 보인다.

Ⅱ. 임대인의 동의 없는 양도와 전대

1. 동의 없는 양도

가. 임차인과 양수인과의 관계

임대인의 동의가 없어도 당사자 간에는 채권적으로 유효하므로 양수인은 임차권을 취득하지만, 임대인에게 자신의 임차권으로 대항할 수 없으므로 임대인의 권한을 대위행사할 수 없다(84다카188). 그러므로 임차인은 임대인의 동의를 받아 양도해 줄 의무가 있다(85다카1812). 동의를 받지 못할 경우 임차인은 담보책임을 진다(§567).

나. 임대인과 양수인과의 관계

양수인이 임대인에게 자신의 임차권을 주장할 수 없으므로 임차물의 점유는 불법점유가 된다. 그렇다고 임대인이 양수인에게 직접 반환을 청구할 수는 없다. 임대인은 임차인과 임대차관계에 있고, 양수인은 임차인과 양도계약관계에 있어 임대인과 양수인이 직접적인 관계가 없기 때문이다. 그러므로 임대인이 임차물의 반환을 청구하려면 임차인과의 임대계약을 해지해야 한다. 해지하기까지 양수인은 임차인의 이행보조자의 지위에 있다.

다. 임대인과 임차인과의 관계

임차인의 무단양도로 임대인은 해지권을 취득한다(§629 Ⅱ). 그러나 임차건물에 동거하는 부부 사이의 양도와 같이 배신적 행위라고 볼 수 없는 특별한 사정이 있는 경우에는 해지권이 발생하지 않는다고 한다(92다45308). 임대인이 해지하지 않는 동안 임차인으로서의 지위를 그대로 유지하므로 임차인은 임대인에게 차임지급의무와 임차물보관의무를 부담한다.

2. 동의 없는 전대

가. 임차인과 전차인과의 관계

앞에서 기술한 임차인과 양수인의 관계와 동일하다. 임대인의 동의가 없어도 당사자 간에는 유효하므로 전대인은 임차권을 취득하고, 임차인은 전차인에게 차임을 청구할 수 있다. 물론 임차인은 임대인의 동의를 받아 줄 의무가 있으므로 동의를 받지 못할 경우 담보책임을 진다(§567).

나. 임대인과 전차인과의 관계

전차인은 자신의 임차권을 임대인에게 대항하지 못한다. 그러나 임대차계약이 존속하는 한 임대인은 임차인에 대하여 차임청구권을 가지므로, 전차인에게 불법점유를 이유로 한 차임상당의 손해배상청구나 부당이득반환청구를 할 수 없다(2006다10323).

다. 임대인과 임차인과의 관계

임차인의 무단전대로 임대인은 해지권을 취득한다(§629 Ⅱ). 임대인이 해지하지 않는 동안 계속 임차인에게 차임청구권을 가진다. 전차인의 과실로 임차물이 멸실 또는 훼손되었다면 임차인은 임대인에 대하여 채무불이행의 책임을 진다.

일부전대의 경우에는 임대인에게 해지권이 없다(§632). 그러므로 임대인이 해지권을 취득하는 무단전대의 범위는 임차물을 타인에게 이용케 함으로써 임대인에게 불이익을 초래할 위험성이 있는 경우로 본다(4282민상125).

Ⅲ. 임대인의 동의 있는 양도와 전대

1. 동의 있는 양도

이 경우 임차권은 동일성을 유지하면서 확정적으로 양수인에게 이전된다. 이로써 양도인은 임대차관계에서 벗어나고, 양도 이후에 발생한 차임은 양수인이 부담한다. 그러나 양도인의 연체차임채무나 기타 의무위반에 의한 손해배상채무는 특약이 없는 한 이전되지 않는다. 임차인의 임대차보증금반환채권도 마찬가지로 임차인에게 승계되지 않는다(96다17202).

2. 동의 있는 전대

가. 임차인(전대인)과 전차인과의 관계

이들 사이의 관계는 계약자유의 원칙상 전대차계약의 내용에 의해 결정된다. 전대차에 의하여 전차인은 임대인에 대하여 직접 의무를 부담하지만(§630 Ⅰ), 임차인과의 전대차관계에 따른 권리·의무가 소멸되는 것은 아니다. 다만, 전차인이 임대인에게 직접 차임을 지급하면 그 한도에서 임차인(전대인)에 대한 차임지급의무를 면한다. 마찬가지로 임대차와 전대차가 동시에 종료하여 전차인이 임대인에게 목적물을 반환하면 임차인에 대한 반환의무도 면한다(95다23996).

최근 판례는 전대차계약의 내용변경으로 인하여 전차인이 임대인에 대하여 직접 부담하는 의무의 범위가 변경되더라도, 제630조 제1항의 취지에 반하지 않는 한 전차인은 변경된 전대차계약의 내용을 임대인에게 주장할 수 있다고 하면서 차임을 감액한 경우도 마찬가지라고 한다(2018다200518).

나. 임대인과 임차인과의 관계

전대차계약이 있더라도 이들의 관계에는 영향이 없다(§638 Ⅰ). 즉 임대인은 전차인에 대하여 권리를 행사할 수 있지만, 임차인에 대해서도 권리를 행사할 수 있다. 임대인은 차임청구나 해지권을 임차인에게 행사하여야 한다. 임대차계약을 해지한 경우 이 사실을 전차인에게 통지하지 않으면 그에게 해지를 가지고 대항할 수 없도록 하여 전차인을 보호하고 있다.

전차인의 과실로 임차물이 멸실 또는 훼손된 경우 임차인이 전차인의 선임·감독에 과실이 없으면 책임이 없다는 견해가 있다. 그러나 전차인은 임차인과 전대차관계에서 볼 때 피용자라기보다는 이행보조자의 지위에 있고, 제391조는 이행보조자의 선임·감독과 관련하여 채무자의 면책가능성을 정하고 있지 않다. 그러므로 전차인의 과실에 대하여 임차인은 임대인에 대해 채무불이행의 책임을 진다.

다. 임대인과 전차인과의 관계

이들 사이에 직접적인 임대차관계가 없으므로 전차인이 임대인에 대하여 수선청구나 비용상환청구와 같은 권리가 없다. 그러나 민법은 임대인 보호를 위하여 전차인은 임대인에게 직접 의무를 부담한다(§630 Ⅰ 1문)고 정한다. 전차인이 부담하는 주요한 의무는 임차물의 보관의무·의무위반에 의한 손해배상의무·임대차 종료 시 임차물반환의무 등이다. 그리고 전차인이 차임을 임차인(전대인)에게 지급한 경우 임대인에게 대항할 수 없다(§630 Ⅰ 2문). 그러나 전대차계약상의 차임지급시기 이후에 지급한 차임으로는 임대인에게 대항할 수 있고, 지급시기 전에 전대인에게 지급한 차임이라도 임대인의 차임청구 전에 차임지급시기가 도래한 경우에는 그 지급으로 임대인에게 대항할 수 있다(2018다200518).

임대인과 임차인의 합의로 임대차가 종료하더라도 임대인의 동의를 얻어 임차물을 전대한 경우에는 전차인의 권리는 소멸하지 않는다(§631). 이는 강행규정이다(§652).

라. 전차인 보호를 위한 특별규정

민법은 전대차계약이 적법하게 이루어진 경우 전차인을 보호하기 위하여 다음과 같은 특별규정을 두고 있다.

첫째, 임대차계약이 해지의 통고로 인하여 종료된 경우에 임대인은 전차인에 대하여 그 사유를 통지하지 않으면 해지로써 전차인에게 대항하지 못한다(§638 Ⅰ). 전차인이 전항의 통지를 받은 때에는 제635조 제2항에서 정한 기간이 경과한 후에 해지의 효력이 생긴다(§638 Ⅱ). 제638조는 강행규정이고, 일시사용을 위한 전대차에는 적용되지 않는다(§653).

둘째, 건물 기타 공작물의 소유 또는 식목·채염·목축을 목적으로 한 토지임차인이 그 토지를 전대한 경우에, 임대차 및 전대차의 기간이 동시에 만료되고 건물·수목 기타 지상시설이 현존한 때에는 전차인은 임대인에 대하여 전전대차와 동일한 조건으로 임대할 것을 청구할 수 있다(§644 Ⅰ). 이 경우 임대인이 임대할 것을 원하지 아니하는 때에는 전차인은 임대인에 대하여 상당한 가액으로 지상물매수를 청구할 수 있다(§§644 Ⅱ, 283 Ⅱ). 이 규정은 지상권자가 그 토지를 임대한 경우에 준용한다(§645). 제644조와 제645조는 모두 강행규정이다(§652).

셋째, 건물 기타 공작물의 임차인이 이를 전대한 경우에 전차인이 그 사용의 편익을 위하여 임대인의 동의를 얻어 이에 부속한 물건이 있는 때에는, 전대차의 종료 시에 임대인에 대하여 그 부속물의 매수를 청구할 수 있다(§647 Ⅰ). 임대인으로부터 매수하였거나 그 동의를 얻어 임차인으로부터 매수한 부속물에 대하여도 매수를 청구할 수 있다(§647 Ⅱ). 제647조는 강행규정이고, 일시사용을 위한 전대차에는 적용되지 않는다(§653).

[6] 보증금 및 권리금

부동산 특히 건물임대차에 있어서 임대인은 차임채권과 건물피해로 인한 손해배상채권을 담보할 목적으로 임차인에게 보증금을 요구한다. 또 임차건물의 위치 및 영업시설·신용·고객관계 등에 따른 유형·무형의 재산적 가치가 존재한다고 판단하여 임대인이나 임차인이 새로운 임차인에게 보증금 이외에 대가로 권리금을 요구하기도 한다. 그러나 민법에는 이들에 대한 규정이 없으며, 주택임대차법에는 보증금, 상가임대차법에는 보증금·권리금에 대한 규정을 두고 있다.

Ⅰ. 보증금

1. 의의와 성질

보증금은 부동산임대차(특히 건물)에 있어서 임대인의 채권을 담보하기 위하여 임차인이 임대인에게 교부하는 금전 기타의 유가물이다. 보증금은 임차인의 모든 채무(차임, 멸실·훼손에 따른 손해배상채무 등)를 담보하는 것으로서 피담보채무 상당액은 임대차관계의 종료 후 목적물이 반환될 때에 특별한 사정이 없는 한 별도의 의사표시 없이 보증금에서 당연히 공제된다(99다50729).

임차인은 임차물의 반환 시에 보증금의 반환을 청구할 수 있고, 임대차계약 종료 전에는 별도의 의사표시 없이 피담보채무가 임대차보증금에서 당연히 공제되지 않는다(2016다211309). 또 보증금에서 공제될 채무의 발생원인은 임대인이 주장하여야 하며 발생한 채권의 소멸에 관한 주장은 임차인이 증명하여야 한다(2005다8323, 8330).

보증금계약은 임대차계약에 부수적으로 체결되는 종된 계약으로서 보통 임대차계약과 동시에 체결되지만 임대차와는 별개로 양자가 불가분의 관계에 있지 않다. 그러므로 보증금계약이 무효가 되었다고 하여 임대차계약 자체가 무효로 되지 않는다(2013다42236). 이 계약의 당사자는 보통 임대인과 임차인, 임차인 대신 제3자도 당사자가 될 수 있다.

주택 및 상가건물에 대한 보증금의 증감청구권과 우선변제권에 관하여는 아래 '[8] 특수한 임대차'에서 따로 설명한다.

2. 보증금의 효력

가. 담보적 효력

보증금은 차임채무, 목적물의 멸실·훼손 등으로 인한 손해배상채무 등 임대차에 따른 임차인의 모든 채무를 담보한다. 여기에는 연체차임 및 그에 대한 지연손해금도 포함된다(2009다39233). 이에 따라 모든 피담보채무액은 임대차관계의 종료 후 목적물이 반환될 때에 특별한 사정이 없는 한 별도의 의사표시 없이 보증금에서 당연히 공제된다(2015다230020).

보증금으로 일정기간의 차임이나 기타 채무에 충당하는 것은 임대인이 임의로 결정할 문제이므로 충당하지 않고 임차인에게 차임의 지급을 청구할 수 있다. 따라서 임대차계약 종료 전에는 공제 등 별도의 의사표시 없이 연체차임이 임대차보증금에서 당연히 공제되는 것은 아니고, 임차인도 임대차보증금의 존재를 이유로 차임의 지급을 거절할 수 없다(2016다211309).

나. 보증금과 지연차임채권의 소멸시효

차임지급에 확정기일이 있는 경우 지급기일의 다음 날부터 지체책임이 발생하고, 보증금에서 공제되었을 때 지체책임이 소멸된다(2009다39233). 그러므로 연체차임에 대한 지연손해금의 발생종기는 임대계약 해지 시가 아니라 목적물이 반환되는 때이다.

임대차 존속 중 차임을 연체한 경우 특별한 사정이 없는 한, 차임채권의 소멸시효는 임대차계약에서 정한 지급기일부터 진행한다(2016다211309). 임대인은 소멸시효가 완성된 차임채권을 자동채권으로 삼아 임대차보증금 반환채무와 상계할 수 없다.

다. 보증금 반환청구권

임차인의 보증금반환청구권은 임차물을 인도할 때에 발생하지만, 이 청구권은 임대인의 목적물반환청구권과 동시이행관계에 있기 때문에 임대인이 적극적으로 권리를 행사하는지와 관계없이 시효로 소멸하지 않는다(2016다244224, 244231). 임차인이 임대차 종료 후 보증금을 반환받기 위해 목적물을 계속 점유하고 있는데도 보증금반환채권이 시효로 소멸한다면, 임차인은 목적물반환의무를 그대로 부담하면서 임대인에 대한 보증금반환채권만 상실하게 되기 때문이다.

3. 대항력 있는 임차권의 보증금 승계

부동산임대차를 등기한 경우(§621 Ⅱ)와 건물소유를 목적으로 한 토지임차인 그 지상건물을 등기한 경우(§622 I)에 임차인은 토지의 매수인에 대하여 임차권을 가지고 대항할 수 있다. 이와 같이 임차권에 대항력이 있는 경우 보증금에 대한 권리·의무는 당연히 매수인에게 승계된다.

　　판례는 부동산매수인이 임대차보증금 반환채무를 매매대금에서 공제하기로 했다면 이를 이행인수로 본다(2012다84370). 이 경우를 면책적 채무인수로 보기 위해서는 채권자, 즉 임차인의 승낙이 있어야 한다. 이와 달리 대항요건을 갖춘 임대주택의 양수인은 임대차보증금반환채무를 면책적으로 인수하고, 양도인은 임대차관계에서 탈퇴하여 임차인에 대한 임대차보증금반환채무를 면한다(2018다201610).

4. 보증금에 대한 분쟁

　　주택임대차법에는 보증금 중 일정액의 범위와 기준을 심의하기 위하여 법무부에 주택임대차위원회를 두도록 하였고(동법 §8의2 I), 또 주택임대차와 관련된 분쟁을 심의·조정하기 위하여 대통령령으로 정하는 바에 따라 대한법률구조공단·한국토지주택공사·한국감정원의 지사나 사무소에 주택임대차분쟁조정위원회를 둘 수 있다고 정한다(동법 §14 I). 주택임대차분쟁조정위원회에서는 차임 또는 보증금의 증감에 관한 분쟁과 보증금 또는 임차주택의 반환에 관한 분쟁 등을 심의·조정한다(동법 §14 Ⅱ).

　　상가임대차법에서도 주택임대차법에서와 동일한 목적으로 상가건물임대차위원회(동법 §14의2 I)와 상가건물임대차분쟁조정위원회(동법 §20 I)를 설치하도록 정하고 있다.

Ⅱ. 권리금

1. 권리금과 권리금계약

가. 권리금의 법제화

　　권리금은 상가를 매입하거나 임차할 때 관행적으로 수수되는 금전으로서 오랫동안 관습에 의하여 규율되어 왔다. 그러나 임차인이 투자한 비용이나 영업활동의 결과로 형성된 지명도나 신용 등의 경제적 이익이 임대인의 계약해지 및 갱신거절에 의해 침해되면서 권리금을 보호받으려는 임차인의 소송이 제기되어 왔고, 이를 통해 판례가 축적되어 왔다. 이에 따라 임차인에게는 권리금의 회수기회를 보장하고, 임대인에게는 정당한 사유 없이 임대차계약의 체결을 방해할 수 없도록 방해금지의무를 부과하는 등 권리금에 관한 법적 근거를 마련하기에 이르렀다. 즉, 2015년 5월 상가임대차법의 일부개정(법률 제13284호, 시행 2015.5.13.)을 통해 권리금에 대한 규정이 신설되었다(동법 §§10의3－10의7).

나. 권리금의 의의

상가임대차법 제10조의3에서는 권리금이란 임대차 목적물인 상가건물에서 영업을 하는 자 또는 영업을 하려는 자가 영업시설·비품, 거래처, 신용, 영업상의 노하우, 상가건물의 위치에 따른 영업상의 이점 등 유형·무형의 재산적 가치의 양도 또는 이용대가로서 임대인, 임차인에게 보증금과 차임 이외에 지급하는 금전 등의 대가를 말한다고 정한다. 상가건물의 권리금에 대한 설명은 여기서 하고, 기타 상가건물의 임대차에 대한 사항은 '[8] 특수한 임대차'에서 기술한다.

다. 권리금계약과 임대차계약과의 관계

신규임차인이 되려는 자가 임차인에게 권리금을 지급하기로 하는 계약을 권리금 계약이라고 한다(동법 §10의3 Ⅱ). 권리금계약은 임대차계약이나 임차권양도계약에 수반되어 체결되지만 임대차계약과는 별개의 계약이다(2012다115120). 다만 권리금계약이 임차권양도계약과 결합하여 경제적·사실적으로 일체로 행하여졌다면, 이들 계약이 불가분 관계에 있다고 볼 것이므로 권리금계약만을 따로 취소할 수 없다(2012다115120, 2016다261175).

2. 권리금에 대한 주요 규정

가. 적용범위의 확장

권리금에 대한 규정의 적용범위를 모든 상가건물임대차에 확대하여 적용한다(동법 §2 Ⅲ). 다만, 「유통산업발전법」에 따른 대규모점포 또는 준대규모점포의 일부인 경우와 「국유재산법」에 따른 국유재산 또는 「공유재산 및 물품 관리법」에 따른 공유재산인 경우에 해당하는 상가건물 임대차의 경우에는 권리금 규정을 적용하지 않는다(동법 §10의5).

나. 권리금의 회수기회 보호 및 신규임차인에 대한 정보제공 의무

임대인은 임대차기간이 끝나기 6개월 전부터 임대차 종료 시까지 임차인이 주선한 신규임차인이 되려는 자에게 권리금을 요구하는 등의 행위를 함으로써 신규임차인이 되려는 자로부터 권리금을 지급받는 것을 방해해서는 안 된다(동법 §10의4 Ⅰ). 이를 위반하여 임차인에게 손해가 발생한 경우 이를 배상하여야 한다(동법 §10의4 Ⅲ). 임차인은 임대인에게 신규임차인이 되려는 자에 대한 정보를 제공하도록 한다. 임차인은 임대인에게 임차인이 주선한 신규임차인이 되려는 자에 대한 정보를 제공하여야 한다(동법 §10의4 Ⅴ).

다. 표준권리금계약서의 사용권장

임차인과 신규임차인이 되려는 자가 권리금계약을 체결하기 위한 표준권리금계약서를 정하여 그 사용을 권장한다(동법 §10의6).

라. 전대차 제외

권리금의 보호대상에서 전대차를 제외하였다(동법 §13 Ⅰ).

마. 권리금에 관한 분쟁

주택임대차분쟁조정위원회에서는 권리금에 관한 분쟁에 대하여도 심의·조정한다(동법 §20 Ⅱ).

3. 권리금의 회수방해와 손해배상청구

가. 권리금계약의 체결

상가임대차법 제10조의4의 입법취지는 임차인이 권리금을 지급받을 수 있는 기회를 방해하는 임대인의 다양한 행위를 금지함으로써 임차인을 보호하려는 데 있다. 그러므로 신규임차인 사이에 반드시 권리금 계약이 미리 체결되어 있지 않더라도 임대인의 권리금 회수방해로 인한 손해배상책임이 성립할 수 있다. 그러나 권리금계약을 처음부터 예정하고 있지 않다면 권리금 회수의 방해로 손해가 발생했다고 볼 여지가 없다(2018다239608).

나. 신규임차인의 주선

임차인이 임대인에게 권리금 회수방해로 인한 손해배상을 청구하려면 원칙적으로 임차인이 신규임차인이 되려는 자를 주선하였어야 한다. 그러나 임대인이 신규임차인이 되려는 자와 임대차계약을 체결할 의사가 없음을 확정적으로 표시했다면 임차인이 실제로 신규임차인을 주선하지 않았더라도 임대인에게 권리금 회수방해로 인한 손해배상을 청구할 수 있다(2018다284226). 〈사례3〉에서 A가 신규임차인을 구하지 못한 것은 B가 상가를 직접 운영하겠다고 함으로써 신규임차인으로부터 권리금을 회수할 기회를 상실한 것이므로 A는 이로 인한 손해배상을 청구할 수 있다.

다. 임차인이 계약갱신요구권을 행사할 수 없는 경우

임대인은 임차인의 권리금 회수기회를 보호할 의무가 있다(2017다225312, 225329). 〈사례3〉에서 A가 계약갱신요구권을 행사할 수 없더라도 B에게 권리금 회수기회 보호 의무를 위반한 책임이 있다.

[7] 임대차의 종료

Ⅰ. 임대차의 종료원인

1. 존속기간의 만료

존속기간이 정해진 경우에는 갱신이 없는 한 기간이 만료되면 사전최고나 해지 없이 임대차가 종료한다(68다1537). 임대차기간 중의 해제·해지 의사표시에 일정한 절차나 제한이 있는 경우 임대차기간 만료에 의한 임대차계약의 종료 시에는 적용되지 않는다. 이 제한이 적용되려면 당사자 사이에 별도의 명시적 또는 묵시적 약정이 있어야 한다.

2. 해지의 통고

가. 임대기간을 약정하지 않은 경우에는 언제든지 해지를 통고할 수 있고(§635 I), 일정한 기간이 경과하면 임대차가 종료한다(§635 II). 임대차가 해지통고로 종료된 경우 임대물이 적법하게 전대된 때에는 전차인에게도 해지사유를 통지해야 그에게 대항할 수 있다(§638 I). 그러나 임차인의 차임연체로 임대인이 임대차계약을 해지한 경우에는 전차인에게 사유를 통지하지 않아도 전차인에게 대항할 수 있다(2012다55860).

나. 임대차의 존속기간이 약정된 경우에도 당사자 일방 또는 쌍방이 그 기간내에 해지할 권리를 보류한 때에는 제635조가 준용된다(§636).

다. 임차인이 파산선고를 받은 경우에는 임대차기간의 약정이 있는 때에도 임대인 또는 파산관재인은 제635조의 규정에 의하여 계약해지의 통고를 할 수 있다(§637 I). 이 경우에 각 당사자는 상대방에 대하여 계약해지로 인하여 생긴 손해의 배상을 청구하지 못한다(§637 II).

3. 해   지

다음과 같은 경우에는 존속기간의 약정 여부를 묻지 않고 임대차를 해지할 수 있다. ① 임대인이 임차인의 의사에 반하여 보존행위를 하는 경우에 임차인이 이로 인하여 임차의 목적을 달성할 수 없는 때(§625), ② 임차물의 일부가 임차인의 과실 없이 멸실 기타 사유로 인하여 사용·수익할 수 없는 경우에 그 잔존부분으로 임차의 목적을 달성할 수 없는 때(§627 II), ③ 임차인이 임대인의 동의 없는 임차권의 양도나 임차물의 전대를 금지한 규정에 위반한 때(§629 II), ④ 임차인의 차임연체액이 2기의 차임액에 달하는 때(§§640, 641), ⑤ 그 밖에 당사자 일방의 채무불이행이 있는 때(§§544, 546) 등이다. 여기서는 경과기간 없이 해지의 효력이 발생한다.

Ⅱ. 임대차 종료의 효과

앞에서 기술한 종료원인, 즉 존속기간의 만료나 해지통고 및 해지에 의하여 임대차가 소멸한 때에는 장래에 대하여 효력이 발생할 뿐이지, 소급효가 없다(§ 55). 또 임대차가 종료되기 이전에 당사자 일방에게 과실이 있으면 이에 대한 손해배상을 청구할 수 있다(§ 551).

한편 임대차가 종료하면 임차인은 목적물을 원상으로 회복하여 반환할 의무를 부담한다. 물론 임차인이 임대인의 보증금반환의무를 이유로 임차물을 점유한 경우에는 동시이행관계에 있으므로 불법점유가 아니다. 다만, 임차인이 사용수익으로 실질적 이득을 얻었다면 차임상당의 부당이득을 반환해야 한다(87다카2114, 2115, 2116). 그러나 월차임 없이 임차보증금만 있는 채권적 전세의 경우에는 임차인이 사용·수익을 계속해도 부당이득이 되지 않는다(79다762).

[8] 특수한 임대차

Ⅰ. 주택임대차

1. 입법목적과 적용범위

가. 입법의 동기와 목적

임차인이 거주하고 있는 주택이 매매나 경매로 인하여 갑자기 소유자가 변경된 경우, 임차인은 기존 소유자에게 지급한 보증금의 반환을 새로운 소유자에게 주장할 수 없었다. 임차주택의 매수인이 매도인의 지위를 승계하지도 않고, 기존 소유자와 체결한 임대차계약은 채권적 관계에 불과하여 대항력이 없었기 때문이다. 그럼에도 불구하고 일반서민들은 임대인의 협조와 함께 번거로운 등기절차가 필요한 전세권을 설정하기보다는 비교적 계약이 자유로운 임대차를 선호하다보니 불이익을 당하는 사례가 빈번하였다. 이에 서민의 주거생활의 안정을 보장할 목적으로 임대차에 관하여 민법에 대한 특례를 규정한 것이 주택임대차법이다(동법 § 1).

나. 적용범위

(1) 본법은 주거용 건물(이하 주택)의 전부 또는 일부에 적용되며, 임차주택의

일부가 주거 이외의 목적으로 사용되는 경우에도 적용된다(동법 §2).

(2) 저소득층 무주택자의 주거안정을 위해 전세임대주택을 지원하는 법인이 임차한 주택(동법 §3 Ⅱ)과 중소기업이 직원의 주거용으로 임차한 주택(동법 §3 Ⅲ)에 대해서도 대항력과 우선변제권을 부여한다.

(3) 본법은 주택의 등기를 하지 않은 전세계약에 준용되며, 이 경우 전세금은 임대차의 보증금으로 본다(동법 §12).

(4) 본법은 일시사용하기 위한 임대차임이 명백한 경우에는 적용하지 않는다(동법 §11).

2. 대항력

가. 요   건

임대차를 등기하지 않은 경우에도 주택임대차법상의 대항력을 행사하려면 임차인은 주택의 인도를 받고 주민등록을 마쳐야 한다(동법 §3 Ⅰ).

여기서 '주택의 인도'란 사회통념상 사실적 지배가 있다고 볼 수 있는 객관적 관계를 가리키는 것으로서 물리적·현실적 지배일 필요는 없다(2017다212194). 즉, 임차인에게 현관열쇠나 자동문 비밀번호를 알려주는 방법으로도 주택을 인도할 수 있다.

또 주민등록은 거래의 안전을 위하여 임차권의 존재를 제3자가 명백히 인식할 수 있는 공시방법으로 마련된 것이므로 임차인이 착오로 임대차건물의 지번과 다른 지번에 주민등록(전입신고)을 하였다면 실제지번에 맞게 주민등록이 정리된 이후에 대항력을 취득한다(87다카1573). 입주 및 주민등록을 마친 임차인이 가족의 주민등록은 그대로 둔 채 임차인만 주민등록을 일시 다른 곳으로 옮겨도 대항력을 상실하지 않는다(95다30338). 또 대항력을 행사하려면 그 요건인 주택의 인도 및 주민등록이 계속 존속하고 있어야 한다(2003다25461). 즉, 주택의 점유와 주민등록 둘 다 유지되어야 대항력이 있으므로 둘 중 하나라도 없으면 대항력과 우선변제권을 모두 상실한다.

나. 효   과

임대차는 그 등기가 없는 경우라도 임차인이 주택의 인도와 주민등록을 마친 때에는, 그 다음 날부터 제3자에 대하여 효력이 생긴다(동법 §3 Ⅰ). 즉, 대항력이 생긴 이후에 이해관계를 맺은 자가 인도를 요구하여도 임차인은 이를 거절할 수 있다. 그러나 대항력이 생기기 이전에 이해관계를 맺은 선순위자가 있는 경우에는 그에게 임대차의 효력을 주장할 수 없다. 즉, 이미 저당권이나 가압류 등기가 되어 있는 주택을 임차한 자는 저당권의 실행이나 가압류의 본안판결에 따른 집행으로 임차주택을 경락받은 경락인에게 임차권을 주장할 수 없고(99다59306), 경매와 함께 소멸한다(동법 §3의5). 그러나 경매절차에서 보증금 중 일부만 배당받은 임차인이 동일주택을 계속 점유하면서 경락인으로부터 전전 매수한 소유자와 다시 임대차계약을 체결했다면 종전 임대차와 별개의 새로운 임대차계약으로서 대항력을 가진다(2020다38952, 38969).

3. 주택양수인의 임대인 지위 승계

임차주택의 양수인은 임대인의 지위를 승계한 것으로 본다(동법 §3 Ⅳ). 대항요건을 갖춘 주택임차권은 임대주택이 양도되더라도 양수인은 주택의 소유권과 결합하여 임대차계약상 일체를 승계하며, 양수인은 임대차보증금반환채무를 면책적으로 인수하고, 양도인은 임대차관계에서 탈퇴하여 임차인에 대한 임대차보증금반환채무를 면하게 된다(2018다201610, 2016다265689). 임차인의 임대차보증금반환채권이 가압류된 상태에서 양도된 경우에도 양수인이 채권가압류의 제3채무자 지위를 승계한다(2011다49523). 그러나 임차인이 임대인의 지위승계를 원하지 않는다면, 양도사실을 안 때로부터 상당한 기간 내에 이의를 제기해야 양도인의 임차인에 대한 보증금 반환채무가 소멸하지 않는다(2001다64615).

4. 주택임대차의 존속과 보호

가. 임대차기간

주택임대차에 있어서 당사자가 임대차기간을 정하지 않았거나 2년 미만으로 정한 때에는 그 기간을 2년으로 본다. 다만, 임차인은 2년 미만으로 정한 기간이 유효함을 주장할 수 있다(동법 §4 Ⅰ). 임대차기간이 끝난 경우에도 임차인이 보증금을 반환받을 때까지는 임대차관계가 존속되는 것으로 본다(동법 §4 Ⅱ). 임차인의 보증금반환채권을 보호하기 위한 특칙이므로 임대차가 종료된 상태에서도 임대인으로서의 지위는 당연히 양수인에게 승계된다.

나. 계약의 묵시적 갱신

임대인이 임대차기간이 끝나기 6개월 전부터 2개월 전까지의 기간에 임차인에게 갱신거절의 통지를 하지 않거나 계약조건을 변경하지 않으면 갱신하지 않는다는 뜻의 통지를 하지 않은 경우에는 그 기간이 끝난 때에 전 임대차와 동일한 조건으로 다시 임대차한 것으로 본다(동법 §6 Ⅰ 1문). 임차인이 임대차기간이 끝나기 2개월 전까지 통지하지 않은 경우에도 또한 같다(동법 §6 Ⅰ 2문). 임대인의 갱신거절 통지기간을 임대차기간 종료 전 1개월을 2개월로 변경함으로써 임차인을 보호하였다(2020.6.9. 개정).

묵시적 갱신의 경우 임대차의 존속기간은 2년으로 본다(동법 §6 Ⅱ). 그러나 임차인은 언제든지 임대인에 대하여 계약해지를 통지할 수 있고 이 해지는 임대인이 그 통지를 받은 날로부터 3개월이 지나면 효력을 발생한다(동법 §6의2). 임차인이 2기의 차임액에 달하도록 연체하거나 그 밖에 임차인으로서의 의무를 현저히 위반한 때에는 묵시의 갱신을 인정하지 않는다(동법 §6 Ⅲ).

다. 임차인의 계약갱신요구권 보장(신설)

주택임대차법은 2020년 7월 31일 서민의 주거안정을 보장하기에 충분하지 않다는 이유로 개정을 통해 제6조의3을 신설하였다. 여기에서 임차인에게 새롭게 계약갱신요구권을 보장하였다. 즉, 임대인은 임차인이 임대차기간이 끝나기 전 6개월 전부터 2개월 전까지 계약갱신을 요구할 경우 정당한 사유 없이 거절하지 못하며(§6의3 Ⅰ), 임차인은 계약갱신요구권을 1회에 한하여 행사할 수 있고, 갱신되는 임대차는 전 임대차와 동일한 조건이며 존속기간은 2년으로 한다고 정하였다(§§6의3 Ⅱ·Ⅲ). 물론 동조 제1항에서는 임차인의 계약갱신요구에 대해 임대인의 거절사유를 열거하고 있다. 그러나 거절사유 중에서 임대인이 실제 거주를 사유로 갱신을 거절하였음에도 불구하고 갱신요구가 거절되지 않았더라면 갱신되었을 기간이 만료되기 전에 정당한 사유 없이 제3자에게 목적 주택을 임대한 경우 임대인은 갱신거절로 인하여 임차인이 입은 손해를 배상하도록 정하고 있다(§§6의3 Ⅰ 8호·Ⅴ).

2020년 7월 소위 '임대차3법'(계약갱신요구권, 전월세상한제, 전월세신고제)으로 불리는 입법조치는 임대인의 횡포를 제한하는 한도에서 입법을 해야 하는데, 임대인을 과도하게 규제하는 방식을 취함으로써 이를 회피하려는 시도가 오히려 임차인에게 불리하게 작용하는 모습을 보이고 있다.

5. 차임과 보증금의 증감청구권

약정한 차임이나 보증금이 임차주택에 관한 조세, 공과금, 그 밖의 부담의 증감이나 경제사정의 변동으로 인하여 적절하지 아니하게 된 때에는 당사자는 장래에 대하여 그 증감을 청구할 수 있고, 증액을 청구하는 경우 임대차계약 또는 약정한 차임이나 보증금의 증액이 있은 후 1년 이내에는 하지 못한다(동법 §7 Ⅰ). 증액청구 시의 기준에 관하여 차임 등의 증액청구의 상한을 약정한 차임이나 보증금의 20분의 1의 금액으로 하되, 특별시·광역시·특별자치시·도 및 특별자치도는 관할 구역 내의 지역별 임대차 시장 여건 등을 고려하여 20분의 1의 범위에서 증액청구의 상한을 조례로 달리 정할 수 있도록 하였다(§7 Ⅱ).

그러나 차임증감청구권에 관한 이 규정은 임대차계약의 존속 중 당사자 일방이 약정한 차임 등의 증감을 청구한 때에 한하여 적용되고, 임대차계약이 종료된 후 재계약을 하거나 또는 임대차계약 종료 전이라도 당사자의 합의로 차임 등이 증액된 경우에는 적용되지 않는다(2002다23482).

6. 보증금 회수와 우선변제권

가. 요 건

임차인이 앞에서 기술한 바와 같이 주택의 인도와 주민등록을 통해 대항력을 갖추고, 임대차계약서에 확정일자를 받은 경우에는 민사집행법에 따른 경매 또는 국세징수법에 따른 공매를 할 때에 대지를 포함한 임차주택의 환가대금에서 후순위권리자나 그 밖의 채권자보다 우선하여 보증금을 변제받을 권리가 있다(§3의2 Ⅱ). 확정일자는 주택 소재지의 읍·면사무소, 동 주민센터 또는 시(특별시·광역시·특별자치시는 제외하고, 특별자치도는 포함한다)·군·구(자치구를 말한다)의 출장소, 지방법원 및 그 지원과 등기소 또는 공증인법에 따른 공증인(이하 이 조에서 "확정일자부여기관"이라 한다)이 부여한다(§3의6 Ⅰ). 그리고 주택의 임대차에 이해관계가 있는 자는 확정일자부여기관에 해당 주택의 확정일자 부여일, 차임 및 보증금 등 정보의 제공을 요청할 수 있고, 이 경우 요청을 받은 확정일자부여기관은 정당한 사유 없이 이를 거부할 수 없다(§3의6 Ⅲ).

나. 우선변제권의 효력발생

우선변제권의 효력은 주택의 임차인이 주택의 인도와 주민등록을 마친 당일 또는 그 이전에 임대차계약증서상에 확정일자를 갖춘 경우에는, 주택의 인도와 주민등록을 마친 다음 날부터 발생하고(98다46938), 대항력이 먼저 구비된 다음에 확정일자를 받았다면 확정일자를 부여받은 날에 발생한다. 또 임차보증금을 계약 당시 전액 지급하지 않고, 일부를 대항요건과 확정일자를 갖춘 다음 지급했다면 대항요건과 확정일자를 갖춘 때를 기준으로 임차보증금 전액에 대해서 우선변제권이 있다(2017다212194). 한편 대항력과 확정일자를 구비한 후에 임대차계약이 갱신되어도 우선변제권은 대항력과 확정일자를 갖춘 때를 기준으로 한다(2012다45689).

다. 배당요구

임차인이 임차보증금에 대해 우선변제권이 있더라도 선순위 근저당권자가 있는 경우에도 그 다음 순위로 배당을 받을 수 있다. 그러나 임차인은 법원에 배당청구를 하지 않아도 당연히 배당을 받을 수 있는 채권자(민사집행법 §148)가 아니므로 매각기일 이전에 배당요구를 해야 배당을 받을 수 있다(민사집행법 §§84 Ⅰ, 88). 대항요건 및 확정일자를 갖춘 임차인은 임차주택과 대지가 함께 경매될 경우뿐만 아니라, 임차주택과 별도로 대지만 경매될 경우에도 대지의 환가대금에 대하여 우선변제권을 행사할 수 있다(주택임대차법 §3의2 Ⅱ). 이와 같은 우선변제권은 법정담보물권의 성격을 갖는 것이어서 임대차 성립 시의 임차 목적물인 임차주택 및 대지의 가액을 기초로 임차인을 보호하고자 인정되는 것이므로, 임대차 성립 당시 임대인의 소유였던 대지가 타인에게 양도되어 임차주택과 대지의 소유자가 서로 달라진 경우에도 마찬가지이다(2012다45689).

라. 보증금 회수상의 특칙

임차인이 임차주택에 대하여 보증금반환청구소송의 확정판결이나 이에 준하는 집행권원에 의하여 경매를 신청하는 경우에는 민사집행법 제41조가 요구하는 반대의무의 이행(주택명도)이 없어도 경매절차를 진행할 수 있다(주택임대차법 §3의2 I). 반대채무의 이행 또는 이행제공을 했다는 증명을 하여야 민사집행을 할 수 있다는 집행개시 요건을 완화시킨 것이다.

7. 임차권등기명령

가. 제도의 의미

주택의 점유와 주민등록 중 하나라도 없으면 대항력과 우선변제권을 모두 상실하기 때문에 임대차기간이 종료되어도 임대인으로부터 임차보증금을 반환받지 못할 것을 우려하여 이사를 못하는 문제점이 나타났다. 이에 따라 임차인을 보호하기 위하여 임차인 단독으로 임차권등기를 할 수 있도록 1999년에 임차권등기명령제도를 채택하였다.

나. 임차권등기명령 신청

임대차가 끝난 후 보증금을 전부 또는 일부를 반환받지 못한 경우에도 임차인은 임차주택의 소재지를 관할하는 법원에 임차권등기명령을 신청할 수 있다(동법 §3의3 I). 신청서에는 신청의 취지 및 이유 등 일정한 사항을 적어야 하며, 임차권등기의 원인이 된 사실을 소명하여야 한다(동법 §3의3 II).

다. 효 과

임차권등기명령이 집행되어 임차권등기를 하게 되면 임차인은 대항력과 우선변제권을 취득한다(동법 §3의3 V 본문). 다만, 임차인이 임차권등기 이전에 이미 대항력이나 우선변제권을 취득한 경우에는 그 대항력이나 우선변제권은 그대로 유지되며, 임차권등기 이후에는 대항요건을 상실하더라도 이미 취득한 대항력이나 우선변제권을 상실하지 않는다(동법 §3의3 V 단서). 한편 임차권등기가 된 주택을 그 이후에 임차한 임차인은 소액보증금의 우선변제를 받을 권리가 없다(동법 §3의3 VI).

민법 제621조의 규정에 의한 임대차등기도 임차권등기명령에 의한 임차권등기와 동일한 효력을 가지도록 함으로써 우선변제권을 부여한다(동법 §3의4 I).

라. 임차권등기의 한계

임차권등기명령에 따른 임차권등기는 임차인이 대항력이나 우선변제권을 취득하거나 이미 취득한 대항력이나 우선변제권을 유지하도록 해 주는 담보적 기능을 주목적으로 하므로 이 기능을 넘어서 채무자의 일반재산에 대한 강제집행을 보전하기 위한 처분의 성질이 없다. 그러므로 임차권등기명령에 따른 임차권등기에는 민법 제168조 제2호에서 정하는 소멸시효 중단사유인 압류 또는 가압류, 가처분에 준하는 효력이 없다(2017다226629). 또 임대인의 임차보증금 반환의무와 임차인의 임차권등기명령에 의한 임차권등기의 말소의무는 동시이행관계에 있는 것이 아니라, 사실상 이행지체에 빠진 임대인의 임차보증금 반환의무가 먼저 이행되어야 한다(2005다4529).

8. 소액임차인의 보호(보증금 중 일정액의 보호)

가. 우선변제를 받을 임차인 및 보증금 중 일정액의 범위와 기준

우선변제를 받을 임차인의 범위(동법 시행령 §11)와 보증금 중 일정액의 범위(동법 시행령 §11)는 2년에서 5년의 간격을 두고 주택시장의 변동에 따라 지속적으로 개정하고 있다. 이들 범위와 기준은 주택임대차위원회의 심의를 거쳐 대통령령으로 정한다(동법 §8 Ⅲ). 2021년 현재 서울과 과밀억제구역에서 우선변제받을 임차인의 보증금은 서울특별시는 1억 1,000만원, 과밀억제구역은 1억원 이하여야 한다(소액임차인). 이 금액을 초과하는 보증금으로 주택을 임차한 임차인은 소액임차인으로서 보호받지 못한다. 보호받을 범위에 해당하는 소액임차인은 서울특별시는 3,700만원, 과밀억제구역은 3,400만까지 우선배당받을 받을 수 있다. 그러나 소액임차인이 다수인 경우 우선변제를 받을 보증금의 총액은 대지가액을 포함한 주택가액의 2분의 1을 초과할 수 없다(동법 §8 Ⅲ, 동법 시행령 §10 Ⅱ).

나. 대항력 충족

소액임차인은 주택에 대한 경매신청의 등기 전에 주택의 인도와 주민등록을 통해 대항요건을 갖추어야 한다(동법 §8 Ⅰ 2문). 물론 확정일자까지 요구하지는 않는다. 공시방법이 없는 주택임대차에 있어서 우선변제의 요건으로서 주택의 인도와 주민등록은 우선변제권 취득 시에만 구비하면 족한 것이 아니라, 민사집행법상 배당요구의 종기까지 계속 존속하고 있어야 한다(2007다17475). 이는 확정일자를 갖춘 임차인은 물론이고 등기된 담보물권자보다도 우선하여 변제받을 특권을 소액임차인에게 부여하고 있다는 점에서 대항력의 요건만은 엄격하게 갖추도록 요구한 것이다.

다. 소액임차인

임대차계약의 주된 목적이 주택을 사용·수익하려는 것에 있이 아니고 선순위담보권자에 우선하여 채권을 회수하려는 데 목적이 있었다면 소액임차인으로 보호받을 수 없다(2007다23203). 그러나 실제 임대차계약의 주된 목적이 주택을 사용·수익하려는 것이고, 처음 임대차계약으로는 소액임차인에 해당하지 않았지만 새로운 임대차계약에서 보증금을 감액하여 소액임차인에 해당되었다면, 특별한 사정이 없는 한 소액임차인으로 보호받을 수 있다(2007다23203).

라. 우선변제

소액임차인은 보증금 중 일정액을 다른 담보물권자보다 우선하여 변제받을 권리가 있다(동법 §8 Ⅰ 1문). 소액임차인을 보호하기 위하여 민사집행법에서는 소액보증금을 압류금지채권으로 규정하고 있다(민사집행법 §246 Ⅰ 6호). 한편 대항력을 갖춘 소액임차인이 확정일자까지 받았다면 먼저 소액임차인으로서 보호받는 일정액을 우선 배당하고 난 후 남은 임차보증금채권에 대하여는 대항요건과 확정일자를 갖춘 임차인으로서의 순위에 따라 배당을 받을 수 있다(2007다45562).

Ⅱ. 상가건물임대차

1. 입법목적과 적용범위

가. 입법의 동기와 목적

상가건물의 임대차에서 일반적으로 경제적·사회적 약자인 임차인들은 임대료 인상문제, 임대인의 해지권한 남용, 임대차 기간의 불안정성, 월세산정 시 고율의 이자율 적용문제, 임대보증금의 미 반환 문제, 임차건물에 대한 등기의 어려움 등 각종 불이익을 감수하고 있었음에도 불구하고 이들을 보호하기 위한 법적 장치가 없었다. 이에 상가건물임차인들의 경제생활의 안정을 도모할 목적으로 상가건물임대차에 관하여 민법에 대한 특례를 규정한 것이 상가건물임대차보호법이다(동법 §1). 동법은 2001.12.29. 제정되어, 2002.11.1.부터 시행되고 있다.

나. 적용범위

본법은 상가건물(제3조 제1항에 따른 사업자등록의 대상이 되는 건물을 말한다)의 임대차(임대차 목적물의 주된 부분을 영업용으로 사용하는 경우를 포함한다)에 대하여 적용한다(동법 §2 Ⅰ 본문). 다만, 상가건물임대차위원회의 심의를 거쳐 대통령령으로 정하는 보증금액을 초과하는 임대차에 대하여는 적용하지 않는(동법 §2 Ⅰ 단서). 그러나 제1항 단서에도 불구하고 제3조, 제10조 제1항·제2항·제3항 본문, 제10조의2부터 제10조의9까지의 규정 및 제19조는 제1항 단서에 따른 보증금액을 초과하는 임대차에 대하여도 적용한다(동법 §2 Ⅲ). 또 본법은 일시사용하기 위한 임대차임이 명백한 경우에는 적용하지 않는다(동법 §16).

2. 대항력

상가건물임대차를 등기하지 않은 경우에도 임차인이 건물의 인도와 부가가치세법 제8조, 소득세법 제168조 또는 법인세법 제111조에 따른 사업자등록을 신청하면 그 다음 날부터 제3자에 대하여 대항력이 생긴다(동법 §3 Ⅰ). 그리고 임차건물의 양수인(그 밖에 임대할 권리를 승계한 자를 포함한다)은 임대인의 지위를 승계한 것으로 본다(동법 §3 Ⅱ). 상속에 따라 임차건물의 소유권을 취득한 자도 임차건물의 양수인에 해당하며, 임대인 지위를 공동으로 승계한 공동임대인들의 임차보증금 반환채무는 불가분채무이다(2015다59801).

3. 상가임대차의 존속과 보호

가. 임대차기간

당사자가 임대차기간을 정하지 않았거나 기간을 1년 미만으로 정한 경우 그 기간을 1년으로 본다(동법 §9 Ⅰ 본문). 다만, 임차인은 임대차기간을 1년 미만으로 주장하는 것은 가능하다(동법 §9 Ⅰ 단서). 임대차가 종료한 경우에도 임차인이 보증금을 돌려받을 때까지는 임대차 관계는 존속하는 것으로 본다(동법 §9 Ⅱ).

나. 묵시적 갱신

임대인이 임대차기간이 만료되기 6개월 전부터 1개월 전까지 사이에 임차인에게 갱신 거절의 통지 또는 조건 변경의 통지를 하지 않은 경우에는 그 기간이 만료된 때에 전 임대차와 동일한 조건으로 다시 임대차한 것으로 보며, 이 경우 임대차의 존속기간은 1년으로 본다(동법 §10 Ⅳ). 그러나 임차인은 언제든지 임대인에게 계약해지의 통고를 할 수 있고, 임대인이 통고를 받은 날부터 3개월이 지나면 효력이 발생한다(동법 §10 Ⅴ).

다. 임차인의 계약갱신요구권

임대인은 임차인이 임대차기간이 만료되기 6개월 전부터 1개월 전까지 사이에 계약갱신을 요구할 경우 정당한 사유 없이 거절하지 못한다(동법 §10 Ⅰ 본문). 임대인의 갱신 거절 통지에 제10조 제1항 제1호 내지 제8호에서 정한 정당한 사유가 없다면 갱신거절 통지의 선후와 관계없이 임차인은 계약갱신요구권을 행사하여 종전 임대차를 갱신할 수 있다(2013다35115). 임차인의 계약갱신요구권은 최초의 임대차기간을 포함한 전체 임대차기간이 10년을 초과하지 아니하는 범위에서만 행사할 수 있다(동법 §10 Ⅱ). 이 경우 갱신되는 임대차는 전 임대차와 동일한 조건으로 다시 계약된 것으로 본다. 다만, 차임과 보증금은 동법 제11조에 따른 범위에서 증감할 수 있다(동법 §10 Ⅲ).

4. 보증금의 효력

가. 보증금의 우선변제

제3조 제1항의 대항요건을 갖추고 관할 세무서장으로부터 임대차계약서상의 확정일자를 받은 임차인은 민사집행법에 따른 경매 또는 국세징수법에 따른 공매 시 임차건물(임대인 소유의 대지를 포함한다)의 환가대금에서 후순위권리자나 그 밖의 채권자보다 우선하여 보증금을 변제받을 권리가 있다(동법 §5 Ⅱ). 민사집행법에 따른 경매를 통해 임차건물이 매각되면 임차권은 소멸한다(동법 §8 본문). 다만, 보증금이 전액 변제되지 않은 대항력이 있는 임차권은 소멸하지 않는다(동법 §8 단서).

나. 보증금 중 일정액의 보호

임차인은 보증금 중 일정액을 다른 담보물권자보다 우선하여 변제받을 권리가 있다(동법 §14 Ⅰ 1문). 이 경우 임차인은 건물에 대한 경매신청의 등기 전에 제3조 제1항에서 정하고 있는 건물의 인도와 사업자등록의 요건을 갖추어야 한다(동법 §14 Ⅰ 2문). 이에 따라 우선변제를 받을 임차인의 범위(동법 시행령 §6)와 보증금 중 일정액의 범위(동법 시행령 §7)는 임대건물가액(임대인 소유의 대지가액을 포함한다)의 2분의 1 범위에서 해당 지역의 경제 여건, 보증금 및 차임 등을 고려하여 상가건물임대차위원회의 심의를 거쳐 대통령령으로 정한다(동법 §14 Ⅲ, 동법 시행령 §7 Ⅱ·Ⅲ).

2021년 현재 서울과 과밀억제구역에서 우선변제받을 임차인의 보증금은 서울특별시는 6,500만원, 과밀억제구역은 5,500만원 이하여야 한다. 이 금액을 초과하는 보증금으로 상가건물을 임차한 경우 소액임차인으로 보호받지 못한다. 보호받을 범위에 해당하는 임차인은 서울특별시는 2,200만원, 과밀억제구역은 1,900만까지 우선변제받을 수 있다. 여러 개의 구분점포를 동일 임대인으로부터 임차하여 단일 사업장으로 사용하는 경우 구분점포별로 각각 임대차계약을 체결했더라도 우선변제를 받을 임차인의 범위를 판단함에 있어서는 구분점포 전부에 관하여 동법 제2조 제2항에 따라 환산한 보증금액의 합산액을 기준으로 하여야 한다(2013다27152).

5. 임차권등기명령

임대차가 종료된 후 보증금이 반환되지 않은 경우 임차인은 임차건물의 소재지를 관할하는 법원에 임차권등기명령을 신청할 수 있다(동법 §6 Ⅰ). 임차권등기명령이 집행되어 임차권등기를 마치면 임차인은 대항력과 우선변제권을 취득한다(동법 §5 Ⅴ 본문). 다만, 임차인이 임차권등기 이전에 이미 대항력이나 우선변제권을 취득한 경우에는 그 대항력이나 우선변제권은 그대로 유지되며, 임차권등기 이후에는 대항요건을 상실하더라도 이미 취득한 대항력이나 우선변제권을 상실하지 않는다(동법 §6 Ⅴ 단서). 한편 임차권등기가 된 주택을 그 이후에 임차한 임차인은 우선변제를 받을 권리가 없다(동법 §6 Ⅵ).

통정허위표시로서 무효인 임대차계약에 기초하여 임차권등기명령을 받아 임차권등기를 마쳤다면, 임차권등기가 말소될 때까지 외형상으로 우선변제권 있는 임차인으로서 부동산담보권에 유사한 재산적 가치가 있는 이익을 취득하게 된다(2010도12732).

6. 차임연체 및 차임증감청구

가. 차임지급의 연체와 해지

임차인의 차임연체액이 3기의 차임액에 달하는 때에는 임대인은 계약을 해지할 수 있다(동법 §10조의8). 그러나 코로나19의 유행으로 인한 경제활동의 위축으로 차임지급을 연체하고 있는 임차인을 한시적으로 보호하기 위하여 2020년 9월 계약갱신요구 등에 관한 임시 특례규정을 신설하였다. 즉, 임차인이 법률 제17490호 상가건물임대차보호법 일부개정법률의 시행일부터 6개월까지의 기간 동안 연체한 차임액은 제10조 제1항 제1호, 제10조의4 제1항 단서 및 제10조의8의 적용에 있어서는 차임연체액으로 보지 않는다(동법 §10조의9 1문).

나. 차임 등의 증감청구권

차임 또는 보증금이 임차건물에 관한 조세, 공과금, 그 밖의 부담의 증감이나 '감염병의 예방 및 관리에 관한 법률'(약칭: 감염병예방법) 제2조 제2호에 따른 제1급 감염병 등에 의한 경제사정의 변동으로 인하여 상당하지 않게 된 경우에 당사자는 장래의 차임 또는 보증금에 대하여 증감을 청구할 수 있다(상가임대차법 §11 Ⅰ 본문). 그러나 차임 또는 보증금의 증액을 청구할 경우에는 청구 당시의 차임 또는 보증금의 100분의 5의 금액을 초과하지 못한다(동법 §11 Ⅰ 단서, 동법 시행령 §4). 만일 차임 증액비율을 초과하여 차임을 지급하였다면 증액비율을 초과하는 범위 내에서 무효이고, 임차인은 초과 지급된 차임에 대하여 부당이득으로 반환을 청구할 수 있다(2013다35115). 또 임대차계약 또는 약정한 차임 등의 증액이 있은 후 1년 이내에는 증액을 청구하지 못한다(동법 §11 Ⅱ).

한편 감염병예방법 제2조 제2호에 따른 제1급 감염병에 의한 경제사정의 변동으로 차임 등이 감액된 후 임대인이 차임 등의 증액을 청구할 때에는 증액된 차임 등이 감액 전 차임 등의 금액에 달할 때까지는 대통령령으로 정한 비율을 적용하지 않는다(동법 §11 Ⅲ). 동법 제10조의9와 함께 코로나19의 유행으로 인하여 신설된 규정이다.

제6장 노무관련 계약

제1절 고용계약

〈사례1〉 A는 코로나19로 직장을 잃은 B에게 자신의 정원 잔디를 깎아 달라고 부탁하였다. 3시간동안 정원의 잔디작업을 끝낸 B가 A에게 최저임금으로 3시간의 임금을 청구하였다. 이에 A는 보수를 주겠다는 약속을 하지 않았다면서 B의 청구를 거절하였다. A는 만일 혹시라도 자기가 보수를 줄 것 같은 행위를 했다고 한다면 착오를 이유로 취소하겠다고 한다. 취소할 수 있을까?

〈사례2〉 A는 자동차 엔진에 이상이 있어서 이를 수리하기 위하여 자동차공업사 B에게 수리를 부탁하였다. 공업사는 엔진부서 직원이 마침 휴가 중이어서 동일부서에 근무하다가 퇴직한 C를 불러 그에게 수리를 맡겼다. C는 오전 내내 엔진을 조사했지만 어디에 문제가 있는지 원인을 찾지 못했다. 그런데도 B는 A에게 수리비를 요구하였고, 또 C에게는 엔진 고장의 원인을 발견하지 못했으니 보수를 줄 수 없다고 통지하였다. B의 주장은 타당한가?

I. 의의 및 법적 성질

1. 의 의

고용이란 당사자 일방(노무자)이 상대방(사용자)에 대하여 노무를 제공할 것을 약정하고 상대방이 보수지급을 약정함으로써 성립하는 일종의 노무공급계약이다 (§655).

2. 법적 성질

유상·쌍무·낙성·불요식의 노무공급계약이다(§655). 노무를 어떻게 이용하여 어떤 목적을 달성하느냐는 전적으로 사용자의 권한에 속하며, 지휘·감독권이 사용자에게 있다.

가. 노무의 성질

고용은 노무자가 사용자의 지시에 따라 소극적으로 자신의 노무 자체를 제공한다는 점에서 다른 노무계약(도급, 위임 등)과 구별된다. 노무자 자신에 의한 노무의 공급 그 자체를 목적으로 하며, 일의 결과적 성부는 고려되지 않는다. 〈사례 2〉에서 A가 B에게, B는 다시 C에게 엔진의 수리를 의뢰하였는데, 이들은 그 성질이 서로 다르다. 즉 A가 B에게 수리를 의뢰한 것은 일의 결과에 대하여 보수를 지급하겠다는 일의 완성을 약정한 도급계약이고, B가 C에게 수리를 의뢰한 것은 의도한 결과를 실현하지 못했더라도 노무제공에 대한 대가를 지급해야 하는 고용계약이다.

나. 유상·쌍무계약

고용은 유상·쌍무계약으로서 보수의 약정이 없는 계약은 고용계약으로 볼 수 없으며, 무명계약이다. 물론 보수지급은 묵시적으로도 합의할 수 있다. 〈사례 1〉에서 A가 보수를 약정하지 않았더라도 묵시적인 합의가 있었던 것으로 보이고 이미 잔디를 깎는 노무제공이 있었으므로 보수를 지급해야 한다.

보수의 종류에 관하여는 금전에 한하지 않으며, 금전 이외의 물건의 급부 및 기술의 전수 등 제한이 없다.

다. 낙성·불요식

고용은 당사자의 합의만으로 성립하고, 합의에는 어떤 방식도 요구되지 않는다.

3. 사회적 작용

현대사회에서 구체적 인간관이 인식됨에 따라 나타나게 된 노동운동의 결과 노동법이론이 발전되면서 근로계약이 점차 노동법원리에 의해 규율되게 되었다. 특히 국가가 개입하고 통제하는 근로기준법을 통해 근로계약의 범위가 확대됨에 따라 계약자유의 원칙에 입각한 민법의 고용계약은 상대적으로 근로기준법에 적

용되지 않는 아주 좁은 범위에만 의미를 갖게 되었다. 즉 민법의 고용계약이 적
용되는 경우는 상시 4명 이하의 근로자를 사용하면서도 근로기준법의 적용이 배
제된 사업 및 사업장(근로기준법 §11 Ⅱ), 가사사용인, 동거 친족만을 사용하는 사
업 또는 사업장(근로기준법 §11 Ⅰ 단서)에 불과하게 되었다.

그럼에도 불구하고 민법의 고용계약은 일반규정으로서 근로계약에 기초이론
을 제공하고 있으며, 노동입법의 흠결을 보충하는 기능을 하고 있다.

Ⅱ. 고용의 성립

1. 성립요건

가. 당사자의 합의

고용계약은 낙성계약이므로 당사자의 합의가 있어야 한다. 여기서 합의는
노무자가 일정한 노무를 제공하고, 이에 대해 사용자는 보수를 지급할 것을 약정
함으로써 이루어진다. 다만 보수지급에 관하여 약정하지 않았다면 관습에 따른다
(§656 Ⅰ).

나. 당사자의 능력과 자격

고용계약은 사용자가 보수를 주고 타인의 노동력을 이용한다는 점에서 계약
자유원칙을 활용하여 노동을 강제하거나 힘든 노동시장에 떠밀려 인적 지배가
개입될 여지가 많다. 더구나 고용계약에는 최저연령에 대한 규정이 없기 때문에
행위능력에 관한 일반원칙에 따라 고용계약의 유효성을 판단할 수밖에 없다.

이와 달리 근로기준법에서는 최저연령 15세를 초과하고, 취업인허증을 소지
한 자만이 근로자가 될 수 있다고 정한다(동법 §64 Ⅰ) 또 미성년자의 근로계약을
친권자나 후견인이 대리할 수 없도록 정하고 있다(동법 §67 Ⅰ).

다. 신원보증계약과의 관계

고용계약을 체결하면서 신원보증계약을 같이 체결하는 경우가 많다. 그러나
신원보증계약은 고용계약에 부수하여 맺어지는 종된 계약에 불과하므로 고용계
약의 성립요건이 아니다. 신원보증의 의의와 주된 내용에 대해서는 채권총론에서

기술하였다(채권총론 209면 이하 참조).

2. 고용이 무효·취소된 경우

고용계약에 있어서 노무가 제공된 이후에 계약이 무효임이 드러나거나, 취소된 경우에는 계약관계가 장래에 대해서만 효력을 잃는다고 해야 한다. 노무자의 이익을 보호해야 하기 때문이다. 〈사례1〉에서 보수는 A가 이를 약정하지 않았더라도 묵시적으로도 가능하고 노무제공의 대가로 지급되는 고용의 본질적 요소여서 보수만 분리하여 착오를 이유로 취소할 수 없다. 다만, 법률행위의 성질이 고용계약인 줄 몰랐다면 중요부분의 착오가 되어 표의자에게 중과실이 없을 때 취소할 수 있을 뿐이다. 고용계약상 노무에는 보수청구권을 가지고 있어서 보수를 대가로 하여야만 노무가 제공된다.

Ⅲ. 고용의 효력

1. 효력일반

노무자는 고용계약의 내용에 좇아서 약정한 바에 따라 노무를 제공하여야 하며, 이는 노무자가 부담하는 가장 기본적인 주된 의무이다. 한편 보수지급은 고용의 본질적 요소가 되는 만큼 사용자는 언제나 보수지급의무를 부담하며, 이는 사용자의 의무 중에서 가장 주된 의무이다.

2. 노무자의 의무

가. 노무제공의무

(1) **노무의 내용**   노무자가 제공해야 할 노무의 내용은 계약 내지 관행에 의하여 정하여지고, 사용자가 약정하지 않은 노무를 요구하면 계약을 해지할 수 있다(§658 Ⅰ). 반대로 약정한 노무가 특수한 기능을 요하는 경우에 노무자에게 제공에 필요한 기능이 없으면 사용자가 해지할 수 있다(§658 Ⅱ). 판례는 건강진단 합격판정기준에 미달하여 승선할 수 없게 된 선원의 근로계약은 자동종료되는 것으로 보았다(2001다13044).

(2) **노무의 일신 전속성**   고용계약에서 노무자는 원칙적으로 자신이 노무

를 제공해야 한다. 이와 같이 특정 노무자의 노무에는 개성이 중요시되므로 일신
전속적 성질을 가진다. 그러므로 노무자는 사용자의 동의 없이 제3자로 하여금
자기에 갈음하여 노무를 제공하게 할 수 없고(§657 Ⅱ), 이에 위반하면 사용자는
계약을 해지할 수 있다(§657 Ⅲ).

한편 사용자는 노무자의 동의 없이 노무청구권을 제3자에게 양도하지 못하
며(§657 Ⅰ), 사용자가 이에 위반한 때에 노무자는 계약을 해지할 수 있다(§657 Ⅲ).
사용자가 노무자의 동의 없이 노무자의 노동력을 일방적으로 처분할 수 있게 허
용한다면 인신매매적인 성질을 띠기 때문에 이 규정은 강행규정으로 보아야 한
다(92누8200). 〈사례2〉에서 B가 기존 직원에 갈음하여 C를 불러 수리를 맡긴 것은
담당직원이 휴가 중이어서 일시적인 업무공백을 메우기 위한 것이기 때문에 노
무의 일신 전속성을 위반한 것으로 볼 수 없다.

나. 선관주의의무

당사자 사이에 특약이 없더라도 보수청구권을 가진 노무자는 노무를 제공함
에 있어서 선량한 관리자의 주의를 기울여야 한다. 만일 노무자가 이에 위반하여
사용자에게 손해를 끼친 경우에는 당연히 배상책임을 진다.

다. 성실의무

고용계약은 인적 신뢰관계를 기초로 하는 계속적 채권관계이므로 노무자는
신의칙에 기하여 노무를 제공해야 할 뿐만 아니라, 여러 의무를 성실하게 이행해
야 할 의무를 진다. 이는 부수적 의무에 해당한다(채권총론 7면 참조). 이를 준수함
으로써 사용자에게 불이익을 주지 않아야 한다. 예컨대, 전기나 각종 물자를 절
약하고, 업무상 취득한 비밀을 누설하지 않으며, 기계나 설비의 조작에 주의를
기울임으로써 이를 훼손시키지 않는 것 등이다.

3. 사용자의 의무

가. 보수지급의무

(1) 보수 또는 보수액   보수 또는 보수액의 약정이 없는 때에는 관습에 의
하여 지급하여야 한다(§656 Ⅰ). 여기서 관습은 일반 생활에 있어서의 일종의 경
험칙에 속하는 사실인 관습을 의미한다. 보수는 금전으로 지급하는 것이 보통이

지만 사용자의 현금 유동성에 따라 달리 약정하거나 관습에 따라 지급할 수 있다는 것이다. 공사장 주변에서 일상용품을 구입할 수 있는 전표를 인부들에게 현금 대신 지급한 경우(73다616)를 예로 들 수 있다.

보수액 역시 약정에 따라 지급해야 하지만 이러한 약정이 없으면 관습에 따라 지급하여야 한다(§656 Ⅰ). 여기서 보수액이라고 하면 그 산정방법도 포함하는 것으로 이해해야 한다. 판례는 상여금을 퇴직금 산정의 기초임금인 평균임금 중에 포함시키지 않는 것을 반복했다고 하여 관습이 될 수 없다고 하였다(76다983).

〈사례2〉에서 B와 C는 고용관계이므로 C가 엔진고장을 수리하지 못했더라도 노무를 제공한 것에 대하여 보수를 지급해야 한다. 반면에 A와 B는 도급관계이므로 엔진을 수리하지 못했다는 이유로 B의 수리비청구를 거절할 수 있다.

(2) 보수의 지급시기　　　보수는 액정한 시기에 지급하여야 하며 시기의 약정이 없으면 관습에 따르고, 관습도 없으면 약정한 노무를 종료한 후에 지체없이 지급하여야 한다(§656 Ⅱ). 즉 보수의 지급은 특약이 없는 한, 후급이 원칙이다.

(3) 보수의 법적 성질과 보수청구권　　　보수의 법적 성질과 관련하여 근로제공의 대가라는 노동대가설과 근로자로서의 지위로 받는 생활보장설로 나뉘어 있다. 이와 관련해 대법원은 현행법상 모든 임금은 근로를 제공하는 것에 대한 보수를 의미하므로 현실의 근로 제공을 전제로 하지 않는 임금이란 있을 수 없다고 하여 생활보장설을 부정하였다(94다26721). 보수의 성질은 노무의 대가라는 보수청구권의 발생과 연계하여 판단해야 한다. 근로기준법의 임금에 관한 판례를 보면, 근로자의 임금청구권은 특별한 약정이나 관습이 없으면 근로를 제공함으로써 비로소 발생하는 것이고 근로자가 근로를 제공하지 않은 이상 그 대가관계인 임금청구권을 갖지 못한다고 하였다(2000다60890, 60906). 이는 고용계약상 노무자의 보수청구권에도 동일하게 적용된다고 보아야 한다. 이에 따라 보수의 성질을 생활보장 부분으로 보는 것은 보수의 부분적인 기능에 불과할 뿐이지 보수 본래의 성질은 아니다. 물론 보수가 지닌 생활보장적 특성을 부정할 수는 없다. 이 점에서 법으로 보수는 노무자의 생활유지에 필요 불가결하므로 일정범위를 넘는 압류를 금지하였고(민사집행법§246 Ⅰ 4호), 나아가 압류금지채권을 수동채권으로 하는 상계도 금지하고 있다(민법§497).

나. 보호의무(안전배려의무)

신의칙에 기하여 노무자가 사용자에 대하여 부담하는 성실의무에 대응하여, 사용자는 피용자가 근로제공하는 과정에서 생명·신체·건강을 해치는 일이 없도록 물적 환경을 정비하고 필요한 조치를 강구할 보호의무가 있다(2000다7301). 민법에 규정이 없으나 인격적 공동체관계가 성립하므로 노무자에게는 신의칙상의 성실의무가 있고, 이를 사용자측에서 보면 보호의무가 성립한다. 다만, 피용자 사이에 발생한 성희롱 행위가 직무관련성 없이 은밀하게 이루어진 경우에는 사용자에게 고용계약상 보호의무가 부정된다(95다39533).

한편 근로기준법 제76조에서는 근로자의 안전과 보건에 관하여는 「산업안전보건법」에서 정하는 바에 따른다고 정하고 있다.

Ⅳ. 고용의 종료

고용은 계약기간의 만료, 당사자의 합의, 일반적인 종료원인 등으로 종료한다. 그 밖에 고용에서는 일정한 경우에 해지통고나 해지를 할 수 있도록 정하고 있다.

1. 존속기간의 만료

당사자가 고용기간을 약정한 경우에는 그 기간이 만료되면 고용은 종료한다. 그러나 고용기간이 만료한 이후에도 노무자가 계속 노무를 제공한 경우에 사용자가 상당한 기간 내에 이의를 제기하지 않은 때에는 종전 고용과 동일한 조건으로 다시 고용한 것으로 본다(§662 Ⅰ).

이와 관련하여 판례는 2개월 동안 이의를 하지 않았을 때 묵시적 갱신을 인정하였고(97누14132), 당초의 계약기간과 동일하게 연장된다고 한다(85다카2096). 다만, 당사자는 제660조에 따른 고용기간을 정하지 않은 고용으로 보아 해지통고를 할 수 있다(§662 Ⅰ 단서). 즉, 사용자가 갱신된 계약기간을 통지하지 않고 새로운 근로계약을 체결하지도 않다가 뒤늦게 계약기간 만료를 통보한 것은 해고통지에 해당한다(2005도8291).

이러한 묵시의 갱신이 있는 경우에는 비록 종전 고용과 동일한 조건으로 다시 고용한 것으로 본다고 하더라도 종전 고용에 대하여 제3자가 제공한 담보는 소멸한다(§662 Ⅱ).

2. 해지통고

가. 기간약정이 없는 경우

고용기간의 약정이 없는 때에는 당사자는 언제든지 계약해지의 통고를 할 수 있다(§660 Ⅰ). 이 해지통고가 있는 경우 상대방이 해지의 통고를 받은 날로부터 1월이 경과하면 해지의 효력이 생긴다(§660 Ⅱ). 본조에 따른 해지통고에는 근로기준법상 해고의 예고 절차를 거쳐야 하고(근로기준법 §26), 정당한 해고사유를 서면으로 통지(근로기준법 §27)하여야만 해지의 효력이 발생한다(89다카166). 해지통고는 이메일로도 가능하고, 해고사유와 시기가 구체적이고 명확하게 기재되어 있으며, 이에 적절히 대응할 기회를 부여받았다면 근로기준법 제27조가 정한 서면에 해당한다(2015두41401).

또 기간으로 보수를 정한 때에는 상대방이 해지의 통고를 받은 당기(當期) 후의 1기(期)를 경과함으로써 해지의 효력이 생긴다(§660 Ⅲ). 여기서 해지기간은 근로자의 생활을 보장하기 위한 것이어서 강행규정으로 파악한다. 고용기간 만료 후의 묵시적 갱신이 있는 때에도 본조에 따라 해지통고를 할 수 있다(§662 Ⅰ 단서).

나. 기간약정이 있는 경우

고용의 약정기간이 3년을 넘거나 당사자의 일방 또는 제3자의 종신까지로 된 때에는 각 당사자는 3년을 경과한 후 언제든지 계약해지의 통고를 할 수 있다(§659 Ⅰ). 이때 해지의 효력은 상대방이 해지통고를 받은 날로부터 3개월이 지나면 생긴다(§659 Ⅱ). 불리한 근로조건으로 노무자의 자유를 제한할 수 없도록 한 규정이므로 강행규정으로 본다.

3. 해지사유

가. 노무청구권과 노무제공의무의 일신전속성 위반

사용자가 노무자의 동의 없이 노무청구권을 제3자에게 양도하거나, 노무자가 사용자의 동의 없이 자기에 갈음하여 제3자로 하여금 노무제공을 하게 한 경우 상대방은 계약을 해지할 수 있다(§657 Ⅲ).

나. 노무내용의 위반

사용자가 노무자에게 약정하지 아니한 노무의 제공을 요구한 때에는 노무자가 계약을 해지할 수 있고(§658 Ⅰ), 약정한 노무가 특수한 기능을 요하는 경우에 노무자에게 그 기능이 없는 때에는 사용자가 계약을 해지할 수 있다(§658 Ⅱ).

다. 부득이한 사유

고용기간의 약정유무를 묻지 않고 부득이한 사유가 있을 때에는 각 당사자는 계약을 해지할 수 있다(§661). 여기서 '부득이한 사유'란 고용계약을 존속시켜 이행을 강제하는 것이 사회통념상 불가능한 경우로서 고용관계를 계속하여 유지하는 데 필요한 신뢰관계를 파괴하거나 해치는 사실뿐만 아니라, 고용계약상 의무의 중대한 위반이 있는 경우도 포함된다(2003다51675). 그러나 해지사유가 당사자 일방의 과실로 인하여 생긴 때에는 상대방에 대하여 손해를 배상하여야 한다(§661 단서).

여기서 부득이한 사유로 당사자의 가정사정의 급변, 당사자의 지나친 불성실한 행동, 시설파괴에 의한 사업계속의 불능, 노무자의 병에 의한 노무급부 불능 등을 들 수 있다. 판례에서는 베트남전쟁의 국지적인 전황변경이나(70다523, 524), 베트남으로 근로자를 파견할 당시 수주한 작업량이 사정변경으로 인해 감소되었다는 사실은(70다523, 524) 고용계약의 해지를 위한 부득이한 사유가 될 수 없다고 하였다.

라. 사용자의 파산선고

사용자의 파산선고를 고용계약 당사자의 사망과 같은 자동종료원인으로 하지 않고 해지사유로 정한 것은 파산선고로 곧바로 청산종결되는 것이 아니라, 일정한 절차를 거쳐야 하기 때문이다. 즉, 사용자가 파산선고를 받은 경우에는 고용기간의 약정이 있는 때에도 노무자 또는 파산관재인은 곧바로 계약을 해지할 수 있다(§663 Ⅰ). 보수지급을 본질적인 내용으로 하는 고용에서 파산은 지급불능의 우려가 있기 때문에 노무자에게 해지권을 인정한 것이다. 또 파산관재인에게도 광범위한 해지권을 인정하고 있다. 파산관재인에 의한 계약해지는 사용자에 의한 해고와 달리 파산선고의 존재 자체가 정당한 해고사유가 되는 것이므로 부당해고에 해당하지 않는다(2003두902).

이와 달리 노무자의 파산은 노무의 제공에 영향을 주지 않으므로 해지사유가 되지 않는다. 주의할 것은 파산으로 인한 계약의 해지에서는 항상 노무자에게 손해배상청구권이 배제된다(§663 Ⅱ).

4. 당사자의 사망

노무자가 사망하면 그가 제공한 노무에 갈음하여 제3자로 하여금 제공하게 할 수 없기 때문에 고용계약은 당연히 종료한다. 하지만 사용자의 사망은 고용관계를 종료시키지 않는 것이 원칙이다. 왜냐하면 사용자의 상속인이 그의 지위를 승계하여 고용관계를 계속하여 유지시킬 수 있기 때문이다. 다만, 사용자의 개성에 중점을 두는 고용관계라면 사용자의 사망으로 고용은 종료한다.

제 2 절   도급계약

〈사례1〉 시집을 읽다가 아주 좋은 문구를 본 A가 이를 목판에 새겨 자신의 서재에 걸어 놓으려고 나무공방(B)에 들러 편백나무 목판에 문구를 새겨달라고 주문하였는데, B가 다른 사람에게 판매할 목적으로 같은 문구를 새긴 목판 10개를 추가로 제작하였다면 A는 약정한 제작비를 지불해야 할까?

〈사례2〉 A가 목재 등 건축자재를 모두 제공하고 목수인 B가 이를 토대로 목조주택을 완성하였는데, 아직 공사대금을 받지 못한 상태에서 A에게 인도하기 전에 A가 파산하자 A의 파산채권자들이 파산재단에 가입하여 배당을 요구하였다. B는 공사대금을 받을 수 있을까?

〈사례3〉 건설사 A로부터 아파트를 분양받은 500세대가 완공 후 입주하였다. 그런데 A는 공사비 절감을 위해 설계보다 철근을 부족하게 넣어 시공하였고, 보수해도 안전에 문제가 있는 것으로 판명되었다. 이 경우 입주자들은 콘크리트를 뜯고 철근을 보충하는 보수시공을 요구하거나 손해배상을 청구할 수 있을까?

[1] 도급계약의 성질과 종류

Ⅰ. 의의와 역사적 변천

도급은 당사자 일방(수급인)이 어느 일을 완성할 것을 약정하고 상대방(도급인)이 그 일의 결과에 대하여 보수를 지급할 것을 약정함으로써 성립하는 계약이다(§664).

역사적으로 보면 중세시대의 도급계약은 수공업자가 고객으로부터 주문받은 물건을 제작하거나, 수선하는 방식의 주문생산 및 수공업적 작업을 규율하는데 중요한 역할을 하였다. 근대에 이르러 자본주의경제가 발전함에 따라 중세의 주문에 의한 생산방식은 시장경제에 맞추어 상품생산으로 변화하게 되었다. 이에 따라 과거의 숙련공이나 기술자들은 기업의 노동자로 고용되거나 위임사무를 처리하는 수임인으로 그 지위가 바뀌는 결과를 가져왔다. 그럼에도 불구하고 현대사회에서 도급계약은 경제적·사회적으로 큰 역할을 하고 있다. 즉, 건물의 신축·선박의 건조·각종 시설물 공사·연구용역계약·출판계약 등 공장의 상품생산이나 위임업무로 규율할 수 없는 분양에서는 여전히 도급계약이 행해지고 있다.

Ⅱ. 종 류

1. 제작물공급계약

제작물공급계약이란 제작자가 자기 재료를 사용하여 제작한 물건을 공급하고, 이에 대해 상대방이 보수를 지급할 것을 약정하는 계약이다. 여기에는 '물건의 제작'이라는 일의 완성과 '제작된 물건의 공급'이라는 권리이전의 2가지 요소가 혼합되어 있다. 이로 인해 제작물공급계약을 도급과 매매를 모두 적용해야 한다는 혼합계약설과, 제작물이 대체물일 때에는 매매이고, 부대체물일 때에는 도급으로 보아야 한다는 학설이 대립된다. 판례는 대체물의 경우 매매에 관한 규정을 적용하고, 부대체물인 경우에는 물건의 공급과 함께 제작이 계약의 주목적이 되어 도급의 성질을 가진다고 한다(94다42976). 특히 계약의 성질을 판단해야 할 이유는 보수청구권의 기산점에 차이가 있기 때문이다. 즉 그 성질이 매매라고 한다면 대금을 지급하여 매수인이 소유권을 취득할 때까지 소멸시효가 진행되지 않지만, 도급의 경우에는 일이 완성된 시점부터 소멸시효가 진행된다(2010다56685). 〈사례1〉에서 A가 의뢰한 목판은 자신의 수요를 만족시키기 위한 것이므로 다른 물건으로 갈음할 수 없는 부대체물이다. 그러므로 B가 A의 동의 없이 다량을 제작한 것은 계약위반이다. 당사자가 달리 합의할 수도 있으므로 매매에 대한 판단은 미루더라도 A는 도급계약상의 보수지급을 거절하고, B에게 채무불이행의 책임을 물을 수 있다.

2. 노무도급

건축공사의 일부분을 하도급받은 자가 구체적인 지휘·감독권을 유보한 채, 재료와 설비는 자신이 공급하면서 시공 부분만을 시공기술자에게 재하도급하는 경우를 노무도급이라 한다. 이 경우 도급인과 수급인은 실질적으로 사용자와 피용자의 관계에 있다(97다58170). 그러므로 노무도급인은 수급인에 대하여 보호의무를 부담하며, 그가 보호의무를 위반함으로써 노무수급인의 생명·신체·건강이 침해되어 손해가 발생했다면 노무도급인은 노무도급계약상의 채무불이행책임과 경합하여 불법행위로 인한 손해배상책임을 부담한다(96다53086).

3. 설계·시공일괄입찰(Turn-Key Base 방식)

도급인의 공사목적물의 설치목적을 이해하여 이에 맞는 설계도서를 수급인이 작성하고 공사함으로써 도급인이 의욕한 공사목적을 달성하여야 하는 계약을 설계·시공일괄입찰계약이라 한다(96다16650). 설계·시공일괄입찰방식으로 계약을 체결했다면 수급인은 새로운 기술·공법을 통해 공사비 절감, 시공기간 단축 등의 효과에 따라 설계변경을 요청할 수 있고, 이런 경우에도 계약금액을 감액하지 않는다(99다52879).

Ⅲ. 법적 성질

1. 낙성·불요식계약

도급은 당사자의 합의만으로 계약이 성립하는 낙성계약이며, 또 서면의 작성과 같은 특별한 방식을 필요로 하지 않는 불요식계약이다. 하지만 규모가 큰 건설공사에서는 서면으로 계약을 체결하는 것이 일반적이다. 건설산업기본법은 건설공사 도급계약의 당사자는 일정한 사항을 계약서에 분명하게 적어야 하고, 이를 교환하여 보관해야 한다고 정하고 있다(동법 § 22 Ⅱ). 그러나 동법 제22조의3 제2항에서 '이들 사항을 적은 계약서를 발급하지 않은 경우 수급인은 발주자에게 서면으로 내용의 확인을 요청할 수 있다'고 정하고 있다. 따라서 건설공사의 도급계약도 서면으로 작성해야 하는 것은 아니다.

2. 유상·쌍무계약

도급계약은 일의 완성에 대하여 보수를 지급하는 계약이므로 유상·쌍무계약이다.

3. 노무공급계약상 용어의 구분

계약법에서 고용·도급·위임·여행 등 4가지 전형계약은 일종의 노무공급계약에 속한다. 우리 민법은 이들을 구별하기 위하여 '노무'(고용계약, § 655), '일'(도급계약, § 664), '사무'(위임계약, § 680), '용역'(여행계약, § 674의2)으로 서로 달리 표현하고 있다.

도급에서 일의 완성은 노무에 의하여 일정한 결과를 발생하는 것이고, 계약의 목적이 일의 완성이라는 것은 완성된 결과가 있어야 보수를 지급한다는 것을 의미한다. 이와 달리 사용자의 지시에 따라 노무를 제공해야 하는 고용은 노무의 제공 자체를 목적으로 하므로 사무의 완료나 일의 성부와 무관하게 노무를 제공하기만 하면 보수를 청구할 수 있다(§ 656). 또 도급의 경우 일의 완성을 위한 기간의 경과는 의미가 없어서 계속적 계약인 고용과 다르다.

한편 위임계약에서는 일의 완성과 관계없이 수임인은 자기의 재량으로 서무를 처리하고(§ 680), 이를 완료한 후에 보수를 청구할 수 있다(§ 686 Ⅱ). 예컨대, 의사가 병의 완치를 목적으로 계약을 체결했다면 완치해야 치료비를 청구할 수 있는 도급계약이지만, 단지 치료행위를 하고 치료비를 청구한 것이라면 위임계약이 된다.

[2] 수급인의 의무

Ⅰ. 일을 완성할 의무

1. 완성의 판단

일의 완성은 목적물의 주요구조부분이 약정된 대로 시공되어 사회통념상 일반적으로 요구되는 성능을 갖추고, 예정된 최후의 공정까지 종료한 것이다(2017다 272486, 272493). 그러므로 공사가 도중에 중단되어 예정된 최후의 공정을 종료하지 못했다면 미완성으로 본다. 예정된 최후의 공정을 종료하였는지 여부는 신의칙에 따라 객관적으로 판단해야 한다(2009다7212, 7229). 목적물에 하자가 있다는 것은 사회통념상 일은 완성되었으나 그것이 불완전하여 보수를 하여야 할 상태이므로 미완성과 구별하여야 한다(97다23150).

2. 일의 완성을 위한 수급인의 이행보증

공사도급계약에서 수급인은 약정한 기간 내에 공사의 완공을 보증하기 위하여 계약이행보증금을 지급한다. 이행보증금을 약정하는 것은 수급인에게 심리적인 압박을 가하여 채무이행을 강제하고, 이행과정에서 그의 귀책사유로 인하여 도급인에게 배상하여야 할 손해액을 이행보증금으로 예정한 것으로 본다(97다 21932). 또한 계약이행보증금과 지체상금이 함께 약정되었더라도 특별한 사정이 없는 한 이를 손해배상액의 예정으로 추정하며(§398 Ⅳ), 위약벌의 성질을 부정한다(2000다35771).

한편 지연보상금의 약정은 건물을 완공하여 준공검사를 마치고 도급인에게 인도하는 것을 지체한 데 대한 손해배상의 예정이므로 준공검사를 마치고 도급인에게 건물을 인도한 때에 수급인의 지체보상의무는 종료한다. 그러므로 도급인

이 준공검사를 마친 건물을 인도받은 후에는 수급인에게 지체보상약정에 따른
책임은 물을 수 없다(87다카2083, 2084).

3. 일의 완성을 제3자에게 의뢰한 경우(하도급)

도급계약에 반대특약이 없는 한 반드시 수급인 자신이 직접 일을 완성하여
야 하는 것은 아니고, 제3자에게 일의 완성을 의뢰할 수 있다(2001다82545, 82552).
하도급에 관한 특별법으로 '건설산업기본법'(약칭: 건설기본법)과 '하도급거래 공정
화에 관한 법'(약칭: 하도급법)이 있다. 여기서 하도급은 도급받은 건설공사의 전부
또는 일부를 다시 도급하기 위하여 수급인이 제3자와 체결하는 계약을 의미한다
(건설기본법 §2 12호, 하도급법 §2 Ⅰ).

하도급계약에서 하수급인은 하도급받은 건설공사의 시공에 관하여는 수급인
과 같은 의무를 부담한다(건설기본법 §32 Ⅰ). 하수급인의 보호를 위하여 하도급법
에는 3자의 합의에 따라 하수급인이 도급인에게 하도급대금을 직접 청구할 수 있
도록 하였고(동법 §14 Ⅰ 제2호), 또 도급인의 의무위반으로 손해를 입은 경우 손해
의 3배를 초과하지 않는 범위에서 배상을 청구할 수 있게 하였다(동법 §35 Ⅱ).

4. 일의 완성과 공사대금의 지급

건축물공사 도급계약에서 도급인은 공사대금을 건물의 준공 후 인도일에 변
제해야 하므로(88다카18788) 수급인이 일을 완성할 의무와 도급인이 공사대금을
지급할 의무는 원칙적으로 동시이행관계에 있지 않다. 다만, 기성부분에 대한 공
사대금 지급의무를 도급인이 지체하고 있고, 공사를 완공하더라도 공사대금 지급
채무의 이행이 곤란한 사유가 있을 경우 지급곤란 사유가 해소될 때까지 수급인
은 일의 완성의무를 거절할 수 있다(2003다60136).

Ⅱ. 목적물을 인도할 의무

1. 완성물의 인도

도급의 목적인 '일'의 형태에 따라 인도방법에 차이가 있다. 즉 건물을 수리
하거나 독주회와 같은 연주를 하는 경우에는 수선 및 연주를 마치는 것으로 인도

의무를 이행한 것이지만, 특정물의 인도가 필요한 주는 채무에서는 수급인에게 완성물의 인도가 필요하다.

목적물의 인도에는 단순한 점유의 이전만이 아니라, 도급인이 목적물을 검사한 후 계약 내용대로 완성되었음을 명시적 묵시적으로 시인하는 것까지 포함한다(2017다272486, 272493).

한편 완성된 건물에 관하여 보수채권을 가진 수급인은 보수를 지급받을 때까지 건물을 인도함이 없이 유치할 권리가 있다. 이 권리는 점유를 상실하거나 보수가 지급되는 등의 사정이 없는 한 소멸되지 않는다(95다16202).

2. 완성물의 소유권 귀속

가. 특약이 있는 경우

도급인 또는 수급인이 재료를 공급하여 완성된 물건의 소유권이 누구에게 귀속되는가에 대하여는 당사자 사이에 특약이 있는 경우 그에 따르면 된다. 따라서 수급인이 재료를 전부 제공한 경우라도 완성물의 소유권을 도급인에게 귀속하는 것으로 약정할 수 있고(91다25505), 이는 묵시적으로도 가능하다(96다24804).

나. 특약이 없는 경우

완성물의 소유권 귀속에 대하여 특약이 없다면 재료의 제공자와 동산부동산에 따라 나누어 판단해야 한다. 일의 완성에 필요한 재료의 전부나 일부를 도급인이 제공한 경우 완성물의 소유권은 그것이 동산이든 부동산이든 모두 원시적으로 도급인에게 귀속된다는 점에는 학설과 판례가 일치한다.

또 수급인이 재료의 전부나 일부를 제공한 경우 완성물이 동산인 때에 그 소유권이 원시적으로 수급인에게 속한다는 점에 대하여도 이론이 없다. 다만, 완성된 물건이 부동산인 때에는 원시적으로 수급인에게 속한다는 견해와 도급인에게 속한다는 견해가 대립한다. 판례의 태도 역시 명확하지는 않지만, 도급인 명의의 건축허가가 있다면 수급인의 재료제공과 노력이 있었다 해도 도급인에게 소유권을 귀속시키기로 합의한 것으로 보았고(91다34790), 기성고에 따라 공사대금을 지급한 경우에도 도급인에게 소유권을 귀속시키기로 하는 묵시적 합의가 있다고 보았다(94마2089).

판단컨대, 수급인의 관심사는 일의 완성과 보수청구에 있는 것이지 완성물의 소유권 취득이 아니고, 수급인에게 소유권을 인정하지 않더라도 그의 보수청구권을 확보하기 위하여 유치권·동시이행항변권·저당권설정청구권(§666) 등을 주장할 수 있으므로 완성된 부동산의 소유권은 원시적으로 도급인에게 귀속된다고 볼 것이다. ⟨사례2⟩에서 특약이 없다면 완성된 목조주택의 소유는 원시적으로 A의 소유이므로 A의 파산선고와 함께 파단재단에 편입된다. 그러나 B는 공사대금을 받기 위하여 유치권을 주장할 수 있다(아래 '[5]의 II. 도급인의 파산' 참조).

[3] 수급인의 담보책임

I. 책임의 성질

1. 특별규정

도급계약에는 수급인의 담보책임에 관한 특별규정을 두고 있다(§§667-672). 도급은 유상계약이므로 매매에 있어서 매도인의 담보책임에 관한 규정(§567)이 당연히 준용된다. 그럼에도 불구하고 특별규정을 둔 이유는 완성된 일의 하자는 재료의 하자뿐만 아니라, 일을 완성하는 과정에서도 잘못하여 하자가 생길 수 있기 때문이다.

2. 수급인의 귀책사유 불문

제667조가 정하고 있는 수급인의 담보책임은 무과실책임이다. 그러므로 수급인에게 하자의 발생에 대한 귀책사유가 없더라도 그는 담보책임을 진다. 그러나 완성한 일에 하자가 있다는 것은 이행이 불완전하다는 것이므로 불완전이행의 책임을 배제하기 어렵다.

3. 채무불이행책임과의 경합

완성된 물건의 하자에 대하여 매도인에게 귀책사유가 있다면 담보책임과 함께 채무불이행책임의 요건도 충족한다. 이들 책임이 경합할 경우 담보책임을 채무불이행책임의 특칙으로 이해하여 담보책임만 적용한다고 하더라도 담보책임으로 보호받을 수 없을 경우에는 채무불이행책임을 인정할 수 있다. 판례도 잠수함의 추진전동기에 소음이 발생하자 건조회사를 상대로 계약의 불완전이행으로 인한 손해배상을 청구한 사건에서 수급인의 하자담보책임과 채무불이행책임의 경합을 인정하였다(2020다201156).

4. 집합건물의 담보책임

'집합건물의 소유 및 관리에 관한 법률'(약칭: 집합건물법) 제9조는 집합건물의 구분소유자를 보호하기 위하여 분양자의 담보책임을 명확하게 하고 이를 강행규정화 하였다(2008다12439).

Ⅱ. 요   건

1. 하자의 범위

수급인이 담보책임을 지는 것은 완성 또는 완성 전에 성취된 부분에 하자가 있는 때이며(§§ 667, 668), 이러한 하자는 유형적인 일에 한정하지 않고 무형의 일에도 있을 수 있다. 여기서 '완성 전의 성취된 부분'이라 함은 도급계약에 따른 일이 전부 완성되지는 않았지만 하자가 발생한 부분의 작업이 완료된 상태를 말한다(2001다9304).

2. 하자의 판단기준

일반적으로 하자란 거래관념상 통상 갖추어야 할 품질이나 성질을 제대로 갖추고 있지 않은 상태를 말한다. 건축물의 경우에는 완성된 건축물에 공사계약에서 정한 내용과 다른 구조적·기능적 결함이 있어도 하자가 있다고 본다. 그러므로 건축물의 하자 여부에 대한 판단은 당사자 사이의 계약 내용, 설계도면대로 건축여부, 주택 관련법령의 기준 적합도 등을 종합적으로 고려한다(2008다16851). 판례에서는 아파트가 사업승인도면이나 착공도면과 다르게 시공되었다고 하더라도 준공도면에 따라 시공되었다면 특별한 사정이 없는 한 하자를 인정하지 않는다(2011다63383, 2012다18762).

Ⅲ. 책임의 내용

민법이 정하는 하자담보책임의 내용은 하자보수청구권·손해배상청구권·계약해제권이 있다.

1. 도급인의 하자보수청구권

가. 하자보수(瑕疵補修)와 상당한 기간

완성된 목적물 또는 완성 전의 성취된 부분에 하자가 있는 때에는 도급인은 수급인에 대하여 상당한 기간을 정하여 그 하자의 보수를 청구할 수 있다(§667 Ⅰ 본문). 이 경우 상당기간 내에는 보수에 갈음하는 손해배상을 청구할 수 없으나, 상당기간이 경과한 후에는 손해배상도, 보수청구도 모두 가능하다. 이는 민법이 보수청구권과 보수에 갈음하는 손해배상청구권을 선택적으로 행사할 수 있도록 정했기 때문이다(§667 Ⅰ, Ⅱ).

나. 하자보수와 과다한 비용

하자가 중요하지 않지만 그 보수에 과다한 비용을 요할 때에는 보수를 청구하지 못한다(§667 Ⅰ 단서). 이 경우에는 하자보수에 갈음한 손해배상은 청구할 수 없고(§667 Ⅱ), 그 하자로 인하여 입은 손해배상만 청구할 수 있을 뿐이다(2011다63383). 이와 달리 하자가 중요한 경우에는 비록 보수에 과다한 비용이 필요하더라도 보수에 갈음하는 비용, 즉 실제로 보수에 필요한 비용이 모두 손해배상에 포함된다(2014다31691, 31707).

다. 하자보수청구권과 수급인의 공사대금채권의 동시이행관계

도급인의 하자보수청구권이나 하자에 갈음한 손해배상청구권과 수급인의 공사대금채권은 특별한 사정이 없는 한 동시이행관계에 있다(2007다31914). 그러므로 도급인은 하자보수가 끝날 때까지 대금지급을 거절할 수 있다. 그러나 인도받은 목적물에 하자가 있다는 이유만으로, 하자의 보수나 보수에 갈음하는 손해배상을 청구하지 않고 곧바로 대금지급을 거절할 수는 없다(91다33056).

2. 손해배상청구권

가. 하자보수와 선택적·중첩적 손해배상

도급인은 하자의 보수에 갈음하여 또는 보수와 함께 손해배상을 청구할 수 있다(§667 Ⅱ). 보수에 갈음하여 손해배상을 청구할 수 있다는 것은 하자보수와 손해배상 중에서 하나를 선택적으로 행사할 수 있다는 것이고, 또 하자를 보수한 것으로도 전보하지 못한 손해가 있으면 중첩적으로 손해배상까지 청구할 수 있도록 한 것이다.

나. 손해배상의 범위

학설은 신뢰이익설과 이행이익설(다수설)로 나뉘어 있다. 매도인의 담보책임에서 기술한 바와 같이 계약의 이행이 있었으나 하자가 있다는 것은 담보책임의 본질이 '이행이 불완전'하다는 것이므로 불완전이행을 이유로 이행이익을 청구할 수 있다고 본다. 판례도 수급인의 하자담보책임에서 손해배상의 범위를 정함에 있어서는 하자의 발생 및 그 확대에 가공한 도급인의 과실을 참작한다(99다12888). 〈사례3〉에서는 하자가 중대하여 철근을 보충하는 보수시공이 불가능하고 다시 건축할 수밖에 없는 경우로 보인다. 이런 경우 건물을 철거하고 다시 건축하는 데 드는 건축비 상당액을 손해배상으로 청구할 수 있을 것이다(2014다31691, 31707 참조).

다. 하자보수보증금의 약정

공동주택관리법에서는 사업주체의 하자보수를 보장하기 위하여 하자보수보증금을 담보책임기간 동안 예치하도록 정하고 있다(동법 §38 Ⅰ). 이에 따라 사업주체가 예치한 하자보수보증금은 수급인의 손해배상의무와 밀접한 관련이 있다. 판례는 수급인의 하자보수의무 불이행 시 따로 손해배상에 대해 정하지 않고 하자보수보증금을 도급인에게 귀속하는 것으로 약정한 경우 특별한 사정이 없다면 이 약정은 손해배상액 예정의 성질을 가진다고 하여 도급인이 하자보수를 위해 지출한 비용이 하자보수보증금을 초과해도 따로 손해배상을 청구할 수 없다고 하였다(2001다14689).

라. 손해배상청구권과 수급인의 공사대금청구권의 동시이행관계

도급인의 하자보수청구권과 손해배상청구권은 선택적·중첩적이어서 앞에서 기술한 바와 같이 수급인의 공사대금청구권의 동시이행관계에 있다. 다만 소액의 손해배상채권을 근거로 거액의 공사대금채권의 지급을 거절할 수 없다는 점이다. 판례에서도 도급인은 손해배상액에 상당하는 보수액(報酬額)의 지급만을 거절할 수 있다고 하였다(90다카230). 그러나 하자로 인한 손해배상과 성질이 다른 도급인의 지체상금채권은 수급인의 공사대금채권과 동시이행의 관계에 있지 않다(2013 다81224, 81231).

3. 담보책임에 의한 계약해제

가. 계약의 목적달성 불가능

도급인이 완성된 목적물의 하자로 인하여 계약의 목적을 달성할 수 없는 때에는 계약을 해제할 수 있다(§ 668 본문). 계약의 목적을 달성할 수 없을 정도라면 중대한 하자가 있는 경우여야 할 것이므로 이런 경우에 한하여 도급인은 계약을 해제할 수 있다. 물론 이런 경우에는 손해배상도 함께 청구할 수 있다(§ 551). 다만, 중대한 하자가 아닌 경우에는 손해배상만 청구할 수 있다고 할 것이다.

나. 건물 기타 정착물의 하자

완성된 건물 기타 토지의 정착물에 하자가 있을 때에는 그 하자가 중대한 경우라도 계약을 해제할 수 없다(§ 668 단서). 부동산의 경우 중대한 하자가 있어도 원상회복을 하는 것이 불가능하거나 곤란하기 때문에 둔 규정이다. 그러나 주의할 점은 집합건물법 제9조 제1항이 적용되는 집합건물의 분양계약에서는 제668조 단서를 적용하지 않는다는 점이다. 즉, 완공된 집합건물의 하자로 인하여 계약의 목적을 달성할 수 없는 경우 수분양자는 이를 이유로 분양계약을 해제할 수 있다(2002다2485). 〈사례3〉은 집합건물의 하자로서 제668조 단서가 적용되지 않으므로 수분양자는 계약을 해제할 수 있다.

Ⅳ. 책임의 감면

1. 도급인의 지시 등

목적물의 하자가 도급인이 제공한 재료의 성질이나 도급인의 지시에 원인이 있으면 수급인은 담보책임을 지지 않는다(§ 669). 건축도급계약에서 수급인이 설계도면대로 시공했다면 도급인의 지시에 따른 것과 같다(95다24975). 그러나 수급인이 그 재료나 지시의 부적당함을 알고도 도급인에게 고지하지 않은 때에는 면책되지 않는다(§ 669 단서).

제669조에서 정하고 있는 수급인의 면책은 하자담보책임에만 적용될 뿐이지, 제390조에 따른 채무불이행책임까지 면책되는 것은 아니다(2019다268252).

2. 담보책임 면제특약

당사자가 수급인의 담보책임을 면제 또는 경감하는 특약을 하였더라도 수급인이 알고 고지하지 않은 사실에 대하여는 그 책임을 면하지 못한다(§ 672). 판례에서도 지붕배수로 상부 설계도에 PC판으로 시공하도록 한 것을 합판으로 시공하여 담보책임기간 경과 후 합판 부식으로 기와가 함몰된 경우 약정 담보책임기간이 경과했다는 이유만으로 수급인의 담보책임이 면제되지 않는다고 하였다(99다19032).

Ⅴ. 담보책임의 제척기간

1. 통상의 제척기간

도급인은 원칙적으로 물건을 인도받은 날로부터 1년 내에 하자보수청구권, 손해배상청구권 및 계약해제권을 행사하여야 하며(§ 670 Ⅰ), 목적물의 인도를 요하지 않는 경우에는 일이 종료한 날로부터 1년 내에 행사하여야 한다(§ 670 Ⅱ).

2. 공작물의 종류에 따른 제척기간

토지, 건물 기타 공작물의 수급인은 목적물 또는 지반공사의 하자에 대하여 인도 후 5년간 담보책임이 있다. 그러나 목적물이 석조·석회조·연와조·금속 기타 이와 유사한 재료로 조성된 것인 때에는 그 기간을 10년으로 한다(§671 Ⅰ). 또 하자로 인하여 목적물이 멸실 또는 훼손된 때에는, 도급인은 그 멸실 또는 훼손된 날로부터 1년 내에 수급인의 담보책임을 물어야 한다(§671 Ⅱ).

매도인이나 수급인의 담보책임을 기초로 한 매수인이나 도급인의 손해배상 채권이 시효로 소멸하기 전에 제495조를 유추적용하여 상대방의 채권과 상계할 수 있다.

3. 제척기간을 도과한 채권에 의한 상계

담보책임을 기초로 한 도급인의 손해배상채권이 제척기간이 도과하기 전 수급인의 채권과 상계할 수 있었다면 도급인은 민법 제495조를 유추적용하여 손해배상채권을 자동채권으로 해서 수급인의 채권과 상계할 수 있다(2018다255648).

[4] 도급인의 의무

Ⅰ. 보수(報酬)지급의무

1. 보수의 종류 및 결정방법

보수(＝공사대금)의 종류에는 제한이 없으며, 금전에 한하지 않는다. 보수를 금전으로 지급하는 경우에 공사대금을 결정하는 방법으로는 정액도급, 개산도급, 그리고 처음에 정하지 않고 지급단계에서 정하는 방법 등이 있다.

정액도급은 일의 완성에 필요한 비용에 적당한 이윤을 붙여서 보수를 산정하는 방식으로 다른 약정이 없으면 통상 정액도급으로 본다. 정액도급에서는 실공사비가 견적 당시 예상했던 공사도급액보다 적더라도 도급인은 수급인에게 감액을 주장하거나 부당이득의 반환을 청구할 없다(94다44774). 개산도급은 개괄적인 금액만 정하고 공사진척도 또는 종료 후에 당사자 간 협의를 통해 공사금액을 최종 확정하는 방식이다.

한편 공사비책정 당시 예상하지 못했던 사정변경이 있는 경우 공사비의 증감을 청구할 수 있는지에 대하여 학설은 대체로 인정하고 있는 데 비하여, 판례의 태도는 명확하지 않지만 사정변경을 긍정하는 취지의 판례가 있다(2011다 79838). 설계·시공 일괄입찰방식의 도급계약에서는 설계를 변경해도 계약금액을 감액하지 않는다(99다52879).

2. 지급시기

가. 원 칙

당사자 사이의 특약이나 관습이 없으면 보수의 지급은 완성된 목적물의 인 도와 동시에 지급하여야 한다(§§ 665, 656 Ⅱ). 완성된 목적물의 인도를 요하지 않을 경우에는 일을 완성한 때에 지급하여야 한다(67다639). 또 수급인이 공급한 목적 물을 도급인이 검사하여 합격하면 보수를 지급하기로 한 경우 '검사합격'은 조건 이 아니라, 불확정기한으로서 검사에 합격한 때 또는 검사 합격이 불가능한 것으 로 확정된 때 보수지급기한이 도래한다(2017다272486, 272493).

나. 보수청구권의 압류

수급인의 보수청구권은 일을 완성했을 때 성립하는 것이 아니라, 계약과 동 시에 성립한다. 그러므로 일의 완성 전에도 수급인의 채권자는 공사대금채권을 압류할 수 있다(62다63, 2003다29456). 만일 압류 후에 도급계약이 해지되면 해지 전 에 발생한 보수채권에만 압류명령이 미친다.

3. 보수의 지급방법

가. 다수 수급인의 보수청구

여러 건설회사가 공동수급체를 구성하여 공사를 수주한 경우 공동수급체는 조합의 성질을 가지므로 도급인에 대한 공사대금채권은 구성원의 합유에 속하기 때문에 전원의 동의 없이 개별 구성원이 지분비율에 따라 공사대금을 직접 청구 할 수 없다(2009다105406). 다만, 공동수급체 구성원별로 직접 대금을 청구하기로 공동수급약정을 했다면 지분비율에 따라 대금을 분리하여 취득할 수 있으며, 특 정업체가 지분비율을 넘는 공사를 수행했더라도 지분을 초과하는 공사대금채권 은 직접 청구할 수 없다(2012다107532).

나. 완성물의 환가를 통한 보수충당

공사대금의 지급에 갈음하여 도급인으로부터 건물 소유권을 이전받아 건물의 환가대금으로 공사대금에 충당하는 방식이다. 이 경우 수급인은 건물양수인 및 도급인의 대리인으로서 건물을 처분하게 된다(99다35393).

다. 기성고 상당의 보수청구

건축공사 도급계약에서 기성부분에 대한 공사대금을 공사단계에 따라 지급하기로 한 경우 공사 도중 도급인의 귀책사유로 계약이 해제되었다면 수급인은 건물을 도급인에게 인도하고 기성고 상당의 보수를 청구할 수 있다. 이 경우 기성부분의 보수에 대한 지연손해금의 발생시기는 계약해제의 효력발생 다음 날이다(2010다34043, 34050).

II. 부동산수급인에게 저당권을 설정해줄 의무

1. 의의 및 입법취지

부동산공사의 수급인은 그의 보수에 관한 채권을 담보하기 위하여 해당 부동산에 저당권의 설정을 청구할 수 있다(§666). 이 규정의 취지는 완성물의 소유권이 원시적으로 도급인에게 귀속되는 경우 수급인이 사실상 목적물로부터 공사대금을 우선적으로 변제받을 수 있도록 하려는 데 있다(2007다78616, 78623).

2. 저당권설정청구권의 행사 요건

가. 보존등기

수급인이 저당권설정청구권을 행사하려면 우선 저당권을 설정하려는 목적부동산에 대한 보존등기가 되어 있어야 한다. 그러나 대부분의 목적부동산은 미등기상태에 있으므로 수급인은 채권자대위권을 행사하여 도급인 명의의 보존등기를 할 수 있다.

나. 공사대금채권의 존재

저당권설정청구권보전을 위한 가등기, 가처분은 저당권의 순위를 보전하자는 데 그 목적이 있는 것이어서 가등기 당시에 저당권에 의하여 담보하는 피담보채권이 존재해야 한다. 따라서 피담보채권이 없는 상태에서 저당권설정청구권보전을 위한 가등기는 무효이다(86다카622).

다. 저당권설정청구권의 양도성

특별한 사정이 없는 한, 공사대금채권이 양도되면 저당권설정청구권도 수반하여 함께 이전된다(2015다19827). 이에 따라 도급인이 양수인에게 저당권을 설정해주는 행위는 그의 채권자에 대한 사해행위가 되지 않는다.

라. 하수급인의 저당권설정청구권

수급인의 노력과 출재로 완성된 건물의 소유권이 수급인에게 귀속된 경우, 그로부터 공사의 일부를 도급받은 하수급인은 수급인에 대하여 저당권설정청구권을 가진다(2014다211978).

3. 저당권설정청구권의 문제점

저당권설정청구권은 공사대금채권을 담보하기 위하여 부수적으로 인정되는 채권적 청구권이기 때문에 도급인과 저당권설정의 합의와 등기가 있어야 저당권이 성립한다. 그러므로 수급인의 저당권설정청구에 대해 도급인이 등기절차에 비협조적이라면 처분금지가처분 후 저당권설정 등기절차이행청구소송을 제기해야 한다. 미등기의 경우 대위신청에 의한 보존등기까지 한 상태에서 다시 이런 복잡한 절차를 거쳐야 한다. 설사 저당권을 설정했더라도 당해목적물에 유치권을 행사하는 것보다 수급인의 지위가 더 강화되는 것도 아니다.

이러한 문제점으로 인하여 제666조는 실효성이 없어졌고, 실무에서는 유치권이 그 기능을 발휘하고 있다.

[5] 도급의 종료

민법은 도급계약에 특유한 종료원인으로서 일을 완성하기 전 도급인의 임의해제와 도급인이 파산한 경우의 수급인 또는 파산관재인에 의한 해제에 관하여 규정하고 있다. 도급계약은 계속적 계약이 아니므로 기간만료로 인한 종료나 계약해지가 문제되지 않는다.

Ⅰ. 도급인의 해제

1. 의의와 취지

수급인이 일을 완성하기 전에는 도급인은 손해를 배상하고 계약을 해제할 수 있다(§673). 도급계약 특유의 법정해제권으로서 도급인에게 자유로운 해제권을 행사할 수 있도록 하는 대신 수급인이 입은 손해를 배상하도록 하는 취지이다(2012다39769, 39776). 도급인의 해제에 수급인의 채무불이행을 요하지 않으며, 일의 완성을 위한 이행에 착수한 이후에도 언제든지 해제가 가능하다는 점에서 제565조의 해제와 다르다.

2. 손해배상의 범위

도급인의 일방적인 계약해제로 인하여 수급인이 입게 될 손해는 그가 일의 완성을 위해 지급한 비용과 일을 완성했더라면 얻었을 이익을 합한 금액이다(2000다37296, 37302). 그러므로 수급인의 손해를 산정함에 있어서 도급인은 특별한 사정이 없는 한 과실상계나 손해배상예정액의 감액을 주장할 수 없다. 다만, 도급인의 계약해제로 수급인에게 손해와 동시에 이익이 있다면 공평의 관념상 그 이익은 당사자의 주장을 기다리지 않고 손해를 산정함에 있어서 공제되어야 한다(2000다37296, 37302).

3. 수급인의 채무불이행으로 인한 해제

건축도급계약이 수급인의 채무불이행으로 해제된 경우 공사가 상당한 정도로 진척되어 이를 원상회복하는 것이 중대한 사회적·경제적 손실을 초래하고 완성된 부분이 도급인에게 이익이 된다면, 도급계약은 미완성 부분에 대해서만 실효되고 미완성 건물을 인도받은 도급인은 약정한 총공사비에 기성고 비율을 적용한 금액의 보수를 지급하여야 한다(2016다24284).

Ⅱ. 도급인의 파산

1. 수급인의 계약해제

도급인의 파산 시 수급인은 계약을 해제하고 파산채권자로서 일의 완성된 부분에 대한 보수 및 보수에 포함되지 않은 비용에 대하여 파산재단의 배당에 가입할 수 있다(§674 Ⅰ). 그러나 수급인은 도급인에게 계약해제로 인한 손해배상을 청구하지 못한다(§674 Ⅱ). 〈사례2〉에서 주택을 완성한 이후 A에게 주택을 인도하기 전에 파산하였으므로 B는 해제 없이 유치권을 행사하면 된다. 즉, B는 별제권자로서 파산절차에 참가하지 않고도 우선변제를 받을 수 있다(채무자회생법 §§411, 412).

2. 파산관재인의 계약해제

도급인의 파산 시 파산관재인은 계약을 해제할 수 있고, 이때 수급인은 일의 완성된 부분에 대한 보수 및 보수에 포함되지 않은 비용에 대하여 파산재단의 배당에 가입할 수 있다(§674 Ⅰ). 이 경우에도 수급인은 손해배상을 청구할 수 없는지 의문이다. 채무자회생법 제339조에서는 파산관재인의 해제와 관련하여 민법 제674조 제1항만 준용하고 있고, 파산관재인이 미이행쌍무계약을 해제한 때에는 손해배상에 관한 상대방의 권리를 인정하고 있기 때문이다(동법 §§335 Ⅰ, 337 Ⅰ). 결론은 손해배상을 청구할 수 없다(자세한 설명은 '3. 해제의 효과' 참조).

3. 해제의 효과

도급계약의 해제는 해석상 장래에 향하여 도급의 효력을 소멸시키는 것이므로 원상회복은 허용되지 않는다(2001다13624). 도급인의 관리인(파산관재인)이 미이행쌍무계약으로 해제한 경우 일의 완성된 부분은 도급인에게 귀속되고, 수급인은 일의 완성된 부분에 대한 보수청구만 가능하다(급부반환 또는 가액상환 불가). 수급인의 보수청구권은 회생채권(파산채권)으로 전환된다(2016다221887). 그러므로 당사자 쌍방의 미이행쌍무계약이 해제된 때에 상대방의 손해배상을 정하고 있는 채무자회생법 제337조는 적용되지 않는다(2016다221887).

제 3 절   여행계약

> **〈사례1〉** 여행객 A는 B 여행사의 해외여행 안내책자를 보고 사무실에 들러 10일 일정의 발리여행을 계약하였다. 그런데 발리섬에서 숙박하기로 예정된 호텔이 갑자기 리모델링으로 휴업하는 바람에 더 비싼 호텔에 묵게 되었다. A는 여행비용을 더 지불해야 할까?
>
> **〈사례2〉** A는 호텔 주변의 공사장 소음 때문에 잠을 제대로 잘 수가 없었다. 가능하다면 여행계약을 해지하여 여행비를 전액 환불받고, 나아가 휴가여행을 망쳤다는 이유로 손해배상까지 청구하고 싶다. A는 어떤 청구를 할 수 있을까?

[1] 서   설

Ⅰ. 여행계약 신설 이전의 적용법규와 판례

1. 관광진흥법

관광사업을 건전하게 지도·육성함으로써 관광진흥에 기여할 목적으로 1975년 '관광사업법'이 제정되었고, 1986년 '관광진흥법'으로 명칭이 변경되었다가 2007년 4월 관광진흥법이 전부개정되면서 동법 제14조에 처음으로 여행계약이라는 용어를 사용하게 되었다.

이후 동법 제14조에는 2009년, 2011년 및 2015년의 개정을 통해 여행업자에게 여행지에 대한 안전정보 제공의무와 서면제공, 여행계약서와 보험 가입 등을 증명할 수 있는 서류의 교부의무, 여행일정 변경 시 여행자의 사전 동의 등이 새롭게 추가되었다. 이로써 여행자의 보호가 강화되었다.

2. 공정거래위원회의 표준약관

공정거래위원회는 여행자의 법익을 보호하기 위하여 여행사와 여행자가 체결한 국내외여행계약의 세부이행 및 준수사항을 정함을 목적으로 '국내여행표준약관'과 '국외여행표준약관'을 제정하였으나, 법적 강제력이 없다.

3. 여행관련 판례

여행관련 분쟁에 대한 판례는 대부분 안전배려의무 위반에 대한 것이며, '관광진흥법'을 적용하고 있다. 여행관련 최초의 판례는 기획여행에 참여한 국외여행자가 여행지에서 상해를 입은 사안에서 여행업자와 여행인솔자에게 과실을 인정한 경우이다(98다25061).

Ⅱ. 민법에의 여행계약 신설

1. 신설의 목적

여행이 생활 속에 대중화·보편화되어 가는 추세임에도 불구하고 여행업자가 작성한 약관에 합의하는 방식으로 여행계약이 체결됨으로써 분쟁이 발생하는 등 여행자에게 불리한 결과를 초래하고 있으나 직접 규율하는 규정이 없다. 이에 법적 분쟁을 해소하기 위하여 여행자에게 불리한 약관을 개선하고, 상호 이해조정을 위해 책임의 한계를 설정하는 등 여행자 보호에 취약한 부분을 보완하기 위한 것이다.

2. 여행계약의 기본틀 제시

민법 제674조의2에서 제674조의9까지 8개의 조문에 여행계약의 의의, 해제·해지, 여행주최자의 담보책임, 여행자에게 불리한 약관의 무효에 관한 사항 등 여행계약에 관한 기본적인 사항을 정하고 있다(민법 일부개정 2015.2.3. '법률 제13125호, 시행 2016.2.4.' 법무부). 민법에 여행계약이 신설된 이후 민법을 적용한 판례는 아직 없다.

[2] 여행계약의 성질과 성립

I. 의의 및 성질

1. 여행계약의 의의

여행계약이란 당사자 일방이 상대방에게 운송, 숙박, 관광 또는 그 밖의 여행 관련 용역을 결합하여 제공하기로 약정하고, 상대방이 그 대금을 지급하기로 약정함으로써 성립하는 계약이다(§674의2, 관광진흥법 §14 I). 운송에 대해 민법에 규정이 없으므로 상법상 운송의 개념을 고려하여 판단해야 할 것이다(물건운송 §§ 126-147, 여객운송 §§148-150). 단순히 물리적인 작용만을 가하여 이동시키는 행위는 운송이 아니다.

2. 여행계약의 성질

여행계약은 유상, 쌍무, 낙성, 불요식계약이다.

민법에 여행계약이 신설되기 전에 학설은 도급계약설, 독립계약설, 위임계약설로 대립하고 있었으나, 판례에서는 이를 위임계약으로 파악하였다(2014다213387, 98다25061). 그러나 민법에 신설된 후 독립된 계약으로 정립되었지만, 신설된 여행계약을 위임계약의 앞부분, 도급계약의 뒷부분에 배치한 것으로 미루어보건대 독일민법에서처럼 도급계약에 가까운 것으로 이해된다.

II. 여행계약의 성립

1. 여행계약의 당사자

여행계약은 여행주최자와 여행자 사이에서 체결되므로 여행계약의 당사자는 여행주최자와 여행자이다.

가. 여행주최자

여행주최자(§674의6)는 독일민법의 'Reiseveranstalter'를 우리말로 번역한 것으로서 관광진흥법에서 정하고 있는 '여행업자'(관광진흥법 §3 Ⅰ)와 구별하기 위하여 사용한 민법상의 용어이다.

나. 여행업자

관광진흥법에서의 여행업자란 행정관청에 여행업 등록을 한 자(관광진흥법 § 12 Ⅰ)로서 여행자 또는 운송시설·숙박시설, 그 밖에 여행에 딸리는 시설의 경영자 등을 위하여 시설이용 알선이나 계약체결의 대리, 여행에 관한 안내, 그 밖의 여행 편의를 제공하는 관광사업을 하는 자를 가리킨다(관광진흥법 §3 Ⅰ 1호).

판례에서는 여행업자를 여행 일반은 물론 목적지의 자연적·사회적 조건에 관하여 전문적 지식을 가진 자로 본다(2014다213387). 여행업자는 여행자의 안전 및 편의제공을 위하여 일정한 자격을 갖춘 국외여행 인솔자를 두어야 하며(동법 §13 Ⅰ), 그의 법적 지위는 여행자에 대한 안전배려의무의 이행보조자이다(98다25061).

다. 여행자

여행자는 안전성을 신뢰하고 기획주최자가 제시하는 조건으로 계약을 체결한 자이다.

2. 여행계약의 성립요건

가. 당사자의 합의

여행계약은 낙성계약이므로 여행주최자와 여행자 사이의 합의를 필요로 한다.

여행계약에는 운송, 숙박, 관광 또는 그 밖의 여행 관련 용역을 결합하여 제공하기로 하는 내용을 합의해야 한다. 그리고 여행대금에 대한 합의도 있어야 한다(§674의2).

나. 약관법의 적용

통상 여행주최자는 우월적 지위에서 행선지나 여행시설 이용 등에 관한 계약 내용을 일방적으로 결정한다(2016다6293). 이러한 계약내용에는 약관법이 적용되므로 불공정한 약관이 있을 경우 무효가 된다.

[3] 여행주최자의 의무와 권리

I. 여행주최자의 의무

1. 여행계획의 실행의무

가. 여행관련 용역의 제공의무

여행주최자는 여행계약서에 명시된 내용대로 여행관련 용역을 제공할 의무가 있다. 그러므로 여행지의 사정변경으로 인하여 숙박 등 여행일정을 변경하려면 여행자의 사전 동의를 받아야 한다(관광진흥법 §14 Ⅲ). 〈사례1〉에서 투숙하기로 약정한 호텔의 리모델링공사로 인해 더 비싼 호텔에 묵게 된 것에 대하여 여행자로부터 사전에 동의를 받은 것이 아니라면 호텔에 대하여 충분히 조사를 하지 못한 책임은 여행주최자측에 있으므로 여행비를 추가로 지급할 필요가 없다.

나. 기타 정보제공의무

(1) 여행주최자는 여행자를 보호하기 위하여 여행지에 대한 안전정보를 서면으로 제공하여야 하며, 안전정보가 변경된 경우에도 마찬가지이다(관광진흥법 §14 Ⅰ). 즉, 사전에 여행지를 충분히 조사하여 여행자의 생명·신체·재산 등을 보호해야 할 의무를 진다. 판례는 스키장에 관하여 자세한 정보를 제공할 의무를 해태함으로써 여행자에게 손해가 발생한 사안을 안전배려의무위반으로 파악하였다(2007다3377).

(2) 여행주최자는 여행일정표 및 약관을 포함한 여행계약서 및 보험 가입 등을 증명할 수 있는 서류를 여행자에게 교부해야 한다(관광진흥법 §14 Ⅱ).

2. 신의칙상 주의의무

가. 부수의무

여행, 숙박, 입원, 근로계약 등 일정한 유형의 계약에 관한 부수의무로서 채권자의 생명·신체·재산에 대한 보호의무 또는 안전배려의무를 인정하고 있다(97다12082, 2000다38718, 38725, 2002다63275, 2014다213387 등 참조). 민법에 여행계약이 신설되기 이전에 여행주최자의 과실에 대해 판례는 위임계약과 관광진흥법에 기초하여 신의칙상 주의의무를 인정하였고(98다25061), 최근까지도 여행계약상 주의의무 내지 신의칙상 안전배려의무 위반에 대한 판례가 이어지고 있다(2018다286550, 2017나88574).

나. 안전배려의무

여행계약과 관광진흥법에 여행주최자의 안전배려의무에 관한 규정은 없다. 그러나 판례는 여행약관에서 여행업자의 여행자에 대한 책임의 내용 및 범위 등에 관하여 정하고 있다면 이는 안전배려의무를 구체적으로 명시한 것으로 본다(2011다1330). 즉 여행주최자는 여행지에 대해 충분히 조사·검토하여 여행 도중에 맞닥뜨릴 수 있는 위험을 미리 제거할 수단을 강구하고 이를 여행자에게 고지함으로써 여행자 스스로 위험을 수용할지에 관하여 선택할 기회를 제공하는 신의칙상 안전배려의무를 부담한다.

3. 해지 후의 조치의무

여행계약이 해지되면 계약관계를 청산해야 하는데, 여행주최자는 계약의 해지로 인하여 필요한 조치를 해야 할 의무를 진다(§674의7 Ⅲ). 또 필요한 조치로서 계약상 귀환운송 의무가 있으면 여행자를 귀환운송하여야 한다. 이 경우 귀환운송비용은 여행주최자가 부담한다. 그런데 상당한 이유가 있는 때에는 여행주최자는 여행자에게 그 비용의 일부를 청구할 수 있다(§674의7 Ⅲ 단서).

4. 보험가입 의무

여행주최자가 여행업 등록을 한 여행업자인 경우 여행사업과 관련하여 사고가 발생하거나 여행자에게 손해가 발생하면 피해자에게 보험금을 지급할 것을 내용으로 하는 보험에 가입하거나 보증금을 예치해야 한다(관광진흥법 §9).

Ⅱ. 여행주최자의 권리

1. 여행대금의 청구권

여행주최자는 여행관련 용역을 제공한 대가로 여행대금의 지급을 청구할 수 있다(§674의2). 대금의 지급시기를 약정한 경우에는 약정한 시기에 청구할 수 있으며, 지급시기를 약정하지 않았다면 관습에 따르고, 관습이 없으면 여행의 종료 후 곧바로 청구할 수 있다(§674의5).

여행의 중대한 하자로 인하여 여행자가 계약을 해지한 경우 여행주최자는 대금청구권을 상실한다(§674의7 Ⅱ). 이로 인하여 여행자에게 이익이 있다면 여행주최자는 이익의 상환을 청구할 수 있다(§674의7 Ⅱ 단서).

2. 귀환운송비 청구권

여행계약의 해지에 따른 조치로서 귀환운송에 대한 비용은 원칙적으로 여행주최자가 부담한다. 그러나 여행자에게 책임을 인정할만한 상당한 이유가 있는 때에는 여행주최자는 여행자에게 그 비용의 일부를 청구할 수 있다(§674의7 Ⅲ 단서).

[4] 여행자의 의무와 권리

Ⅰ. 대금지급의무

1. 대금지급

여행관련 용역을 제공받은 여행자는 여행대금을 지급하여야 한다(§674의2). 여행계약에서는 용역의 제공 대가를 매매목적물을 이전한 대가와 같이 '대금'이라는 용어를 사용하고 있다. 고용계약과 도급계약에서 노무제공이나 일의 완성의 대가를 '보수'로 부르고 있는 것과 다른 점이다.

2. 대금감액 및 지급의무 소멸

여행의 하자로 인하여 여행주최자가 담보책임을 지는 경우 여행자는 대금감액을 청구할 수 있다(§674의6 I). 또 여행에 중대한 하자가 있어 여행자가 계약을 해지한 경우 여행주최자의 대금청구권이 상실되기 때문에 대금을 지급할 의무가 없다(§674의7 II).

3. 추가비용의 부담의무

여행자가 자신의 과실로 인하여 생긴 부득이한 사유로 계약을 해지한 경우 해지로 인하여 발생한 추가 비용은 여행자가 부담하고, 누구에게도 해지사유가 될 사정이 없는 경우에는 여행주최자와 절반씩 부담한다(§674의4 III).

II. 손해배상의무

1. 여행 시작 전 해제한 경우의 손해

여행자는 여행을 시작하기 전에는 언제든지 계약을 해제할 수 있다(§674의3). 아직 여행의 실행에 착수하지 않았으므로 여행자에게 계약해제를 인정한 것이다. 그러나 여행의 실행에 착수하지 않았더라도 여행주최자는 여행을 이행하기 위하여 필요한 현지조사와 숙박예약, 교통편 등 사전준비를 위하여 소정의 비용을 지출하게 된다. 그러므로 여행주최자에게 발생한 손해를 배상하도록 정하고 있다(§674의3 단서).

2. 부득이한 사유로 해지한 경우의 손해

부득이한 사유가 있을 때 당사자 모두 여행계약을 해지할 수 있는데, 그 해지사유가 여행자의 과실로 인해 발생한 것이라면 여행주최자에게 손해를 배상하여야 한다(§674의4 I).

III. 협력의무 등

여행자는 여행일정에 따라 시간을 준수하고, 개별행동을 자제하는 등 여행목적을 달성하기 위하여 협력해야 할 부수의무를 부담한다.

Ⅳ. 여행자의 권리

여행자의 권리는 주로 여행주최자의 담보책임에서 문제가 된다. 이와 관련하여 아래에서 설명한다.

[5] 여행주최자의 담보책임

Ⅰ. 담보책임의 법적 성질

여행계약은 유상계약이므로 매도인의 담보책임에 관한 규정이 여행계약에도 준용된다. 그럼에도 불구하고 여행계약에는 별도로 여행주최자의 담보책임에 관한 규정을 두고 있다(§§ 674의6-674의8). 즉 여행주최자가 제공한 여행관련 용역에 하자가 있는 경우 그의 과실과 무관하게 대금감액, 손해배상, 계약해지 등의 책임을 부담시키고 있다.

이 책임은 무과실책임으로서 여행주최자의 과실을 묻지 않는다. 그러므로 하자가 여행주최자의 과실로 발생한 경우라면 채무불이행책임을 물을 수 있다.

여행주최자의 담보책임에 관한 규정은 편면적 강행규정으로서 이 규정에 위반하여 여행자에게 불리한 약정은 효력이 없다(§ 674의9).

Ⅱ. 여행계약상 하자

1. 하자의 의미

여행주최자에게 담보책임을 지우려면 여행에 하자가 있어야 한다. 여행계약에서 하자란 당사자의 약정 또는 여행계약상 요구되는 품질이나 성질을 갖추지 못한 경우이다. 여기에는 운송, 숙박, 관광 등으로 결합된 용역 자체의 하자뿐 아니라, 여행일정의 수행과정상 잘못으로 생긴 하자도 포함된다. 예컨대, 행선지나 여행시설의 이용 등 여행업자가 제시하는 조건과 상품이 다르거나, 여행주최자로서 갖추어야 할 요건(관광진흥법 § 12)과 국외여행 인솔자에게 필요한 자격증(관광진흥법 §13) 등 인솔자의 전문성이 부족한 경우 등이다.

그리고 여행의 종료 또는 여행 중이라도 이행된 부분에 하자가 있으면 유형·무형과 관계없이 모두 담보책임을 진다. 여행이 종료되었지만 사회통념상 그것이 불완전하여 제거 또는 시정해야 할 경우에도 하자를 인정한다.

2. 하자의 판단기준

하자가 있었는지에 대해서는 여행업자와 여행자 사이의 계약내용, 일정에 적절한 여행의 수행, 약정된 숙박시설 이용, 인솔자의 전문능력 등을 종합적으로 고려하여 판단한다. 그러므로 약정한 계약내용을 이행하지 못했더라도 현지사정이나 갑작스런 날씨 등 천재지변으로 인하여 일정을 변경하는 등 적절히 대처했다면 하자가 부정될 것이다.

Ⅲ. 여행자의 시정청구권, 대금감액청구권

1. 시정청구권

여행에 하자가 있는 경우 이를 제거하거나 보완하여 완전한 여행급부를 제공할 것을 청구하는 것이 시정청구권이다(§674의6 Ⅰ 본문). 예컨대 〈사례2〉에서 숙소 주변의 공사장 소음 때문에 숙면을 취할 수 없는 경우라면 중대한 하자로 볼 수 없으므로 계약을 해지할 수는 없고, 시정청구권을 행사하여 숙소를 변경해달라고 요구할 수 있을 것이다. 시정청구권은 도급계약에서 하자보수청구권과 유사하지만 대금감액청구권과 선택적으로 행사할 수 있다는 점에서 차이가 있다. 또 시정에 과다한 비용이 들거나, 시정을 합리적으로 기대할 수 없는 경우에도 시정을 청구할 수 없다(§674의6 Ⅰ 단서). 이 경우에는 대금감액을 청구하거나, 이에 갈음하여 손해배상을 청구할 수 있을 뿐이다(§674의6 Ⅲ).

한편 여행자가 시정을 청구할 때는 상당한 기간을 정해야 한다. 다만, 〈사례2〉에서 숙소변경을 요구한다면 여행계약의 특성상 즉시 시정할 필요가 있는 경우에는 상당한 기간을 정함이 없이 곧바로 시정을 청구할 수 있다(§674의6 Ⅱ 단서).

2. 대금감액청구권

시정청구권과 대금감액청구권은 선택적이기 때문에 여행자가 하자의 시정을 요구하였다면 대금감액을 청구할 수 없다(§674의6 I). 그러므로 시정에 과다한 비용이 들거나, 합리적으로 시정을 기대하기 곤란한 경우 대금감액을 청구할 수 있다. 그러나 〈사례2〉와 같이 숙박시설 주변의 소음을 이유로 총 여행비의 감액을 청구할 수는 없다. 총 여행비의 감액을 청구하려면 호텔뿐 아니라 식사제공, 버스투어 등 다른 여행용역에 전반적으로 문제가 있어야 한다.

Ⅳ. 여행자의 손해배상청구권

여행의 하자로 인하여 여행자가 손해배상을 청구하는 방법은 두 가지가 있다. 첫째, 시정청구 또는 대금감액청구에 갈음하여 손해배상만을 청구하는 것이고, 둘째, 시정청구 또는 대금감액청구와 함께 손해배상만을 청구하는 것이다(§674의6 Ⅲ).

Ⅴ. 여행자의 계약해지권

1. 해지사유

여행에 중대한 하자가 있음에도 불구하고 시정되지 않았거나, 계약내용에 따른 이행을 기대할 수 없는 경우 여행자는 계약을 해지할 수 있다(§674의7 I).

2. 해지의 효과

중대한 하자 등의 해지사유로 인하여 계약이 해지되면 여행주최자는 대금청구권을 상실하므로(§674의7 Ⅱ 본문) 이미 수령한 여행대금이 있다면 이를 반환해야 한다. 다만, 여행자가 실행된 여행으로 이익을 얻은 경우에는 그 이익을 여행주최자에게 상환하여야 한다(§674의7 Ⅱ 단서).

여행주최자는 계약의 해지로 인하여 필요한 조치를 해야 할 의무를 지며, 계약상 귀환운송 의무가 있으면 여행자를 귀환운송하여야 한다(§674의7 Ⅲ 1문). 이 경우 귀환운송비용은 여행주최자가 부담한다. 그런데 상당한 이유가 있는 때에는 여행주최자는 여행자에게 그 비용의 일부를 청구할 수 있다(§674의7 Ⅲ 2문).

Ⅵ. 담보책임의 존속기간

담보책임은 여행 중에도 행사할 수 있으며, 여행종료일부터 6개월 내에 행사하여야 한다(§674의8). 이 기간은 제척기간이다.

[6] 여행계약의 종료

Ⅰ. 계약의 이행에 의한 종료

당사자의 약정에 따라 여행주최자가 여행관련 용역을 완전하게 제공함으로써 여행이 실행된 경우 여행계약이 종료한다. 그리고 당사자 사이에 계약을 종료시키기로 합의한 경우에도 마찬가지이다.

Ⅱ. 해제나 해지에 의한 종료

1. 부득이한 사유로 인한 해지

여행계약의 당사자는 부득이한 사유가 있는 경우 계약을 해지할 수 있다(§674의4). 이 해지권은 여행이 시작된 이후에 당사자 모두가 행사할 수 있다. 부득이한 사유는 당사자의 과실에 의하여 발생할 수도 있지만, 폭설이나 악천후와 같은 기후변화, 화산폭발과 같은 천재지변, 전염병 창궐이나 전시상황과 같이 당사자의 과실 없이 발생하는 경우가 많을 것이다. 물론 여행자의 개인적인 사정만으로는 해지사유가 될 수 없다.

부득이한 사유로 계약을 해지한 경우 그 사유가 당사자 한쪽의 과실로 인하여 생긴 경우 그 당사자는 상대방에게 손해를 배상하여야 한다(§674의4 Ⅰ 단서). 또 해지로 인하여 발생한 추가비용은 그 해지사유가 어느 당사자의 사정에 속하는 경우에는 그 당사자가 부담하고, 누구의 사정에도 속하지 아니하는 경우에는 각 당사자가 절반씩 부담한다(§674의4 Ⅲ).

부득이한 사유로 계약을 해지한 경우에도 계약상 운송의무가 여행주최자에게 있다면 그는 여행자를 귀환운송해야 한다(§674의4 Ⅱ).

2. 개시 전의 해제

여행자는 여행이 개시되기 전에는 언제든지 계약을 해지할 수 있다(§674의3). 다만, 여행자는 상대방에게 발생한 손해를 배상하여야 한다.

3. 중대한 하자 있는 경우의 해지

여행자는 여행에 중대한 하자가 시정되지 않았거나, 계약내용에 따른 이행을 기대할 수 없는 경우 계약을 해지할 수 있다(§674의7 Ⅰ).

4. 불리한 약정의 금지

여행계약의 해지 또는 해제에 관하여 기술한 위 규정에 위반하여 여행자에게 불리한 약정은 효력이 없다(§674의9).

제 4 절 위임계약

〈사례1〉 싱글맘 A는 식료품 구입을 위해 외출하면서 이웃집 B에게 어린 딸 C를 잠시 맡겼는데, C가 놀면서 꽃병을 깨트렸다. 이 바람에 B가 유리조각에 찔려 다쳤다. B가 꽃병 구입대금과 손해배상을 청구할 수 있을까?

〈사례2〉 주택조합 A와 건설회사 B는 건축설계사무소 C와 감리계약을 체결하면서 중도해지 시의 보수는 진행된 부분에 따라 지급하기로 하였다. C가 위임사무를 처리하던 중 B가 파산하였다면 감리계약은 당연히 종료되는가, 아니면 B가 단독으로 계약을 해지할 수 있는가?

Ⅰ. 의의와 기능

1. 의 의

위임은 당사자 일방(위임인)이 상대방에게 사무처리를 위탁하고 상대방(수임인)이 이를 승낙함으로써 성립하는 계약이다(§680). 보수지급에 대한 합의가 없으면 원칙적으로 무상계약이다(§686 Ⅰ). 위임도 일종의 노무공급계약에 해당하지만, 위임인이 맡긴 사무를 수임인이 자주적으로 처리한다는 점에 특색이 있다. 〈사례1〉은 일단 호의관계로서 법적 구속력이 없어 보인다. 그러나 호의행위라고 하더라도 이에 수반하여 손해가 발생했다면 채권관계가 된다(채권총론 5면 참조).

2. 위임사무의 범위

위임사무는 수임인이 위임인을 위하여 대신 처리하는 업무이므로 수임인 자신의 업무는 위임사무가 아니다. 또 수임인이 자주적으로 사무처리를 해야 하므로 위임인이 의사결정을 하는 행위(결혼, 이혼 등)는 위임사무가 될 수 없다. 위임사무에는 법률행위·준법률행위 등 법률상 행위와 사실상의 모든 행위가 포함된다.

3. 대리권 수여와의 관계

가. 별개의 독립된 행위

위임은 당사자 사이의 계약관계로서 대리권의 수여와는 별개의 독립된 행위이다(4294민상251). 흔히 위임과 병행하여 대리권이 수여되는 경우가 많은데, 이 경우 위임은 기초적 내부관계를 발생시키는 원인행위가 된다(§128 참조). 예컨대 변호사 선임계약을 하면서 위임사건에 대한 소송대리권을 수여받는 방식이다(민사소송법 §90).

나. 위임계약 없는 대리권 수여

위임계약이 없이 친족관계나 근로관계 또는 단순한 호의관계에서 대리권이 수여될 수 있다. 일반적으로 타인의 사무를 처리하는 자에 대하여 위임계약이 준용된다. 예를 들어, 수치인(§701), 업무집행조합원(§707), 사무관리인(§738), 친권자

(§919), 후견인(§§956, 959), 상속재산관리인(§1048), 유언집행자(§§1103－1104) 등이다. 이처럼 위임은 계약법, 법정채권관계 및 가족법 분야에 이르기까지 민법 전 영역에서 폭넓게 준용되고 있다.

4. 위임계약의 기능

위임은 가족·친지·이웃 간에 사소한 업무를 처리하기 위하여 행해지기도 하지만, 각 분야의 전문가에게 복잡한 사무처리를 위탁하기 위하여 활용되는 경우가 많다. 예컨대, 전문의에게 진료(2009다17417), 중개업자에게 부동산거래(2012다74342). 변호사에게 소송사무(94다57626) 등의 업무를 위탁하는 경우이다.

Ⅱ. 법적 성질

1. 낙성·불요식 계약

위임계약은 무상계약이든, 유상계약이든 언제나 낙성·불요식 계약이다.

2. 무상·편무 또는 유상·쌍무계약

위임계약은 보수지급의 특약 유무에 따라 무상·편무 및 유상·쌍무계약으로 구분된다. 즉, 특별한 약정이 없으면 수임인은 위임인에게 보수를 청구할 수 없다(§686 Ⅰ). 이처럼 특약이 없으면 수임인에게 경제적 부담이나 손실을 주면 안 되기 때문에 위임계약은 원칙적으로 무상·편무계약이다. 예컨대, 제시사례와 같이 B가 아이를 돌봐주기로 한 경우와 같다.

이와 달리 보수지급의 특약을 하는 경우에는 유상·쌍무계약이 된다. 실무상으로는 대부분 보수지급의 특약이 있는 유상·쌍무계약이다.

3. 사무처리·노무제공·일의 완성

가. 고용계약과의 차이

위임계약에서 수임인은 자기의 재량으로 사무를 처리하지만, 고용계약에서 피용자는 사용자의 지시에 따라 노무를 제공해야 한다. 이와 같이 업무처리의 성질이 다르다. 또한 보수와 관련하여 위임계약에서는 사무를 완료한 후에 청구할 수 있지만, 고용계약에서는 사무의 완료나 일의 성부와 무관하게 노무를 제공하기만 하면 보수를 청구할 수 있다(§§ 686 Ⅱ, 656).

나. 도급계약과의 차이

도급계약에서는 일의 완성이 필요하다(§ 664). 이와 달리 위임계약에서는 일의 완성과 관계없이 사무를 처리한다(§ 680).

Ⅲ. 수임인의 의무

1. 위임사무 처리의무

가. 선관주의의무

수임인의 '선량한 관리자의 주의', 즉 선관의무에 대하여 제681조에서는 위임사무를 '위임의 본지에 따라' 처리해야 한다고 정하고 있다(§ 681). 여기서 위임의 본지에 따른다는 의미는 위임계약의 목적과 그 사무의 성질에 따른다는 것이다. 예컨대, 조합장이 공로에 대한 보상으로 보류시설을 무상으로 취득한 것은 본지에 반하는 행위이다(2006도6053).

수임인이 위임의 본지에 따라 선관주의로 사무처리를 하지 않은 경우 위임인은 수임인에게 채무불이행에 따른 손해배상을 청구할 수 있다.

임치계약에서 무상수치인에게 자기 재산과 동일한 주의를 요구하는(§ 695) 것과 달리, 위임계약에서는 무상위임인 경우에도 수임인이 수임사무를 처리함에 있어서 선관주의가 요구된다(2001다71484). **〈사례1〉**에서 B가 어린아이 C를 호의로 돌봐주었지만 B는 선관주의로 아이를 돌보아야 한다. 만일 B가 선관주의를 다하지 않아 아이가 꽃병을 깨트리고 유리조각에 다쳤다면 손해배상을 청구할 수 없다.

나. 복임권의 제한

위임은 당사자의 개인적 신뢰관계를 기초로 하기 때문에 수임인은 특별한 경우가 아니면 제3자에게 자기를 대신하여 위임사무를 처리하게 하지 못한다(§ 682 Ⅰ). 원칙적으로 수임인이 스스로 위임사무를 처리해야 한다. 다만, 위임인의 승낙 또는 부득이한 사유와 같이 특별한 경우가 있으면 복위임이 가능하다. 복위임을 위한 위임인의 승낙은 묵시적으로도 가능하고, 수임인의 사망이나 질병이 있을 때 부득이한 사유가 있다고 볼 것이다.

수임인이 제3자로 하여금 위임사무를 처리하게 한 경우 복수임인의 선임에 대한 수임인의 책임 및 복수임인의 권한에 대해서는 복대리인에 관한 제121조, 제123조의 규정을 준용한다(§682 Ⅱ).

2. 부수적 의무

가. 보고의무

수임인은 위임인의 청구가 있는 때에는 위임사무의 처리상황을 보고하고, 위임이 종료한 때에는 지체없이 그 전말을 보고하여야 한다(§683). 위임인에게 필요한 보고 조치를 취하지 않아 수임인이 상대방에게 부담하여야 할 채무액이 확대되었다면 확대된 부분은 '위임사무의 처리에 필요한 채무'의 범위에 포함되지 않는다(2016다48808).

나. 취득물 인도 및 권리이전의무

수임인은 위임사무의 처리로 인하여 받은 금전 기타의 물건 및 그 수취한 과실을 위임인에게 인도하여야 한다(§684 Ⅰ). 또 수임인은 위임인의 계산으로 사무를 처리하고, 위임사무의 처리로 취득한 물건을 수임인의 명의로 취득한 경우에도 위임인에게 이전할 의무를 진다(§684 Ⅱ). 이들 의무에 위반하여 수임인이 재산상의 이익을 취득하거나 제3자로 하여금 이를 취득하게 하여 위임인에게 손해를 가한 때에는 배임죄로써 처벌될 수 있다(형법§355 Ⅱ).

수임인의 취득물 인도시기와 반환할 금전의 범위는 위임계약이 종료한 때를 기준으로 한다(2004다64432). 판례도 위임사무의 처리로 얻은 총 수익에서 위임계약의 취지에 따라 위임사무의 처리를 위하여 지출한 총 비용 등을 공제하고 남은 수익을 위임인에게 반환해야 한다고 판시한다(2016다11295).

다. 금전소비의 책임

수임인이 위임인에게 인도할 금전 또는 위임인의 이익을 위하여 사용할 금전을 자기를 위하여 소비한 때에는 소비한 날 이후의 이자를 지급하여야 하며 그

외의 손해가 있으면 배상하여야 한다(§685). 예컨대 아파트 입주자대표회의와 부녀회를 위임관계로 볼 때 입주자대표회의의 이익을 위하여 사용하여야 할 수익금을 부녀회가 소비했다면 이를 배상해야 할 것이다(2008가합13756 참조).

Ⅳ. 수임인의 권리

1. 보수청구권

가. 보수지급 특약

특별한 약정이 없으면 무상위임이 원칙이므로 수임인은 위임인에 대하여 보수를 청구하지 못한다(§686 Ⅰ). 그러므로 수임인이 보수를 청구하려면 우선 위임인과 사이에 보수약정이 있어야 한다. 그런데 실제로는 명시적·묵시적으로 보수를 약정하는 것이 보통이다.

나. 보수지급 시기

보수의 지급시기는 당사자가 특약으로 정할 수 있지만, 특약이 없으면 위임사무를 종료한 때가 지급시기가 된다. 즉, 수임인은 위임사무를 완료한 후에 보수를 청구할 수 있다(§686 Ⅱ). 예를 들어, 항소심 사건 변호사의 위임사무는 항소심판결이 송달된 때 종료되어 보수를 청구할 수 있지만, 상고심에서 파기환송되면 변호사의 소송대리권이 부활되므로 환송 후 항소심 사건의 소송사무까지 처리하여야만 비로소 위임사무가 종료되어 보수를 청구할 수 있다(2014다1447).

한편 기간으로 보수를 정한 경우는 그 기간이 경과한 후에 청구할 수 있다(§686 Ⅱ 단서).

다. 보수액

보수의 종류나 보수액에 대하여는 제한이 없으므로 당사자가 자유롭게 정할 수 있다. 그러나 변호사보수와 관련하여 수사·재판의 결과를 금전적인 대가와 결부시킨 형사사건의 성공보수약정은 선량한 풍속·기타 사회질서에 위반한 것으로서 무효가 된다(2015다200111). 이와 달리 약정보수액이 부당하게 과다한 경우에는 신의칙 위반으로 상당하다고 인정되는 범위 내의 보수액만 청구할 수 있다

(2015다35560, 2016다35833).

수임인이 위임사무를 처리하는 중에 그에게 책임없는 사유로 인하여 위임이 종료된 때에는 수임인은 이미 처리한 사무의 비율에 따른 보수를 청구할 수 있다 (§686 Ⅲ). 위임사무를 완료하지 않았더라도 수임인의 귀책사유 없이 위임이 종료되었다면 처리사무의 비율에 따라 보수를 청구할 수 있도록 한 것이다(감리사무의 처리비율에 따라 보수를 정한 판례, 2004다3925). **〈사례2〉**에서 C는 중도해지 시의 보수약정에 따라 진행부분에 대한 보수를 청구할 수 있을 것이다.

2. 비용선급청구권

수임인이 위임사무의 처리에 소요되는 비용은 미리 위임인에게 청구하여 이를 선급받을 수 있다(§687). 예를 들어, 변호사가 의뢰인으로부터 받는 착수금은 일반적으로 위임사무의 처리비용과 보수금 일부의 선급금의 성격을 갖는다(2005가합28940). 위임계약이 해지된 경우 이를 반환해야 한다.

3. 비용상환청구권

가. 필요비상환청구권

수임인이 위임사무의 처리에 관하여 필요비를 지출한 때에는 위임인에 대하여 지출한 날 이후의 이자를 청구할 수 있다(§688 Ⅰ). 여기서 필요비는 객관적 기준에서 위임사무처리를 위해 필요하다고 판단하여 지출한 비용을 의미한다. 명의수탁자가 명의신탁재산으로 인하여 지출한 세금(2018다228097), 상가홍보 활성화업무를 위해 지출한 상가개발비(2010다22415) 등을 들 수 있다.

나. 채무대변제청구(債務代辨濟請求) 및 담보제공청구

수임인이 위임사무의 처리에 필요한 채무를 부담한 때에는 위임인에게 자기에 갈음하여 이를 변제하게 할 수 있다(§688 Ⅱ 전단). 예컨대, A의 공장 매수자금을 마련하기 위하여 B가 C로부터 차용한 대출금을 A에게 교부했다면 B는 위임사무처리를 위하여 채무를 부담한 것이므로 A에게 자신에 갈음하여 대출금 채무의 변제를 청구할 수 있다(2001다52506). 이때 C에 대한 대출금 채무의 변제기가 도래하지 않은 때에는 A에게 상당한 담보를 제공하게 할 수 있다(§688 Ⅱ 후단).

또한 수임인은 대출금 채무를 보전하기 위하여 채무자인 위임인의 무자력과 관계없이 그의 채권을 대위행사할 수 있다(2001다52506).

다. 손해배상청구

수임인이 위임사무의 처리를 위하여 과실 없이 손해를 받은 때에는 위임인에 대하여 그 배상을 청구할 수 있다(§688 Ⅲ). 유상계약에서 손해발생의 위험까지 고려하여 보수를 산정했다면 이 규정을 적용하지 않으므로 특히 무상의 위임계약에서 의미 있는 규정이다. 〈사례1〉에서 아이를 돌보는 중 B의 과실 없이 깨진 꽃병의 유리조각으로 다친 것이라면 A에게 손해배상을 청구할 수 있다. 이와 달리 〈사례2〉에서는 위임사무를 처리하기 위하여 C가 입은 손해는 없다.

Ⅴ. 위임의 종료

1. 종료원인

위임은 위임사무의 종료, 채무불이행으로 인한 해제, 종기의 도래 등으로 종료된다. 그러나 위임에 관한 규정에는 아래와 같은 특별한 종료원인을 두고 있다.

가. 해   지

위임계약은 각 당사자가 언제든지 해지할 수 있다(§689 Ⅰ). 당사자의 특별한 신뢰관계를 기초로 하는 위임계약의 본질상 유상이든 무상이든 상대방의 귀책사유, 이행의 착수 여부, 손해배상 선급 등을 묻지 않고 당사자는 언제든지 해지가 가능하다. 또 이로 인해 상대방이 손해를 입더라도 원칙적으로 배상할 의무가 없다(2005다39136). 그러나 당사자 일방이 상대방의 불리한 시기에 계약을 해지한 때에는 그 손해를 배상하여야 한다(§689 Ⅱ). 다만, 수임인의 질병과 같이 부득이한 사유가 있을 때에는 불리한 시기에 해지해도 배상책임이 없다. 또 수임인이 사무처리를 완료하기 전의 해지는 위임인에게 불리한 시기의 해지로 보지 않는다(2012다71411). 〈사례2〉에서는 B의 파산만으로 계약이 종료되지 않으므로 A와 B가 공동으로 C에게 해지의사를 표시하여야 계약이 종료된다. 또 B의 파산으로 인한 해지가 C에게 불리한 시기에 해지한 것으로 볼 수 없으므로 이로 인해 C에게 손해가 있더라도 이를 배상할 의무는 없다.

그러나 제689조는 임의규정이므로 당사자의 약정에 의하여 위 규정의 적용을 배제하거나 내용을 달리 정할 수 있다. 즉 이 규정과 다른 내용으로 해지사유 및 절차, 손해배상책임 등을 정한 경우, 약정에서 정한 해지사유 및 절차에 의하지 않고는 계약을 해지할 수 없고 손해배상책임에 관한 당사자 간 법률관계도 약정이 정한 바에 의하여 규율된다(2017다53265).

한편 수임인은 해지 당시까지의 보수를 청구할 수 있지만, 그에게 귀책사유가 없어야 한다(§686 Ⅲ). 그러나 소송위임과 관련하여 사무처리 중 수임인의 귀책사유로 계약이 종료되었더라도, 계약종료까지 수임인이 처리한 사무의 난이도, 수임인이 기울인 노력, 처리된 사무에 따른 위임인의 이익 등을 참작하여 상당한 보수를 인정하였다(2006다32460).

나. 기타 종료원인

위임은 당사자 한쪽의 사망이나 파산으로 종료된다(§690). 당사자 일방의 사망이나 파산을 위임계약의 종료사유로 정한 것은 더 이상 신뢰관계를 유지하기 어렵기 때문이다. 다만, 〈사례2〉에서와 같이 위임계약의 일방 당사자가 수인인 경우 그 중 1인의 파산만으로 위임계약이 당연히 종료되지 않는다(2002다11236).

또 수임인이 성년후견개시의 심판을 받은 경우에도 위임계약의 종료사유가 된다(§§690, 9). 반면에 위임인이 성년후견개시 심판을 받은 경우를 위임계약의 종료사유에서 제외시킨 것은 위임을 존속시키는 것이 오히려 위임인을 위하여 유리하다고 판단했기 때문이다.

2. 위임종료 시 특별조치

가. 긴급사무처리

위임종료의 경우에 급박한 사정이 있는 때에는 수임인, 그 상속인(수임인이 사망한 때) 또는 법정대리인(수임인이 성년후견개시의 심판을 받은 때)은 위임인, 그 상속인 또는 법정대리인이 위임사무를 처리할 수 있을 때까지 그 사무의 처리를 계속하여야 한다(§691 2문). 이사의 임기만료나 사임으로 이사가 존재하지 않게 된 경우도 마찬가지이다(95다56866). 이 경우에는 위임의 존속과 동일한 효력이 있다(§691 2문).

나. 위임종료의 대항요건

위임종료의 사유는 이를 상대방에게 통지하거나 상대방이 이를 안 때가 아니면 이로써 상대방에게 대항하지 못한다(§692). 다만 위임종료의 사유가 사망인 경우에는 선의의 상대방 보호라는 문제가 발생할 여지가 없으므로 상대방에게 통지해야 할 사유에 해당하지 않는다(63다233).

제 5 절 임치계약

〈사례〉 노총각 A가 1년간 해외체류를 하게 되어 집을 비우게 되자 결혼예물로 준비해 놓은 고급명품시계를 금은방을 운영하는 친구 B에게 맡겼다. B는 시계를 진열장에 전시해 놓았는데 B가 잠시 자리를 비운 사이 지나가던 D가 이를 보고 종업원 C에게 높은 가격으로 매입을 제의하였다. C는 보관 중인 시계여서 처분할 수 없다는 것을 알면서도 D에게 팔았다. A가 귀국하여 시계가 높은 가격에 팔렸음을 알고 B에게 매각대금의 반환을 청구하자 B는 시가를 기준으로 보상해 주되 보관료를 공제하겠다고 한다. 누구의 주장이 옳을까?

Ⅰ. 의의와 법적 성질

1. 의 의

임치는 당사자 일방이 상대방에 대하여 금전이나 유가증권 기타 물건의 보관을 위탁하고 상대방이 이를 승낙함으로써 성립하는 계약이다(§693). 임치도 일종의 노무공급계약에 해당하지만, 타인의 물건을 보관한다는 특수한 노무를 목적으로 하는 점에 특색이 있다.

2. 법적 성질

가. 낙성·불요식 계약

임치계약은 무상계약이든 유상계약이든 언제나 낙성·불요식 계약이다. 구법에서는 요물계약으로 보았으나, 현행법은 물건을 보관하기 전에도 당사자의 합의만으로 계약이 성립하는 낙성계약이다.

나. 원칙상 무상·편무계약

임치계약은 보수지급의 약정 유무에 따라 무상·편무 및 유상·쌍무계약으로 구분되지만, 민법상 임치계약은 원칙적으로 무상·편무계약이다. 즉, 특별한 약정이 없으면 수치인은 임치인에게 보수를 청구할 수 없다(§§ 701, 686 Ⅰ). 〈사례〉는 A가 B에게 보관료를 주겠다는 약정이 없었으므로 무상·편무계약이다.

그러나 보수지급의 특약을 한 경우에는 유상·쌍무계약이 된다. 상법상 임치는 유상·쌍무계약이며(상법 §61), 전형적인 상사임치로는 예금계약이 있다. 민법의 임치계약에 관한 규정은 상법 제155조 이하에서 정하고 있는 창고업(상법 §§ 155-168)에 기초이론을 제공하고 있다.

Ⅱ. 계약의 성립

1. 당사자의 합의

임치계약은 낙성계약이므로 임치인이 보관을 위탁하고 수치인의 이를 승낙함으로써 성립한다. 그러나 주차장의 출입을 통제하는 주차시설이 있거나 관리인이 배치되어 있다면 차량의 보관을 위탁하는 의사표시가 없어도 숙박업소와 투숙객 사이에 임치계약이 성립한다(98다37507).

그 밖에 보관할 목적물의 수령 및 보수의 지급은 임치계약의 성립요건이 아니다.

2. 임치 목적물

여기서 보관을 위탁하는 목적물은 금전이나 유가증권 기타 물건이어야 한다. 그러나 금전은 그 자체에 교환가치가 있기 때문에 물권적 청구권의 대상이 되지 않는다. 그러므로 소비대차(§598)나 소비임치(§702)의 대상이 될 수 있을 뿐, 사용대차나 임대차의 목적이 될 수 없다. 다만, 금전을 축의금 봉투에 넣는 방법으로 특정시켰다면 임치의 목적물이 될 수 있다.

Ⅲ. 수치인의 의무

1. 임치물 보관의무

수치인은 목적물을 인도받은 때부터 이를 반환할 때까지 임치물을 보관할 의무를 진다. 임치계약이 성립했더라도 아직 임치물을 수령하지 않았다면 보관의무는 발생하지 않는다.

가. 주의의무의 정도

임치물을 보관하는 동안 수치인이 임치물에 기울여야 할 주의의 정도는 무상임치와 유상임치에 따라 차이가 있다. 무상임치에서 수치인은 임치물을 '자기 재산과 동일한 주의의무'로 보관하면 되고(§695), 유상임치에서 수치인은 선량한 관리자의 주의로 보관하여야 한다(§374). 예컨대, 보관해 오던 냉동생선을 출고할 당시 임치인이 이의 없이 임치물을 수령한 경우(67다2093)와 임치기간의 만료나 계약의 해지에 따른 임치물의 회수 최고에도 불구하고 임치인이 이를 수령하지 않음으로써 임치물이 멸실·훼손된 경우에 수치인은 이에 대한 책임이 없다(83다카1476).

또 수치인은 임치물을 약정기간 동안 보관만 할 수 있을 뿐, 임치인의 동의 없이 임치물을 사용하지 못한다(§694).

나. 복임치(複任置)의 제한

임치계약에서도 위임에 관한 제682조가 준용되어 복임치가 제한된다(§701). 따라서 수치인은 특별한 경우가 아니면 제3자에게 자기를 대신하여 임치물을 보관하도록 할 수 없다(§682 Ⅰ). 물론 임치인의 승낙 또는 부득이한 사유가 있으면 복임치가 가능하다.

2. 부수적 의무

가. 위험 통지의무

임치물에 대한 권리를 주장하는 제3자가 수치인에 대하여 소를 제기하거나 압류한 때에는 수치인은 지체없이 임치인에게 이를 통지하여야 한다(§696). 임치인으로 하여금 이의를 제기할 수 있는 기회를 잃지 않도록 하기 위해 필요한 조치이다.

나. 수임인의 의무규정 준용

일정한 수임인의 의무가 수치인에게도 준용된다(§701). 수치인은 임치물의 보관을 위하여 받은 금전 기타의 물건 및 그 취득한 과실을 임치인에게 인도하여야 하고, 자기 명의로 취득한 권리가 있으면 이를 임치인에게 이전하여야 한다(§§701, 684). 또한 수치인이 임치인의 금전을 자기를 위하여 소비한 때에는, 소비한 날 이후의 이자를 지급하여야 하며, 그 밖에 손해가 있으면 배상하여야 한다(§§701, 685).

3. 임치물 반환의무

가. 수치인이 받은 물건의 반환

임치가 종료한 때에는 수치인은 임치물을 반환하여야 한다. 반환할 물건은 수치인이 받은 물건이나 금전 또는 유가증권 자체이다. 임치한 물건이 대체물인 경우라도 특약 없는 한 손해배상채무를 부담할 뿐, 동종·동량의 물건으로 반환할 의무를 지는 것은 아니다(76다1932).

유상임치의 경우 수치인의 반환의무는 임치인의 보수지급의무와 동시이행관계에 있다.

나. 반환장소(§700)

임치물은 그 보관한 장소에서 반환하여야 한다. 그러나 수치인이 정당한 사유로 인하여 그 물건을 전치한 때에는 현존하는 장소에서 반환할 수 있다(§700). 예컨대, 자동차공업사에 차량의 수리를 의뢰했을 때 특약이 없으면 수리완성한 자동차의 반환장소는 당초 수리를 의뢰한 공업사가 된다. 그러나 일부 공정에 필요한 기계가 없어서 부득이하게 공작기계가 있는 수리업소로 차를 이동하여 수리를 완성했다면 그 업소가 반환장소가 된다.

다. 임치물 멸실의 책임

수치인이 보관의무를 이행하지 못하여 임치물을 멸실한 때에는 손해배상의 책임이 있다. 이 경우에는 멸실 당시 그 물건의 시가 상당의 손해를 배상하여야 한다(76다1932).

〈사례〉에서 특약이 없는 한 수치인이 반환할 목적물은 시계 그 자체인데 이를 처분함으로써 임치물의 반환이 불가능하게 되었기 때문에 A는 B에게 이행불능으로 인한 책임을 물을 수 있다. 즉, A는 전보배상의 성질을 지닌 손해배상을 청구하거나 시계매각으로 취득한 대용물에 대한 대상청구권을 행사할 수 있을 것이다. 여기서 대상청구권은 곧바로 매매대금을 청구할 수 있는 중요한 청구근거가 된다(자세한 해설은 저스티스 제32권 제3호, 43면 이하 참조).

Ⅳ. 임치인의 의무

1. 임치물 인도의무

임치인에게 임치물의 인도의무가 있는지에 대하여 구법에서처럼 요물계약으로 볼 경우에는 문제가 되지 않았는데 그 성질을 낙성계약으로 보면서 문제가 되고 있다. 이에 관하여 학설은 무상·유상임치의 구분 없이 임치인에게 인도의무가 없다는 견해와 무상임치의 경우에만 인도의무가 없다는 견해로 나뉜다.

이 문제는 임치물의 인도의무가 무상·유상, 계약의 성립 전·후와 무관하게 당사자의 특약이나 묵시적 의사표시로 발생하는 것으로 이해하면 된다. 왜냐하면 임치물의 인도는 임치계약의 성립에 따른 이행에 불과할 뿐 본질적 요소가 아니기 때문이다. 임치물의 인도가 있어야 수치인의 보관의무가 발생하고, 수치인이 임치물을 보관하기 전이라도 당사자의 합의만으로 임치계약이 성립한다는 점에서 보면 당연하다.

2. 손해배상의무

임치인은 임치물의 성질 또는 하자로 인하여 생긴 손해를 수치인에게 배상하여야 한다(§697). 임치인에게 과실이 있는지는 묻지 않는다. 그러나 수치인이 그 성질 또는 하자를 안 때에는 그러하지 아니하다(§697 단서). 다만 유상임치에서는 수치인에게 선관주의의무가 요구되므로 주의를 기울였다면 임치물의 성질 또는 하자를 알 수 있었지만 과실로 몰랐던 경우 임치인은 배상책임을 면한다.

3. 비용선급·필요비상환·채무대변제(債務代辨濟) 및 담보제공의무

임치계약이 무상이든 유상이든 묻지 않고, 위임계약상 위임인의 의무는 임치인의 의무에도 준용된다. 즉 임치인은 비용선급의 의무(§687), 필요비상환의 의무(§688 Ⅰ), 채무대변제 및 담보제공의 의무(§688 Ⅱ)를 부담한다(§701).

4. 보수지급의무

임치인은 유상임치의 경우에만 보수지급의무를 부담하며, 이에 관하여는 위임계약 제686조가 준용된다(§701). 이에 따라 특약이 없으면 무상임치가 원칙이므로 임치인의 보수지급의무는 특약이 있는 때에만 성립하고(68다285), 보수의 내용에는 제한이 없다.

보수의 지급시기는 당사자가 특약으로 정할 수 있지만, 특약이 없으면 임치기간의 만료나 보관업무를 종료한 때가 지급시기가 된다. 즉, 수치인은 임치계약이 종료하면 임치물의 반환과 동시에 보수를 청구할 수 있다(§686 Ⅱ).

한편 수치인 임치물을 보관하는 중 그에게 책임없는 사유로 임치계약이 종료한 때에는 이미 행한 보관의 비율로 보수를 청구할 수 있다(§686 Ⅲ). 수치인의 책임있는 사유로 중도에 종료하게 된 때에는 이 비율에 의한 보수를 청구하지 못한다.

V. 임치의 종료

1. 종료원인

임치계약은 일반적으로 임치기간이 만료되거나, 임치물의 멸실 등에 의하여 종료한다. 그러나 위임의 종료원인으로 정하고 있는 당사자 한쪽의 사망, 파산이나 성년후견개시 등을 임치계약에서는 준용하고 있지 않다. 이는 임치가 당사자의 신뢰관계를 기초로 하지 않기 때문이 아니라, 사무처리와 물건의 보관이라는 업무상 성질의 차이로 인한 것이다. 〈사례〉에서 시계보관을 위탁한 것에서 알 수 있듯이 임치의 경우에도 신뢰관계를 기초로 한다고 하여야 한다.

2. 당사자의 해지

임치계약에서는 특수한 종료원인으로 당사자에 의한 해지를 인정한다. 즉 임치기간의 약정이 없는 때에는 각 당사자는 언제든지 계약을 해지할 수 있다(§699).

그러나 임치기간의 약정이 있는 때에는 임치인은 언제든지 계약을 해지할 수 있다(§698 단서). 임치인은 약정한 기간이 있더라도 미리 계약을 해지하고 임치물의 반환을 청구할 수 있다는 것이다. 〈사례〉에서 A가 1년의 해외체류를 중단하고 미리 귀국하여 시계의 반환을 청구하는 것과 같다. 반면에 수치인은 부득이한 사유 없이 그 기간만료 전에 계약을 해지하지 못한다(§698). 이는 임치기간을 약정한 경우 부득이한 경우가 아니면 기한의 이익이 임치인에게 있다고 보기 때문이다.

VI. 특수한 임치

1. 혼장(混藏)임치

대체물을 임치함에 있어서 수치인이 동종·동질의 서로 다른 임치물을 혼합하여 보관하다가 반환할 때에는 임치한 물건과 동량을 반환하기로 약정한 임치계약을 혼장임치라고 한다. 증권예탁제도에서 증권예탁원에 주식을 예탁한 경우를 예로 들 수 있다(2005구단3434 참조).

혼장임치의 대상은 객관적으로 그 종류와 품질을 특정할 수 있는 대체물에 한한다. 다수의 임치인은 보관된 임치물을 그들이 임치한 수량에 따른 지분을 공유한다. 그러므로 각 임치인은 서로 섞여있는 임치물 중에서 자신이 보관한 수량의 반환을 청구할 수 있다. 여기서 반환청구의 근거는 지분을 공유하기 때문이 아니라, 혼장임치라는 특수성에 기인하는 것이다. 보관한 물건 자체를 반환할 필요가 없다는 점에서 원래의 임치와 다르다. 또한 수치인이 임치물의 소유권을 취득하지 않으므로 소비할 수 없다는 점에서 소비임치와 다르다.

2. 소비임치

임치의 경우에는 임치물의 소유권이 수치인에게 이전되지 않기 때문에 수치인이 임치물을 처분하거나 소비할 수 없다. 그러나 원래의 임치와 달리 당사자가 특약을 통해 임치물의 소유권을 수치인에게 이전하고, 수치인은 임치물과 동종·동질·동량의 물건을 반환하기로 약정할 수 있다. 이런 특약이 있는 계약을 소비임치라고 하며, 가장 일반적인 유형은 은행예금이다.

이와 같이 수치인이 임치물의 소유권을 취득하고, 대체물이기 때문에 보관한 물건을 동종·동질·동량의 다른 물건으로 반환한다는 점에서 소비대차와 유사하다. 소비임치에 소비대차에 관한 규정을 준용하는(§702) 것도 이 때문이다. 다만, 반환시기에 관하여는 소비대차를 준용하지 않고 특별규정을 두고 있다. 소비임치의 목적이 수치인의 소비를 위한 것이 아니라, 임치인의 보관을 위한 것이므로 임치인의 이익을 우선 고려해야 하기 때문이다. 이에 따라 반환시기의 약정이 없는 경우 임치인은 언제든지 그 반환을 청구할 수 있다(§702).

제 7 장   특수한 계약

제 1 절   현상광고

〈**사례1**〉 경찰이 탈옥수 검거를 위해 제보자에게 5천만원의 현상금을 지급하겠다고 제시하였다. A가 탈옥수의 소재를 신고하였으나 경찰의 늑장출두로 인해 검거에 실패하였다면 현상금을 청구할 수 없는가? 이 경우 경찰이 '제보로 검거되었을 때 5천만원의 현상금을 지급하겠다'고 제시했다면 어떻게 달라지는가?

〈**사례2**〉 위 사례에서 행동이 수상한 자가 있어서 신고하였는데 경찰이 제보를 받고 즉시 출동하여 검거하였다. 그러나 현상금이 걸린 탈옥수라는 사실을 모르고 신고했어도 현상금을 청구할 수 있는가?

I. 의의와 법적 성질

1. 의   의

현상광고는 광고자가 어느 행위를 한 자에게 일정한 보수를 지급할 의사를 표시하고, 이에 응한 자가 그 광고에 정한 행위를 완료함으로써 그 효력이 발생하는 계약이다(§675).

2. 법적 성질

제675조는 광고에 대한 의사표시의 합치를 전제로 하고 있다. 즉 광고가 청약이고, 지정행위의 완료가 승낙이다. 이처럼 지정행위의 완료를 승낙으로 보는 한 현상광고는 요물계약이며, 계약이 성립한 후에는 광고자만 채무를 부담하므로 편무계약이고, 또 광고자의 보수지급이라는 대가관계가 있으므로 유상계약이다.

한편 현상광고의 성질을 단독행위로 이해하는 견해는 불특정 다수인을 상대로 지정행위를 완료할 경우 일정한 보수를 지급하겠다는 광고자의 일방적 의사표시가 곧 현상광고라고 한다. 그렇다면 현상광고는 상대방 없는 단독행위가 되므로 성립과 동시에 효력을 발생한다. 그런데 지정행위 없이 광고만으로 발생한 효력이 누구에게 어떻게 발생하는지 설명이 없다. 또 지정행위를 완료함으로써 효력이 발생한다고 정하고 있는 제675조를 어떻게 해석해야 할지도 의문이다.

이처럼 단독행위설은 제675조를 도외시한 채 제677조에서 광고 있음을 모르고 지정행위를 한 경우는 계약의 성립을 인정할 수 없다고 한다(독일민법에는 제675조와 같은 규정이 없기 때문에 현상광고의 성질에 대한 논란이 있다). 그러나 제675조의 명문규정이 있는 우리 민법에서는 제677조를 승낙을 의제하기 위한 규정으로 이해하는 것이 옳다. 즉, 유료주차장인 줄 모르고 주차한 경우 주차비를 내야 하는 것과 같다.

그 밖에 단독행위설은 계약에서는 청약의 철회가 금지되는데 제679조에서 철회를 인정하고 있으므로 현상광고는 단독행위라고 주장한다. 철회는 법률행위가 효력을 발생하기 전에 행위자가 이를 없었던 것으로 하는 일방적 행위이다. 그러므로 상대방 없는 단독행위로서 광고와 동시에 효력이 발생한 현상광고는 철회할 수 없다. 이 점에서 제679조는 청약인 광고의 철회에 관한 규정이지 단독행위인 현상광고의 철회를 정한 것으로 볼 수 없다. 현상광고의 효력을 소멸시키려면 지정행위가 완료되기 전에 취소하거나 포기할 수 있을 뿐이다.

II. 현상광고계약의 성립

1. 광 고

현상광고는 계약이므로 불특정 다수인을 상대로 지정행위를 완료할 경우 일정한 보수를 지급하겠다는 광고자의 일방적 의사표시는 청약이다. 불특정 다수인을 상대로 한 의사표시라는 점에서 '청약의 유인'으로 볼 수 있지만, 이 경우는 광고내용에 구속되지 않는다. 그러나 광고내용이나 조건 또는 설명 중 사회통념에 비추어 상대방이 계약내용으로 이행을 청구할 수 있다고 보이는 구체적 거래조건이 있었다면 계약내용으로서 구속력 있는 청약이 된다(2005다5812, 5829, 5836).

광고방법, 지정행위나 보수의 종류에는 제한이 없다.

2. 지정행위의 완료

상대방의 지정행위 완료는 현상광고계약의 승낙에 해당한다(§ 675). 현상광고는 광고자와 합의 없이 지정행위의 완료만으로 계약이 성립하는 요물계약이므로 상대방은 지정행위를 완료해야 보수를 청구할 수 있다(§ 675). 단독행위설에서는 지정행위의 완료를 정지조건의 성취로 본다.

광고에 정한 지정행위의 완료에는 조건이나 기한을 붙일 수 있다(2000다3675). 〈사례1〉에서 지정행위는 제보이고, '검거되었을 때'는 조건이 된다. 그러므로 조건이 없다면 신고함으로써 지정행위가 완료되었으므로 검거에 실패했더라도 현상금을 청구할 수 있지만, '검거되었을 때'라는 조건이 있다면 신고라는 지정행위가 있더라도 검거에 실패한 경우 현상금을 청구할 수 없다(2000다3675).

3. 광고부지로 인한 지정행위의 승낙의제

광고가 있음을 알면서 지정행위를 완료해야 승낙이 있게 된다. 그러나 요물계약의 성질상 광고주의 광고에는 승낙의 의사표시까지 필요하지 않으므로 의사실현에 의한 승낙이 가능하다(§ 532 참조). 제677조에서 광고가 있음을 모르고 지정행위를 완료한 경우도 현상광고의 효력을 인정한 것은 이를 승낙으로 의제했기 때문이다. 즉, 광고가 있음을 모르고 지정행위를 완료한 것은 승낙으로 의제되는 사실에 해당한다.

한편 신원을 알 수 없는 변사자를 발견하여 신고하였는데, 그가 현상금이 걸린 수배 중인 피의자라는 것이 뒤늦게 확인되자 보상금을 청구한 사안에서 보상금 지급의 전제가 되는 지정행위가 되려면 변사자가 피의자라는 점, 또는 그렇게 볼 합리적 개연성이 있다는 점을 신고자가 인지하고 신고했어야 한다(2016가단80756)고 하여 최근 하급심에서 제677조를 엄격하게 해석하였다. 그렇다면 〈사례2〉에서 수배 중인 탈옥수라는 사실을 몰랐다면 제보자의 신고로 검거했더라도 현상금을 청구할 수 없게 된다. 판단컨대, 신원이 누구인지 모른 채 광고만 알 수 없고, 더구나 광고를 모른 채 신원만 알 수 있는 것도 아니다. 제677조는 지정행위에 의사적 요소를 배제하고 사실적 요소만으로 지정행위를 완료할 수 있다는 취지로 이해해야 한다. 결론적으로 신고자가 광고가 있었는지, 신원이 누구인지 몰랐더라도 신고만으로 지정행위가 완료된 것으로 보아야 할 것이다.

4. 현상광고의 철회

청약자를 구속하는 제527조는 상대방이 있는 청약의 철회를 제한한 임의규정이다(청약을 철회할 수 없도록 제한한 것은 경솔한 청약을 막고 상대방과의 신뢰유지를 위한 것이다). 현상광고에서 청약은 불특정 다수를 상대로 한 것이어서 상대적으로 그 구속력이 약하고, 지정행위가 완료되면 현상광고계약이 성립하여 철회할 수 없게 되므로 제679조에서는 지정행위의 완료기간 유무에 따라 차이를 두고 철회를 인정하고 있다. 즉, 광고에 그 지정행위의 완료기간을 정한 때에는 그 기간만료 전에 광고를 철회하지 못한다(§ 679 Ⅰ). 그러나 광고에서 지정행위의 완료기간을 정하지 않은 때에 그 행위를 완료한 자가 있기 전에는 그 광고와 동일한 방법으로 광고를 철회할 수 있다(§ 679 Ⅱ). 그리고 전 광고와 동일한 방법으로 철회할 수 없는 때에는 그와 유사한 방법으로 철회할 수 있지만, 이 경우는 철회한 것을 안 자에 대하여만 그 효력이 있다(§ 679 Ⅲ).

Ⅲ. 현상광고계약의 효과

지정행위를 완료한 자는 광고에서 정한 보수를 청구할 수 있다(§ 675 참조). 광고가 있기 전에 지정행위를 하였거나 광고를 모르고 지정행위를 하였어도 보수를 청구할 수 있다(§ 677 참조). 보수청구권은 지정행위의 완료 시에 발생한다.

광고에 정한 행위를 완료한 자가 수인인 경우에는, 먼저 그 행위를 완료한 자가 보수청구권을 취득한다(§ 676 Ⅰ). 수인이 동시에 완료한 경우에는 각각 균등한 비율로 보수청구권을 취득한다(§ 676 Ⅱ 1문). 그러나 보수가 그 성질상 분할할 수 없거나 광고에 1인만이 보수를 받을 것으로 정한 때에는 추첨에 의하여 결정한다(§ 676 Ⅱ 단서).

Ⅳ. 우수현상광고

1. 의 의

우수현상광고란 광고에 정한 행위를 완료한 자가 다수인 경우에 우수한 자에게만 보수를 지급하기로 한 특수한 현상광고이다(§678 Ⅰ 참조).

2. 광 고

우수현상광고 역시 불특정 다수인을 상대로 지정행위를 완료할 경우 우수한 자에게 일정한 보수를 지급하겠다는 광고자의 의사표시로서 구속력이 있는 청약이다. 지정행위가 '우수한 자에 한하여'라는 조건이 붙어 있으므로 광고자는 판정을 통해 우열을 판단하여야 할 의무가 있다.

우수현상광고에 있어서 광고자는 광고에 반드시 응모기간을 정해야 하며 이 기간이 없으면 광고로서 효력이 없다(§678 Ⅰ). 응모기간이 만료되기 전에는 광고를 철회할 수 없다(§679 Ⅰ 참조).

3. 응 모

우수현상광고에서 지정행위의 완료를 '응모'로 칭한 것은 먼저 지정행위를 완료한 자에게 보수청구권을 주는 현상광고와 달리 지정행위를 완료한 자의 선후보다 대등한 지위에서 우열을 판정하겠다는 의미를 지닌 것으로 보인다. 그러므로 응모자가 지정행위를 완료함으로써 일단 우수현상광고의 계약이 성립한다고 볼 수 있지만 다수의 응모자 중에서 우수한 자를 판정할 때까지 효력발생이 유보된다.

응모방법은 광고에서 정한 바가 없으면 지정행위의 성질이나 거래관행에 따른다.

4. 판 정

우수의 판정은 응모자가 행한 지정행위의 우열을 판단하는 행위이다. 판정은 광고에서 정한 자가 하고, 광고 중에 판정자를 정하지 않은 때에는 광고자가 판정한다(§678 Ⅱ). 우열의 판단은 상대적인 것이다. 그러므로 광고 중에 다른 의사표시가 있거나 광고의 성질상 판정의 표준이 정하여져 있는 경우가 아니라면 우수한 자가 없다고 판정할 수 없다(§678 Ⅲ).

우수하다고 판정된 응모자는 우수하다고 결정된 때부터 보수청구권을 취득한다. 판례는 건축설계 우수현상광고에서 최우수작으로 판정된 응모자가 청구할 수 있는 보수는 '기본 및 실시설계권'이라고 판시하였다(99다63169).

한편 판정이 있었던 응모자는 판정에 대하여 이의를 제기하지 못한다(§678 Ⅳ). 또 수인의 행위가 동등한 것으로 판정된 때에는, 보수가 가분이면 균등한 비율로 나뉜 분할채권이 되고, 불가분이면 추첨으로 보수청구권자를 결정한다(§§678 Ⅴ, 676 Ⅱ).

제 2 절 조합계약

> **〈사례〉** A는 직장동료인 B와 C로부터 매주 돈을 받아 공동으로 로또복권을 구입하고 있는데, 금주에 구입한 복권에서 9억원의 당첨금이 나왔다. 그러자 금주에 수중에 돈이 없다면서 나중에 주기로 하고 복권구입을 해달라고 했던 C가 자신의 몫도 3분의 1이라고 주장한다. A와 B가 분배를 거절하자 법적 조치를 취하려 한다. C의 주장은 옳은가?

[1] 의의 및 성질

Ⅰ. 의   의

조합이란 2인 이상이 상호출자하여 공동사업을 경영할 목적으로 결성된 단체를 말한다. 조합은 사람의 결합체인 단체이지만, 구성원이 단체에 매몰되어 개성이 드러나지 않는 사단과 달리 조합의 경우에는 각각의 조합원이 법률관계의 주체로서 개성이 강하게 나타난다. 조합의 대표적인 경우는 동업관계를 예로 들 수 있고, 사단법인의 설립을 목적으로 하는 발기인 조합도 민법상 조합에 해당된다.

II. 조합계약의 성질

1. 조합계약의 의의

조합계약은 2인 이상이 상호출자하여 공동사업의 경영을 약정하는 낙성·불요식계약이다(§703 I). 조합이라는 단체를 구성하는 원인이 된다는 점에서 조합을 설립하기 위한 합의가 계약이냐, 합동행위냐에 대한 논란이 있다. 그러나 사단과 달리 조합원의 개성이 매몰되지 않고 조합계약을 통해 권리와 의무를 부담한다는 점에서 특수한 형태의 계약으로 이해하는 것이 옳다.

2. 유상계약 여부

조합계약이 유상계약인가에 대하여 소수설은 조합원의 출자가 공동의 목적을 위한 출연이지, 대가를 위한 출연이 아니므로 무상계약이라고 한다. 그러나 다른 조합원에 대한 상호 대등한 대가관계로서의 출자의무는 아니더라도 조합원 모두 출자의무를 부담한다는 측면에서 유상계약이라고 할 것이다.

3. 쌍무계약 여부

계약당사자의 채무가 상호 의존관계에 있는 쌍무계약상의 견련성을 조합계약에 그대로 인정할 수는 없다. 왜냐하면 어느 조합원이 출자의무를 이행하지 않을 경우 다른 조합원이 동시이행의 항변권을 행사할 수 없고, 출자에 하자가 있다고 하여 매매계약상 담보책임을 물을 수도 없기 때문이다.

이 경우 다른 조합원은 조합계약을 해제 또는 해지하여 원상회복을 청구할 수 있는 것이 아니라, 조합의 해산청구를 하거나 조합으로부터 탈퇴 또는 다른 조합원을 제명할 수 있을 뿐이다(94다7157, 2005다62006).

[2] 조합의 성립요건

Ⅰ. 단체성

조합이 성립하려면 2인 이상의 당사자가 있어야 한다. 조합은 계약관계에 의하여 성립하므로 어느 정도 단체성에서 오는 제약을 받지만 구성원의 개인성이 강하게 드러나는 인적 결합체이므로 개인과 독립한 독자적 존재로서 법인격을 가진 비법인사단과 구별된다(92다2431). 그러나 조합의 명칭을 가지고 있더라도 사단적 성격을 가지는 규약에 근거한 조직을 갖추고 구성원의 탈퇴 여부와 관계없이 단체가 운영되는 경우에는 비법인사단으로서의 실체를 가진다.

Ⅱ. 목   적

공동의 목적달성을 위한 것만으로는 부족하고 특정한 사업을 공동으로 경영하는 것을 약정해야 한다(2005다5140). 예를 들어, 재건축조합과 건설회사가 공동사업주체로서 사업계획을 승인받아 사업부지를 제공한 조합원들은 아파트를 받고, 사업경비를 조달한 건설사가 일반분양세대를 보장받기로 약정했다면 이는 조합계약이다(2001가합8197). 그러나 전매차익이란 '공동의 목적 달성'을 위해 수인이 부동산을 매수한 경우(2010다39918, 2005다5140)와 공동소유의 상가점포에 대하여 임대사업을 공동경영하기로 약정한 경우(2010다51369, 2007다44965) 각각 공유관계와 공동임대인의 지위에 불과하다고 하여 조합의 성립을 부정한다.

공동사업의 종류나 성질에는 제한이 없다. 〈사례〉에서 복권당첨이라는 공동의 목적을 위하여 매주 공동으로 복권을 구입하기로 약정하였으므로 조합계약이 성립한다.

Ⅲ. 출자의무

1. 계약당사자의 출자의무

모든 당사자가 출자의무를 부담해야 한다. 출자의 종류나 성질에는 제한이 없다. 그러므로 금전뿐만 아니라, 물건, 기타 재산 또는 노무도 출자의 목적물이 될 수 있다(§703 Ⅱ).

2. 출자금의 이행을 통한 조합목적의 추진

조합이 공동사업을 추진하려면 우선 조합원이 출자의무를 이행하여야 한다. 민법은 금전을 출자의 목적으로 정한 경우 출자를 지체한 때에는 연체이자 이외에 손해배상의 책임을 정하고 있다(§705).

〈사례〉에서 C가 출자금의 이행을 지체하였다고 하여 조합계약의 성립에는 영향이 없다. 즉, 출자금 납부의 지연으로 조합원의 자격이 상실되는 것이 아니므로 당첨금의 분배를 청구할 수 있다. 다만, 납부지연에 따른 연체이자 및 손해배상의 책임은 져야 한다.

[3] 조합의 업무집행

Ⅰ. 대내업무(협의의 업무집행)

조합의 업무는 조합원 전원이 참여하여 할 수도 있으나, 규모가 큰 조합의 경우 조합원 중에서 업무집행자를 선임하거나, 따로 제3자를 업무집행자로 선임할 수 있다.

1. 조합원 전원이 업무집행을 하는 경우

조합원 전원이 업무집행을 하는 경우 조합원의 과반수로써 결정한다(§706 Ⅱ). 여기서 과반수는 출석과반수가 아니라, 모든 조합원의 인원수이다. 여기에는 예외가 있다. 즉 통상의 사무는 각 조합원이 전행할 수 있지만(§706 Ⅲ), 그 사무를 완료하기 전에 다른 조합원의 이의가 있을 경우는 즉시 중지해야 한다(§706 Ⅲ 단서).

어떤 조합원이 조합업무를 집행하는 경우에는 위임에 관한 규정을 준용한다(§707, §§681–688). 각 조합원은 언제든지 조합의 업무 및 재산상태를 검사할 수 있다(§710).

2. 일부 조합원을 업무집행자로 선임한 경우

가. 업무집행자 선임

조합원은 일부의 조합원을 업무집행자로 정할 수 있다. 업무집행자를 정하지 않은 경우는 조합원 3분의 2 이상의 찬성으로 선임할 수 있다(§706 Ⅰ). 여기서 조합원 3분의 2 이상은 출자가액이나 지분비율이 아니라, 인원수를 의미한다(2008다4247). 그러나 제706조는 임의규정이므로 달리 정할 수 있다(2008다4247).

나. 업무집행자가 수인인 경우

업무집행자가 수인인 때에는 그 과반수로써 업무를 결정한다(§706 Ⅱ 2문). 다만 통상의 사무는 각 업무집행자가 전행할 수 있지만(§706 Ⅲ), 그 사무를 완료하기 전에 다른 업무집행자의 이의가 있으면 즉시 중단해야 한다(§706 Ⅲ 단서). 또 업무집행자인 조합원에 대하여는 위임에 관한 규정(§§681–688)이 준용된다.

한편 업무집행자가 있으면 다른 조합원은 통상사무를 집행할 수 없다. 다만, 조합의 업무 및 재산상태를 검사할 수 있다(§710).

다. 업무집행자의 사임, 해임

업무집행자인 조합원은 정당한 이유 없이 사임하지 못하고, 해임당하지도 않으며, 정당한 이유가 있어서 해임하려면 다른 조합원의 의견이 일치되어야 한다(§708).

3. 제3자를 업무집행자로 선임한 경우

조합원이 아닌 제3자도 업무집행자로 선임할 수 있다. 이 경우에는 조합이 제3자에게 업무를 위임한 것이므로 위임에 관한 규정을 적용한다. 다만, 업무집행자가 다수인 경우는 제706조 제2항과 제4항을 유추적용한다.

4. 업무집행의 범위

업무집행자는 원칙적으로 조합의 통상사무를 처리한다. 통상사무의 범위에 속하지 않는 특별사무는 업무집행자가 없는 경우 조합원의 과반수로 결정한다. 조합재산의 처분·변경도 다른 특별한 사정이 없는 한 조합의 특별사무에 속하는 업무집행으로 본다(95다30345).

II. 대외업무(조합대리)

1. 조합대리

조합은 법인격이 없기 때문에 대외적인 행위를 조합 명의로 할 수 없다. 그러므로 조합원 전원의 이름으로 하여야 하는데, 이 방법은 매우 불편하고 번거롭다. 이에 따라 실제는 대리방법을 이용한다. 즉 〈사례〉에서 복권을 구입하는 업무집행자가 없다면 A, B, C 3명의 이름으로 구입해야 하는데, 불편하니까 A가 B와 C를 대리하고 또 A 자신의 자격으로 복권방에서 복권을 구입하는 것이다. 이는 내부적 업무집행과 다른 별개의 행위로서 수권행위를 통해 대리권을 수여받아야 한다. 이와 같은 조합의 대외관계를 조합대리라고 한다.

2. 업무집행의 대리권 추정

조합의 업무를 집행하는 조합원은 그 업무집행의 대리권이 있는 것으로 추정한다(§709). 따라서 업무집행자가 선임되지 않은 경우는 각 조합원에게, 업무집행자가 선임된 경우는 업무집행자인 조합원에게 대리권이 추정된다. 하지만 이 규정은 임의규정이므로 조합원의 대리권을 제한하는 약정을 할 수 있고, 조합 구성원이 약정의 존재를 주장·입증하면 추정은 깨진다(99다62838).

업무집행자는 조합계약의 내용에 따라 선량한 관리자의 주의로 조합사무를 처리해야 할 의무를 부담한다(2016다46338, 46345). 또 조합과 업무집행자의 이익이 상반하는 사항에 대하여는 업무집행자에게 대리권이 없다(2017다271070).

3. 대리행위의 현명(顯名)

조합대리에도 현명이 필요하므로(§114) 대리행위자는 모든 조합원의 이름으로 대리행위를 해야 한다. 다만, 조합을 위한 대리행위가 상행위인 경우에는 현명이 필요하지 않다(2008다79340).

조합업무의 집행에는 위임에 관한 규정을 준용하므로(§707), 업무집행자가 취득한 재산은 조합원에게 이전하여야 한다(§684). 따라서 조합의 업무집행자가 조합업무를 처리하면서 자기 이름으로 취득한 공유지분을 조합으로 이전하지 않았다면 다른 조합원은 조합으로의 이전을 청구할 수 있다. 그러나 조합재산을 특정 조합원에게 명의신탁한 경우라면 다른 조합원이 단독으로 명의신탁을 해지할 수 없다(95다4957).

4. 조합의 당사자 능력

조합은 소송당사자능력이 없으므로 조합원 전원이 공동소송인으로서 당사자가 되어야 한다(필수적 공동소송). 업무집행조합원이 정해진 경우는 그에게 소송대리권이 있지만, 업무집행조합원이 정해지지 않은 경우에는 조합원 전원이 공동소송인으로 참여하여야 한다.

[4] 조합의 재산관계

Ⅰ. 조합재산의 내용

조합재산은 조합원이 출자한 재산, 조합의 업무집행으로 취득한 재산, 조합재산에서 발생한 과실, 조합의 채무 등으로 구성된다(§704). 한편 금전출자를 해태한 조합원은 지연이자 이외에 손해를 배상해야 한다(§705).

조합재산은 모든 조합원에 귀속될 뿐, 조합 자체에 귀속시킬 수 없다. 민법은 이를 합유로 규정하고 있다(§704, §§271－274).

Ⅱ. 조합재산의 합유

1. 물건의 합유

물권편의 공동소유 형태에서 여러 명이 조합체로서 물건을 소유할 때 이 물건은 모든 합유자(조합원)의 합유로 한다고 정하고 있다(§271 Ⅰ). 또 합유물이 된 조합재산은 지분의 처분이 제한되고, 분할을 청구할 수 없다고 정한다(§273). 합유에 대한 물권편의 규정은 당연히 조합계약에 따른 조합의 재산관계에도 적용된다(§704).

2. 채권의 준합유

조합재산에 속하는 소유권 이외의 재산권은 모든 조합원의 준합유로 된다(§278). 조합이 부담하는 채무도 모든 조합원이 준합유한다.

3. 조합재산의 처분·변경

합유물의 보존행위는 조합원이 각자 단독으로 할 수 있다(§272 단서). 그러나 합유물을 처분·변경하는 것은 특별사무에 해당하므로 조합원 전원의 동의가 있어야 한다(§272). 이와 관련하여 조합계약에서는 특별규정을 두고 있다. 즉, 제706조에 따르면 업무집행자를 정하지 않은 경우 조합의 업무집행은 조합원의 과반수로써 결정한다고 정하고 있고, 판례 역시 조합재산의 처분·변경은 특별한 사정이 없는 한 조합원 전원의 동의가 필요한 제272조에 우선하여 제706조 제2항에 따라 조합원의 과반수로 결정한다고 한다(95다30345). 또한 조합재산의 처분·변경 시 업무집행조합원이 수인이 있는 경우에는 업무집행조합원의 과반수로써 결정하며(2000다28506, 28513), 업무집행자가 1인만 있는 경우에는 업무집행자가 단독으로 결정한다고 한다(2007다18911).

한편 부동산을 조합재산으로 출연하였음에도 불구하고 소유권을 합유로 등기하지 않고 공유로 했다면, 조합원 상호 간의 내부관계에서 합유물에 대하여 분할을 청구할 수 없다(2009다57064).

4. 지분의 처분제한

조합원은 다른 조합원 전원의 동의가 없으면 그 지분을 처분할 수 없다(§273 I). 조합의 목적과 단체성에 비추어 조합원으로서의 자격과 분리하여 그 지분권만을 처분할 수는 없으므로 조합원의 지위는 조합지분의 양도양수에 관한 약정과 동시에 상실하게 된다(2006다28454). 이처럼 지분의 양도는 조합원 지위의 양도를 의미하므로 가입·탈퇴의 절차에 의하여야 한다(아래 '[5]의 III. 조합원 지위의 양도' 참조). 판례는 조합원 상호 간에 각자 지분을 자유롭게 양도할 수 있도록 미리 약정하는 것이 가능하다고 한다(2014다19790).

III. 조합재산과 조합원 개인재산

1. 조합재산에 의한 공동책임

조합채무는 각 조합원의 개인채무와 별도로 모든 조합원에게 합유적으로 귀속된다. 그러므로 조합채권자는 조합재산으로부터 채권을 변제받을 권리가 있다.

조합채권자가 아닌 조합원 1인에 대한 채권자가 그 1인을 집행채무자로 하여 조합재산에 대하여 강제집행을 할 수 없다(2000다68924). 조합원 1인에 대한 채권은 조합원 전원에게 합유적으로 귀속하지 않기 때문이다.

2. 조합원 개인재산에 의한 책임

조합채무에 대하여 조합재산만으로 책임을 부담하는 것은 아니다. 조합은 법인격이 없으므로 각 조합원도 조합채무에 대하여 책임을 져야 한다. 즉, 조합채무는 조합원의 채무로서 특별한 사정이 없는 한 조합채권자는 각 조합원에 대하여 지분비율 또는 균일적으로 변제를 청구할 수 있다(92다30405).

3. 조합원 중에 무자력자가 있는 경우

조합원 중에 변제할 자력이 없는 자가 있는 때에는 그 변제할 수 없는 부분은 다른 조합원이 균분하여 변제할 책임이 있다(§713). 그러나 조합채무가 상행위로 발생한 경우에는 이들이 연대책임을 부담한다(2017다246739).

4. 조합재산과 관련된 특별규정

조합원의 지분에 대한 압류는 그 조합원의 장래 이익배당 및 지분의 반환을 받을 권리에 대하여 효력이 있다(§714). 또 조합채무자는 그가 부담하는 채무와 조합원에 대한 채권을 상계하지 못한다(§715).

Ⅳ. 손익분배

1. 손익분배의 비율

조합의 공동사업으로 발생한 이익과 손실은 각 조합원에게 귀속한다. 그런데 여기서 발생한 이익과 손실을 어떻게 배분할 것인지는 계약자유의 원칙상 조합원들의 약정에 달려있다.

민법은 손익분배비율을 약정하지 않은 경우를 위하여 특별규정을 두고 있다. 즉, 당사자가 이익분배와 손실부담의 비율을 모두 정하지 않은 때에는 각 조합원의 출자가액에 비례하여 이를 정한다(§711 Ⅰ). 그리고 이익 또는 손실에 대하여 분배의 비율을 정한 때에는 그 비율은 모두 공통된 것으로 추정한다(§711 Ⅱ).

2. 출자의무와 손익분배

출자의무와 이익분배를 직접 연계시키는 특약을 하는 것도 계약자유의 원칙상 허용된다(2015다69990). 그러므로 출자의무의 이행과 이익분배를 직접 연계한 특약이 없었다면 출자의무의 불이행을 이유로 이익분배 자체를 거부할 수 없다(2005다16959). 〈사례〉에서 A, B, C가 복권구입비와 당첨금의 분배에 대하여 약정을 하지 않았다면 구입비 지급을 지체한 C에게 당첨금의 지급을 거절할 수 없다.

3. 손익분배의 시기

손익분배의 시기는 조합계약으로 미리 정할 수 있지만, 만일 정하지 않았다면 전 조합원의 동의로 결정하거나 청산할 때에 분배하여야 한다.

[5] 조합원의 가입과 탈퇴

일단 조합계약에 의하여 조합이 결성되면 새로운 조합원이 가입하거나, 일부가 탈퇴하더라도 하나의 인적 결합체로서 조합의 동일성이 유지된다.

I. 가   입

민법은 조합원의 가입에 관한 규정을 두고 있지 않다. 그러나 구성원의 개인성이 강하게 드러난 인적 결합체라는 조합의 성질상 신입 조합원은 기존 조합원 전원과 가입계약을 통해 가입할 수 있다고 할 것이다. 이로써 조합가입자는 조합원으로서의 권리를 취득하고 의무를 부담한다.

II. 탈   퇴

1. 임의탈퇴

가. 조합의 존속기간과 임의탈퇴

조합의 존속기간을 정한 경우에는 부득이한 사유가 있는 경우에만 탈퇴할 수 있다(§716 II). 조합계약으로 조합의 존속기간을 정하고 있지 않거나 조합원의 종신까지 존속하는 것으로 정한 때에는 각 조합원은 언제든지 탈퇴할 수 있다(§716 I). 그러나 부득이한 사유없이 조합의 불리한 시기에 탈퇴하지 못한다(§716 I 단서).

임의탈퇴의 의사표시는 나머지 조합원 전원에 대한 의사표시로 하여야 한다. 물론 탈퇴의 의사표시방식을 조합계약에서 특약으로 정하는 것도 가능하다(96다 16896).

나. 임의탈퇴의 효과

일부 조합원이 임의탈퇴하더라도 조합계약이 해지되는 것은 아니므로 해제·해지에 관한 규정이 준용되지 않는다. 그러므로 조합계약에서는 조합의 해산청구, 탈퇴, 제명이 가능할 뿐, 조합계약을 해제하고 원상회복을 할 수 없다(86도

2566). 또 2인으로 구성된 조합에서 조합재산인 부동산사용권의 존속기한을 정하지 않고 출자하였다가 1인이 탈퇴한 경우 부동산사용권은 소멸하지 않고 남은 조합원에 귀속된다(2015다72385).

2. 비임의 탈퇴

가. 탈퇴사유

비임의 탈퇴사유는 사망·파산·성년후견의 개시·제명 등이다(§717). 이들 사유에 따라 조합원 일부가 탈퇴되더라도 조합의 존속에 영향을 미치지 않는다.

조합원의 제명은 정당한 사유가 있을 때에 한하여 다른 조합원의 일치로써 결정한다(§718 I). 출자의무 불이행도 조합원을 제명할 정당한 사유에 해당한다(96다29816). 그리고 제명결정은 제명된 조합원에게 통지하지 아니하면 그 조합원에게 대항하지 못한다(§718 Ⅱ).

조합원의 파산도 비탈퇴사유가 되지만, 파산조합원이 조합에 잔류하는 것이 파산채권자에게 불리하지 않고 그의 동의를 얻었다면 조합원 개인이 파산하여도 탈퇴하지 않는다는 조합원들 사이의 탈퇴금지 약정은 유효하다(2003다26020).

나. 탈퇴의 효과

탈퇴 조합원은 탈퇴에 의하여 조합원으로서의 지위를 상실하지만, 조합 자체는 존속하기 때문에 조합은 탈퇴조합원과 재산관계를 청산해야 한다. 탈퇴한 조합원과 다른 조합원 간의 계산은 탈퇴 당시의 조합재산상태에 의하여 한다(§719 I). 그러나 탈퇴 당시에 완결되지 않은 사항은 완결 후에 계산할 수 있다(§718 Ⅲ). 그리고 탈퇴한 조합원의 지분은 출자의 종류가 무엇인지 관계없이 금전으로 반환할 수 있다(§719 Ⅱ).

Ⅲ. 조합원 지위의 양도

조합원 지위의 양도에 관하여는 민법에 규정이 없다. 그러나 조합의 입장에서 볼 때 조합원의 지위를 양도하는 것은 탈퇴가 되고, 양수하는 것은 새로운 조합원으로 가입하는 것이다. 이처럼 조합원 지위의 양도는 탈퇴와 동시에 가입이 이루어지므로 다른 조합원 전원의 동의가 있는 때에는 가능하다고 해야 할 것이다. 판례도 다른 조합원 동의 없이 각자 지분을 자유롭게 양도할 수 있도록 조합원 상호 간에 약정하거나 사후적으로 지분양도를 인정하는 합의를 하는 것이 가능하다고 한다(2014다19790).

[6] 조합의 해산과 청산

Ⅰ. 해   산

1. 해산과 조합의 존속

조합의 경우에도 법인과 같이 해산을 인정하는 것은 단체성이 있기 때문이다. 조합은 해산사유로 인해 해산된 이후에도 청산이 종료될 때까지 존속한다. 그러므로 청산절차를 거쳐 조합원에게 분배될 때까지 조합재산은 조합원의 합유에 속한다.

2. 해산사유

조합은 조합의 목적달성 또는 달성불능, 조합계약으로 정한 해산사유의 발생이나 존속기간의 만료, 조합원 전원의 해산결의 등으로 해산하게 된다(97다31472).

3. 해산청구

해산청구는 동업계약 해지통고의 성격을 가지는데, 조합의 단체성 때문에 해산사유를 정함에 있어서는 보통의 해지와 다르다. 민법은 부득이한 사유가 있으면 각 조합원이 해산을 청구할 수 있다고 정한다(§720). 여기서 '부득이한 사유'는 사정변경으로 조합 재산상태의 악화나 영업부진 등으로 조합의 목적달성이 매우 곤란한 사정이 있거나, 조합원의 불화로 신뢰관계가 파괴됨으로써 공동사업을 할 수 없는 경우가 대표적이다(92다21098). 그러므로 조합원 사이의 신뢰관계가 손상된 상황에서 해지통고는 별도의 해지요건을 충족할 필요 없이 조합의 해산청구로 본다(2009다21096). 〈사례〉에서 A와 B의 C에 대한 당첨금의 지급거절을 조합계약의 해지로 보려면 이들의 신뢰관계가 파괴되었을 것이 전제되어야 할 것이다.

Ⅱ. 청 산

1. 청산의 의의

청산은 해산한 조합의 잔여재산을 정리하는 것이다. 따라서 조합이 해산되었으나 조합의 잔무로서 처리할 일이 없고 다만 잔여재산의 분배만이 남아 있을 때에는 따로 청산절차를 밟을 필요가 없다(99다35713).

2. 청산절차

청산사무의 처리는 모든 조합원이 청산인이 되어 공동으로 집행하거나, 조합원 과반수로 선임한(§721 Ⅱ) 청산인이 집행한다(§721 Ⅰ). 청산인이 수인인 경우의 사무집행은 그 과반수로써 결정한다(§§722, 706 Ⅱ). 또 조합원 중에서 청산인을 정한 때에는 정당한 사유 없이 사임하지 못하며, 다른 조합원 전원의 합의가 없는 한 해임당하지 않는다(§§723, 708).

청산인의 직무는 현존사무의 종결, 채권의 추심 및 채무의 변제, 잔여재산의 인도 등이고(§§724 Ⅰ, 87 Ⅰ), 청산인은 이러한 직무를 행하기 위하여 필요한 모든 행위를 할 수 있다(§§724 Ⅰ, 87 Ⅱ).

3. 잔여재산의 분배

조합원들에게 분배할 잔여재산의 가액은 별도의 약정이 없다면 청산절차가 종료된 때에 확정된다(97다31472). 그러므로 잔여재산의 분배는 원칙적으로 청산절차가 종료된 후에 청구할 수 있다. 잔여재산은 각 조합원의 출자가액에 비례하여 분배한다(§724 Ⅱ). 만일 분배비율을 초과하여 잔여재산을 보유하고 있는 조합원이 있다면 잔여재산의 분배청구권은 조합원 상호 간의 내부관계에서 발생하므로 각 조합원은 초과 보유한 조합원에게 개별적으로 분배를 청구할 수 있다(99다35713).

제 3 절   종신정기금

〈**사례1**〉 미국의 애플사에 근무하는 A는 친척동생 B가 자신의 노모 C를 모시는 조건으로 매월 생활비 200만원을 노모가 돌아가실 때까지 송금해 주기로 약정하였다. 이 경우 계약의 당사자는 누구인가?

〈**사례2**〉 A가 이모 B로부터 아파트 구입자금 5억원을 빌리면서 B가 사망할 때까지 매월 120만원을 드리기로 약정하고 5억원을 지급하였다. B의 사망이 A의 책임 있는 사유로 인한 경우에도 A는 매월 정기금을 지급할 의무가 없는가?

Ⅰ. 의의 및 법적 성질

1. 의   의

종신정기금계약은 정기금채무자가 본인·상대방 또는 제3자의 사망 시까지 정기로 금전 기타의 물건을 상대방 또는 제3자에게 지급할 것을 약정함으로써 성립하는 계약이다(§725). 이 계약에서는 약정한 자가 사망할 때까지 정기적으로 급부가 반복되는 계속적 채권관계가 발생한다.

2. 법적 성질

가. 유상 또는 무상계약

정기금채무자가 대가를 받기로 하였는지 여부에 따라 유상 또는 무상계약이 된다. 종신정기금을 아무런 대가 없이 약정한 때에는 무상의 증여가 되므로 증여에 관한 규정이 적용된다. 〈사례1〉에서 B는 정기금을 수령하는 대신에 노모가 돌아가실 때까지 봉양해야 하는 부담을 안게 되므로 부담부 증여로서 유상계약이 된다.

나. 유인행위(有因行爲)

종신정기금은 증여·매매·소비대차 등의 원인행위의 효력에 직접 영향을 받는 유인행위이다. 따라서 원인행위가 무효·취소된 때에는 종신정기금계약에도 영향을 미친다. 〈사례1〉은 부담부 증여를 원인행위로 하여, 〈사례2〉는 소비대차를 원인행위로 하여 종신정기금계약이 체결된 것이다. 이때에는 부담부 증여와 소비대차에 관한 규정이 각각 준용된다.

다. 낙성·불요식 계약

종신정기금계약은 낙성·불요식 계약이다. 그러나 증여를 원인으로 하여 종신정기금계약을 체결할 때에는 서면으로 하지 않으면 제555조에 따라 언제든지 해제할 수 있다는 점을 유의해야 한다.

종신정기금채권은 계약에 의한 약정뿐만 아니라, 단독행위인 유증에 의하여 발생할 수 있다. 예컨대, 노인이 죽을 때까지 매월 일정액을 받기로 하고 자신의 주택을 종신정기금채무자에게 유증하는 경우이다. 이 경우에는 유언의 방식에 따라야 하며, 발생한 채권에는 종신정기금에 관한 규정이 준용된다(§730). 물론 유증에 의한 종신정기금은 유증을 받을 자가 유증을 승인한 경우에 한한다(§1074).

Ⅱ. 종신정기금계약의 성립

1. 종신정기금채권의 발생

종신정기금계약이 성립하면 종신정기금채권이 발생한다. 이 채권의 발생시기는 특약이 있으면 그에 의하여 정해지나, 특약이 없는 때에는 제726조를 고려할 때 매 기간의 경과 후라고 해야 한다. 즉, 후급이 된다.

2. 종신정기금계약의 당사자

종신정기금계약의 일방이 종신정기금채무자가 된다. 그러나 종신정기금채권자는 상대방에 한정하지 않으며 제3자라도 무방하다. 제3자가 종신정기금채권자인 때에는 제3자를 위한 계약의 성질을 가지므로 이에 관한 규정이 적용된다(§§539 이하).

3. 종신이 되는 자

종신정기금채권은 '종신이 되는 자'의 사망과 함께 더 이상 발생하지 않는다.

여기서 종신이 되는 자는 종신정기금계약에 의하여 정해진다. 그러므로 정기금채권자에 한하지 않으며, 채무자나 제3자라도 무방하다. 〈사례1〉에서는 정기금계약의 당사자가 아닌 제3자(노모)를 종신이 되는 자로 정한 반면에, 〈사례2〉에서는 이모가 정기금계약의 당사자로서 종신이 되는 자가 되었다.

그리고 종신이 문제가 되는 자가 급부의 표준이 되는 기간의 도중에 사망함으로써 종신정기금채권이 소멸한 경우 종신정기금은 일수(日數)로 계산한다(§726).

Ⅲ. 종신정기금의 효력

1. 종신정기금계약의 해제

가. 정기금의 원본이 없는 경우

정기금채무자가 정기금의 원본을 받지 않은 경우 그가 정기금의 지급의무를 이행하지 않은 때에는 정기금채권자는 해제에 관한 일반규정에 따라 종신정기금계약을 해제할 수 있다. 또 손해가 있으면 배상을 청구할 수 있다.

나. 정기금의 원본이 있는 경우

정기금채무자가 정기금의 원본을 받은 경우 그 정기금채무의 지급을 해태하거나 기타 의무를 이행하지 않은 때에는, 정기금채권자는 원본의 반환을 청구할 수 있다(§727 Ⅰ). 그러나 채권자는 이미 받은 정기금에서 그 원본의 이자를 공제한 잔액을 정기금채무자에게 반환해야 한다(§727 Ⅰ 단서).

계약의 해제로 채권자가 손해를 입은 경우에는 그 배상도 청구할 수 있다(§727 Ⅱ). 한편 당사자 쌍방의 반환의무는 동시이행관계에 있다(§§728, 536).

2. 종신이 되는 자의 사망

종신정기금계약은 계약에서 정해진 특정인이 사망할 때까지 효력이 있다. 그러므로 특정인이 사망하면 계약도 효력을 상실하여 더 이상 종신정기금채권이 발생하지 않는다. 정기금 원본의 수수가 없었던 〈사례1〉에서는 C의 사망과 동시에 A는 정기금채무의 지급의무를 면하고, B는 C를 봉양할 의무가 없다. 반면에 〈사례2〉는 불확정종기부 소비대차로서 B가 사망하면 종신정기금계약이 종료되므로 A는 정기금채무의 지급의무를 면하지만, 그가 받은 원본을 B의 상속인에게 반환해야 한다.

그러나 특정인의 사망이 정기금채무자의 책임있는 사유로 생긴 때에는, 법원은 정기금채권자 또는 그 상속인의 청구에 의하여 상당한 기간 채권의 존속을 선고할 수 있다(§ 729 Ⅰ). 여기서 상당한 기간이란 특정인이 생존할 가능성이 있는 기간을 말한다.

물론 법원으로부터 채권의 존속을 선고받았다 하더라도 정기금채무자의 책임있는 사유로 인하여 종신정기금채권이 발생하지 않게 된 것이므로 정기금채권자가 원본을 지급하고 있다면 제727조에 따라서 채권자 또는 그 상속인은 해제권을 행사할 수도 있다(§ 729 Ⅱ). 다만, 채권자 또는 그 상속인이 제727조에 따라 해제권을 행사한 때에는 법원에 상당한 기간 채권의 존속을 청구할 수 없다.

제 4 절 화   해

> **〈사례1〉** 아버지가 돌아가시면서 두 아들에게 재산을 분배하라는 유언을 남겼지만, 유산을 절반씩 나누라는 내용인지, 남긴 유품 중에 고흐의 그림이 진품인지 등을 알 수 없었다. 결국 형제는 형이 고흐의 그림을 갖고, 남은 재산은 모두 동생이 갖기로 합의하였다. 이 경우 동생은 형에게 아버지 집에 있던 피아노를 달라고 할 수 있을까?
> **〈사례2〉** 1번 사례에서 나중에 형에게 모든 재산을 주겠다는 아버지의 유언장이 발견되었다면 합의는 어떻게 될까(유류분 불문)?
> **〈사례3〉** 1번 사례에서 진품으로 알았던 그림이 나중에 위작으로 밝혀지자, 형은 합의는 착오로 인한 것이므로 취소하겠다고 하는데 가능할까?

Ⅰ. 화해의 의의 및 법적 성질

1. 화해의 의의

화해는 당사자 사이에 생긴 분쟁을 서로 양보하여 이를 종료할 것을 약정하는 계약이다(§731). 제시사례에서 형제 간의 유산분배와 고흐의 그림에 대한 진위 여부를 서로 양보하여 형이 그림을 갖고 나머지 재산은 동생이 갖기로 합의한 것이 그 예이다. 또 교통사고 구상금분쟁심의위원회의 운전자의 과실비율을 정하는 내용의 조정결정도 민법상 화해이다(2017다217151).

2. 법적 성질

화해는 쌍방이 서로 양보하여 분쟁을 마무리할 의무를 부담한다는 점에서 낙성·불요식·쌍무계약이라고 할 수 있지만, 당사자가 대가적인 의미의 급무를 부담하는지 여부에 따라 유상계약 또는 무상계약으로 구별해야 할 것이다.

3. 민법상 화해와 유사한 제도

가. 재판상 화해

재판상 화해란 법원 공권력에 의한 화해를 지칭하며, 「소송상 화해」(민소법 §145)와 「제소 전 화해」(민소법 §§385-389)가 있다. 임대료 미납, 시설물의 임의설치·폐기, 상가의 경우 권리금 등 모든 법적 분쟁이 화해의 대상이 될 수 있으나, 당사자가 임의로 처분할 수 없는 사항(예: 친족관계존부의 결정)은 당사자의 화해가 있더라도 법적 효력이 발생하지 않는다.

재판상 화해가 성립하면 화해조서가 작성되며, 확정판결과 동일한 효력이 있다(민소법 §220). 또 제소 전 화해조서는 계약기간 중 발생할지 모르는 분쟁을 방지하기 위하여 당사자 쌍방이 확인하고 합의한 화해 내용을 미리 기록한 문서로서 확정판결과 동일한 효력이 있다(민소법 §220).

재판상 화해의 효력은 종전의 법률관계를 바탕으로 당사자가 서로 양보하여 확정하기로 합의한 사항에 한하여 권리·의무관계가 소멸하지만, 당사자가 다툰 사실이 없었던 사항은 물론 화해의 전제로서 서로 양해하고 있는 데 지나지 않은 사항에 관하여는 효력이 생기지 않는다(99다17319).

나. 조   정

조정이란 민사조정법의 조정절차에 따라 당사자의 자율적 노력을 존중하면서 민사에 관한 분쟁을 공정하고 신속하게 효율적으로 해결하는 제도이다(민사조정법 §1). 조정은 당사자 사이에 합의된 사항을 조서에 기재함으로써 성립하며, 종전의 다툼 있는 법률관계를 바탕으로 한 권리·의무관계는 소멸하고 조정의 내용에 따른 새로운 권리·의무관계가 성립한다(민사조정법 §29, 민사소송법 §220, 민법 §732).

조정조서는 재판상 화해와 동일한 효력이 있다(민사조정법 §29). 조정의 효력은 소송물인 법률관계에만 미치고, 그 전제가 되는 법률관계에까지 미치지 않는다. 예를 들어, 부동산 소유권이전등기에 관한 조정조서의 기판력은 소송물이었던 이전등기청구권의 존부에만 미치고 부동산의 소유권 자체에까지 미치지는 않는다(2015다205086).

Ⅱ. 화해의 성립요건

화해가 성립하려면 우선 화해의 대상이 되는 분쟁이 존재하고, 당사자에게 분쟁을 해결할 처분권한이 있어야 하며, 서로 양보하여 분쟁을 끝내는 합의가 있어야 한다.

1. 분쟁의 존재

제시사례에서 유산의 분배비율과 그림의 진위는 분쟁으로서 화해의 대상이 된다. 분쟁이 있는 법률관계의 종류에는 제한이 없다. 다만, 채권자와 채무자 사이의 잔존채무액을 계산하는 것처럼 불확실한 법률관계를 확정하기 위한 합의는 화해계약이 아니다(83다358). 〈사례1〉에서 피아노는 다툼의 대상이 아니었고, 남은 재산은 모두 동생이 갖기로 합의했으므로 형이 소유권을 주장할 수 없다.

2. 당사자의 자격

제시사례에서 형제가 아닌 사촌들은 상속인이 아니므로 화해의 당사자가 될 수 없다. 화해 당사자에게 처분능력이나 권한이 있어야 한다. 그래야 당사자는 여기에 구속되고, 이들에게 화해의 효력이 미치게 된다.

3. 상호양보

화해는 당사자가 서로 양보해야 하며, 어느 일방만이 양보해서는 화해가 될 수 없다.

4. 분쟁종지의 합의

화해를 통해 합의한 것과 다른 사실이 드러나더라도 당사자는 화해계약에 구속된다. 제시사례에서 그림이 나중에 위작으로 밝혀져도 형은 착오를 이유로 합의를 취소할 수 없다. 그림의 진품 여부는 화해의 대상이었기 때문이다.

Ⅲ. 화해의 효력

1. 법률관계의 확정력

화해계약이 성립되면 당사자의 분쟁의 대상이 되었던 법률관계는 합의한 내용에 따라 확정된다. 그러나 당사자가 다투지 않았던 사항이나 화해의 전제로서 서로 양해하고 있던 사항까지 확정하는 것은 아니다. 〈사례2〉에서 형에게 모든 재산을 주겠다는 아버지의 유언을 알았다면 유산분배에 대한 다툼이 없었을 것이다. 그러므로 화해의 전제가 되는 아버지의 유언을 모르고 합의한 내용까지 화해의 효력이 확정되지 않는다.

2. 창설적 효력

화해에는 단순한 「확인적 효력」만 있는 것이 아니라, 「창설적 효력」을 인정하여 화해한 내용대로 법률관계를 확정하는 효력이 있다. 즉, 화해계약이 성립하면 특별한 사정이 없는 한 종전의 법률관계를 바탕으로 한 권리의무관계가 소멸되고, 새로운 법률관계가 발생한다(2017다21411). 화해의 창설적 효력이 미치는 범위는 당사자가 서로 양보를 하여 확정하기로 합의한 사항에 한하며, 당사자가 다툰 사실이 없거나 화해의 전제로서 서로 양해하고 있는 데 지나지 않는 사항에는 미치지 않는다(2017다21176).

3. 착오로 인한 화해

화해는 착오를 이유로 취소하지 못한다(§733). 즉, 분쟁의 대상인 법률관계 자체에 착오가 있다면 이를 취소할 수 없다(2017다21411). 〈사례3〉에서 다툼의 대상이었던 그림의 진품 여부에 화해가 이루어졌으므로 비록 위작으로 밝혀져도 이를 취소할 수 없다. 그러나 동생이 진품으로 판정하도록 고미술품 감정가를 사주하여 화해가 성립한 것이라면 화해의 대상인 분쟁에 관한 착오라 하더라도 기망행위를 근거로 취소할 수 있다(2008다15278 참조).

한편 '화해 당사자의 자격' 또는 '화해의 목적인 분쟁 이외의 사항'에 착오가 있는 때에는 취소할 수 있다(§733 단서). '화해의 목적인 분쟁 이외의 사항'이라 함은 분쟁의 대상이 아니라 분쟁의 전제 또는 기초가 된 사항으로서, 당사자가 예정한 것이어서 상호 양보의 내용으로 되지 않고 다툼이 없는 사실로 양해된 사항을 말한다(2020다227523, 227530, 94다22453). 예컨대, 교통사고에 가해자의 과실이 경합되었는데도 피해자의 일방적 과실에 의한 것으로 착각하고 합의한 경우(95다48414), 의사의 진료와 상관없는 이유로 환자가 사망했는데 의료과실로 사망한 줄 알고 합의한 경우(90다12526) 등이다.

4. 후발손해에 대한 화해의 효력 범위

교통사고로 인한 손해배상에 관하여 피해자가 일정한 금액을 지급받고 나머지 청구를 포기하기로 합의하였는데 후유증으로 인해 후발손해가 발생한 경우 더 이상 손해배상을 청구할 수 없는지 문제된다. 판례는 화해 당시 당사자가 후발손해를 예상했더라면 사회통념상 그 합의금액으로 화해하지 않았을 것이라고 보는 것이 상당할 만큼 그 손해가 중대한 것일 때에는 이 손해에까지 화해의 효력이 미치지 않는다고 한다(99다42797, 2001다9496). 학설은 원칙상 후발손해의 추가청구를 부정하는 입장이지만 신의칙상 배상청구를 긍정해야 한다는 견해도 있다. 이는 화해의 효력범위의 문제로서 화해의 대상이 되는 분쟁의 성질에 따라 달리 판단해야 할 것이지만, 무엇보다 화해는 합의 당시까지 분쟁을 마무리한 데 불과하므로 당사자 사이에 다툼이 없었던 후발손해에까지 화해의 효력이 미친다고 볼 수 없다.

판례색인

사항색인

이상영

동국대 법학과 및 동 대학원 졸업
독일 Freiburg 대학 법학박사(지도교수 Prof. Dr. Hans Stoll)
대전대학교 부교수
독일 Kiel 대학 해외파견교수(동유럽법연구소, Institut für Osteuropäisches Recht)
동국대 법과대 학장
한국비교사법학회 회장
경찰대, 연세대, 중앙대, 충남대, 한남대 출강
사법시험·행정고시·외무고시·입법고시·변리사·세무사 등 각종 시험위원
현재 동국대 법과대학 교수

[주요 저서 및 논문]

Die Sicherung durch Grundpfandrechte
민법총칙 기본판례평석 100선(공저)
채권총론
외국파산법
Das auf die Legitimation und die Adoption anwendbare Recht nach dem deutschen IPRG
Neuerungen im koreanischen Verbraucherinsolvenzrecht durch das Gesetz für Sanierung von
    Individualschuldner
ADRの 實際と 理論 Ⅱ - 韓國の 個人信用回復支援制度の 特色
韓國国的成年監護制度引進和主要修改內容
독일 지방정부의 문화재보호를 위한 법적조치
독일파산법상 갱생절차의 채택
임치계약상 수치인의 책임
소비자파산제도의 법사회학적 과제
특허소송의 특허법원에의 관할집중
부동산거래에 있어서 공증인의 역할
독일개정민법상 소멸시효제도
채권양도에 있어서 채무자보호
보증계약상 채권자의 정보제공의무
러시아연방 민법상 토지소유권의 특색과 이해
파산관재인의 업무에 관한 비교연구
처분수권의 유용성
보증계약상 채권자에 의한 보증인 지위의 침해
민법 기초이론으로서 처분수권의 입법필요성

제1판
계약법

초판발행   2021년 8월 25일

지은이   이상영
펴낸이   안종만·안상준

편 집   박가온
기획/마케팅   이영조
표지디자인   이미연
제 작   고철민·조영환

펴낸곳   ㈜ **박영사**
            서울특별시 금천구 가산디지털2로 53, 210호(가산동, 한라시그마밸리)
            등록 1959. 3. 11. 제300-1959-1호(倫)
전 화   02)733-6771
f a x   02)736-4818
e-mail   pys@pybook.co.kr
homepage   www.pybook.co.kr
ISBN   979-11-303-3955-9 93360

* 파본은 구입하신 곳에서 교환해 드립니다. 본서의 무단복제행위를 금합니다.
* 저자와 협의하여 인지첩부를 생략합니다.

정 가   22,000원